重庆综合经济研究文库

分析宏观形势·预测区域发展·提供决策服务·建设一流智库 ▶◀▶◀▶◀▶◀

中国工程院、中国工程科技发展战略重庆研究院重大项目

重庆融入"一带一路"发展战略研究

孙永福
易小光 等著

中国经济出版社
CHINA ECONOMIC PUBLISHING HOUSE

北 京

图书在版编目（CIP）数据

重庆融入"一带一路"发展战略研究／孙永福等
著．－－北京：中国经济出版社，2020.10
ISBN 978－7－5136－6385－4

Ⅰ.①重…　Ⅱ.①孙…　Ⅲ.①区域经济发展－经济发
展战略－研究－重庆　Ⅳ.①F127.719

中国版本图书馆 CIP 数据核字（2020）第 205762 号

责任编辑　姜　静　郑　潇
责任印制　马小宾
封面设计　久品轩

出版发行　中国经济出版社
印 刷 者　北京柏力行彩印有限公司
经 销 者　各地新华书店
开　　本　710mm×1000mm　1/16
印　　张　20.5
字　　数　313 千字
版　　次　2020 年 10 月第 1 版
印　　次　2020 年 10 月第 1 次
定　　价　78.00 元

广告经营许可证　京西工商广字第 8179 号

中国经济出版社 网址 www.economyph.com 社址 北京市东城区安定门外大街 58 号 邮编 100011
本版图书如存在印装质量问题，请与本社销售中心联系调换（联系电话：010－57512564）

课题组成员名单

"总报告　重庆融入'一带一路'发展战略研究"课题组

课题顾问

何华武　中国工程院副院长院士

朱高峰　中国工程院院士

黄维和　中国工程院院士

孙九林　中国工程院院士

郭华东　中国科学院院士

向仲怀　中国工程院院士

杨永斌　中国工程院院士

宁　滨　中国工程院院士

白和金　中国宏观经济研究院原院长、研究员

王昌林　中国宏观经济研究院院长、研究员

课题组长

孙永福　中国工程院院士

易小光　重庆市综合经济研究院院长、研究员

课题副组长

丁　瑶　重庆市综合经济研究院总经济师、研究员

技术负责人

邓兰燕　重庆市综合经济研究院科研处处长、研究员

余贵玲　重庆市综合经济研究院经济咨询研究中心主任、研究员

课题组成员

苟文峰　重庆市综合经济研究院统筹城乡发展研究中心主任、副研究员

赵炜科　重庆市综合经济研究院统筹城乡发展研究中心副主任、高级经济师

贾静涛　重庆市综合经济研究院 GIS 实验室助理研究员

李　权　重庆市综合经济研究院技术研究中心副主任、高级经济师

李　林　重庆市综合经济研究院区域经济室主任、副研究员

李丹妮　重庆市综合经济研究院经济形势分析室原主任、副研究员

牛　丰　中国铁路总公司办公厅高级工程师

张海荣　重庆市综合经济研究院科研处综合科科长、高级工程师

王力为　重庆市综合经济研究院人事处助理研究员

张　佳　重庆市综合经济研究院投融资室副主任、助理研究员

陈秀敏　中国工程院战略咨询中心高级工程师

刘禹显　铁道党校高级工程师

"专题一　重庆融入'一带一路'内陆国际物流枢纽建设研究"课题组

课题组长

林仲洪　中国铁路经济规划研究院有限公司副院长、正高级工程师

课题副组长

梁　栋　中国铁路经济规划研究院有限公司规划研究所副所长、研究员

课题组成员

赵崧淞　中国铁路经济规划研究院有限公司、助理研究员

于　剑　中国铁路经济规划研究院有限公司、助理研究员

刘牧涵　中国铁路经济规划研究院有限公司、助理研究员

徐　翔　中国铁路经济规划研究院有限公司、助理研究员

"专题二 重庆融入'一带一路'开放型经济体系建设研究"课题组

课题组长

丁　瑶　重庆市综合经济研究院总经济师、研究员

课题副组长

余贵玲　重庆市综合经济研究院经济咨询研究中心主任、研究员

课题组成员

李　权　重庆市综合经济研究院技术研究中心副主任、高级经济师

李　林　重庆市综合经济研究院区域经济室主任、副研究员

张　佳　重庆市综合经济研究院投融资室副主任、助理研究员

杜　婷　重庆市综合经济研究院科研处副处长、高级经济师

"专题三 重庆融入'一带一路'科教文卫软实力建设研究"课题组

课题组长

李　佳　浙江大学外国语言文化与国际交流学院副教授、硕导

课题副组长

王　睿　重庆大学工程科教战略研究中心副教授、博导

技术负责人

蒲勇健　重庆大学经管学院教授、博导

课题组成员

翁凌飞　重庆大学公共管理学院研究员、博导

刘晓民　重庆大学公共管理学院副教授、硕导

张爱瑜　重庆大学可持续发展研究院助理研究员

吴　晨　重庆大学可持续发展研究院助理研究员

蒋　欣　重庆大学可持续发展研究院助理研究员

郑　蕊　重庆大学可持续发展研究院助理研究员

程　颖　重庆大学可持续发展研究院助理研究员

特别鸣谢

阮宝君　中国工程科技发展战略重庆研究院副院长

李　华　中国工程科技发展战略重庆研究院办公室副主任

翟东升　国家发展改革委"一带一路"中心主任

吴晓华　中国宏观经济研究院副院长、研究员

毕吉耀　中国宏观经济研究院副院长、研究员

王晓州　铁道党校常务副校长、教授

施先亮　北京交通大学经济管理学院副院长、教授

祝宝良　国家信息中心经济预测部首席经济师、高级经济师

王小广　国家行政学院决策咨询部研究员

金凤君　中国科学院地理所经济地理与区域发展研究室主任、研究员

王心源　中国科学院遥感所、研究员

张文涛　交通运输部科学研究院、研究员

杨　萍　中国宏观经济研究院科研管理部主任、研究员

肖金成　中国宏观经济研究院国地所原所长、研究员

黄汉权　中国宏观经济研究院产业所所长、研究员

杨宜勇　中国宏观经济研究院社会发展研究所所长、研究员

臧跃茹　中国宏观经济研究院市场与价格所所长、研究员

汪　鸣　中国宏观经济研究院综合运输研究所所长、研究员

张　松　中国工程院土木、水利与建筑工程学部办公室主任

马述林　重庆市发展改革委原副主任

任　宏　重庆大学建设管理与房地产学院院长、教授、博导

刘名武　重庆交通大学科技处人文社科发展中心副主任，教授、博导

吴俊平　重庆市政府研究室建设处处长

张　葵　中国（重庆）自由贸易试验区办公室、处长

严　俊　中新（重庆）战略性互联互通示范项目管理局、处长

万　千　重庆市发展和改革委员会外资处副处长

唐宗伟　重庆市经济信息委员会研究室副处长

马　江　重庆市教委国际合作与交流处副调研员

陆　源　重庆市科技局科技合作处副处长

钟　熙　重庆市经济信息委员会规划投资处副处长

肖　刚　重庆市交通局交通规划勘察设计院规划所所长

王　欣　重庆市商务委规划处副处长

樊莉莉　重庆市文化旅游委国际交流合作处副处长

李建彬　重庆市两江新区管委会发改局副局长

前　言

自 2013 年习近平总书记在哈萨克斯坦和印度尼西亚分别提出建设"丝绸之路经济带"和"21 世纪海上丝绸之路"以来，"一带一路"建设取得了积极进展，进入新的阶段。重庆是中西部唯一的直辖市、国家中心城市，处在"一带一路"和长江经济带联结点上。2019 年《西部陆海新通道总体规划》的出台，丰富了我国南向对外大通道，更明确了重庆连接"一带"和"一路"的纽带作用。六年多来，重庆在推动"一带一路"国际国内大通道、多式联运枢纽建设，以及探索国际物流班列、陆上贸易规则、供应链金融创新、综合保税开放、自由贸易发展等方面取得了显著成效。进入新的时期，面临百年未有之大变局，全球产业链、供应链、价值链、创新链将面临重大调整，重庆要完成习近平总书记提出的"在'一带一路'中发挥带动作用"要求，必须深度融入"一带一路"建设，力争走得更广、更深、更实。

一、新时期全球经济格局下重庆融入"一带一路"发展的重要考量

第一，深刻认识新时期"一带一路"建设呈现的新特点。在全球化背景下，"一带一路"建设主要呈现六个方面的新特点：一是"一带一路"建设已成为新一轮全球化和区域化的推进动力。二是"一带一路"建设加快带动我国对外开放从东部沿海向内陆及沿边区域深化，推动形成了新一轮开放新格局。三是促进全国东中西部、南北地区趋向协调发展，增强了区域协调发展新动力。四是通过创新思维、加强与"一带一路"沿线国家合作，创新了区域开发开放新模式。五是加大改革力度，破除体制机制障碍，增强了改革创新发展新动能。六是更好"走出去"与更高质量"引进来"相结合，增强了全球资源配置能力。

第二，明确重庆融入"一带一路"的重点范围与取向。一是要从充分体现国家战略、市场需求、重庆优势和共商共建等角度来全面认识重庆"融入"的内涵。二是明确"融入"发展的重点范围，要着眼于产业、设施、软实力等三大领域。三是明晰"融入"发展的战略取向。产业领域以实现综合成本降低或市场扩大、投资贸易与服务相通为取向，设施领域以提升沿线国家和地区沟通效率为取向，科教文卫软实力交流以实现政策沟通、民心相通为取向。

第三，重庆融入"一带一路"前期探索的实践贡献。一是率先打通中欧班列（渝新欧）国际物流大通道，探索建立了"五国六方"铁路联席会议、跨国海关国际协调、货量与运价挂钩的量价联动等机制。二是率先开展陆上贸易规则探索，已在多式联运、国际运邮、汽车平行进口试点、陆上贸易货物提单信用证结算、铁路国际行邮常态化运行、物流供应链金融创新、美元快付等多方面取得显著成效。

第四，重庆融入"一带一路"面临的瓶颈制约。一是开放通道互联互通水平还需提升，中欧班列无序竞争，造成资源浪费和铁路运力紧张。二是开发开放平台潜力有待发挥，开放型经济体系还不完善，本地集货能力不强。三是科教文卫软实力不强，小语种人才、高层次应用型复合人才总量不足，文化交流活动偏少，医疗援助模式单一，医药产品和服务进入沿线国家存在政策和技术等方面的壁垒。

二、新时期重庆融入"一带一路"发展要体现新思路

新时期重庆要充分看到自身在国家战略地位日益提升、虽地处内陆但大开放的格局日渐形成、国家赋予重庆牵头促进区域协同发展的重大使命等一系列新机遇，积极融入"一带一路"建设中去。在融入时必须体现新思路，即坚持以习近平新时代中国特色社会主义思想为指导，按照习近平总书记对重庆市发展的重要指示要求，坚持新发展理念，充分发挥"一带一路"和长江经济带联结点区位优势、长江上游绿色生态优势、国家老工业基地及物流枢纽产业优势、西部唯一直辖市体制优势，坚持从全局谋划一域、以一域服务全局，紧紧对接全国六大对外经济走廊建设，以开放促改革、促发展，以内陆国际物流枢纽建设、开放型经济体系建设、文明交流与合作为重点，立足重庆，联动成渝地区双城经济圈及西部地区，努力展现新作为、实现新突破、培育新动力，把重庆建设成为面向"一带一路"的内陆开放新高地、西部陆海新通道运营中心和国际化国家中心城市，在新时代"一带一路"建设中做出重庆贡献。

三、有关对策建议

第一，突出重庆建设国际物流枢纽的战略作用。对接六大通道，有效提高货物组织效率、降低物流成本、增强枢纽功能。一是进一步完善多式联运班列通道。优化"欧洲—重庆—日本""欧洲—重庆—新加坡"等铁空公水联运班列，完善"班列＋班列＋海运"等集装箱运输路径，创新和规模化发展进口药品、汽车笼车、冷链、跨境电商、国际邮包运输班列等定制班列，在现有"一带一路"主通道基础上推动重庆至昆明快速通道融入孟中印缅经济走廊、中国—中南半岛经济走廊建设。二是加快建设国际物流分拨中心。完善国际采购、中转集运、配送分拨、转口分销功能，依托重庆一类口岸和指定口岸建设汽车、冷链、医药、肉类、花卉等西部集散分拨中心。沿中欧班列（渝新欧）国际物流大通道设立境外和国内边境口岸集采分拨中心，深化枢纽间合作。三是加快建设通道物流和运营组织中心。创新体制机制，搭建合作平台，增强全球资源配置能力，围绕铁路、航空、水运、公路口岸建设国际箱管中心、出口拼箱中心、公共订舱平台、共同配送平台，开展物流资源、集装箱、物流线路及货代与货主统筹运营，规则设计，合理调配货源，提升对货物的控制力。

第二，依托开放口岸和物流枢纽构建开放型产业贸易经济。加强同中西部地区特别是西南、西北地区合作，共同培育产业、贸易、消费市场比较优势，避免无序竞争。一是加强区域产业协同，扩大产品供给。扩大本地供给是提高物流效率的重要条件，积极承接沿海产业转移，围绕电子信息、汽车、智能产业等重点领域，与周边地区共同优化分工体系，扩大本土产品生产和供给，进而参与到"一带一路"乃至全球产业链、价值链、供应链中去，防止行业断链和企业外移。二是加强区域贸易联动，实现贸易集散。大力发展一般贸易，围绕优势品类商品，培育形成一批自主品牌跨国企业和自主知识产权出口企业，孵化一批规模总部贸易企业。鼓励发展转口过境贸易，支持建设东南亚商品中转中心。优化发展加工贸易、服务贸易，加快向产业链、价值链高端升级。三是加强区域消费驱动，挖掘市场需求。为扩大本地需求规模，更好地参与国际交换，要加快建设国际消费中心、旅游目的地，引领带动西部地区培育强大国内市场。

第三，推动科技教育文化卫生软实力建设与合作。在推动经济贸易融入的同时，依托高校、医院等本土优势，积极推动文化、教育、科技等软实力产品对外输出和引进交流合作，巩固合作社会基础。一是加强重庆本土软实力建设。落实共建新加坡国立大学（重庆）研究院，支持国际技术转移中心建设。加强重庆优势学科建设，支持、鼓励高校拓展"一带一路"沿线国家非通用语种专业、紧缺型工种专业，增加东南亚留学生招收人数，成为西部国际人才培养和培训基地。引进中东欧医疗机构在渝设立国际医院、康复中心、养老院等机构。二是打造区域人文合作新范式。采取"文化＋市场""互联网＋文化""教育＋""医疗＋"等创新方式，在海外建设国家工程师实训基地，加强川味、川剧以及荣昌折扇、綦江版画、秀山花灯等巴渝文化产品、旅游产品输出，以丰富的活动、多样的形式吸引沿线国家民众积极参与。主动开展医疗支援项目建设，援建包括综合性医院、流动性医院、中医中心等在内的医疗设施项目。三是打造具有重庆特色的医疗服务品牌。因地制宜结合重庆市康养资源，以温泉疗养、中医及少数民族特色医疗为重点，研究中医等医疗、食疗国际标准，开发配套产品，探索放宽海外中医药从业人员的劳务政策和往来签证等管理，打造重庆特色品牌。

第四，深耕东南亚、东盟并稳步向南亚等地区扩展。在融入"一带一路"策略上要适度聚焦，瞄准重点国家、重点产业和重点领域，创新第三方合作方式。一是将东南亚、东盟、南亚作为重庆融入"一带一路"增量的重中之重。在中美贸易争端背景下，重庆要充分利用西部陆海贸易新通道，以新加坡、马来西亚、泰国、印度为重点，深耕东南亚、东盟、南亚，同时联合西北地区加快对中亚的布局。二是创新与第三方合作开拓境外市场的方式。加强与西欧政府、企业、国际组织专业机构合作，在汽车、电子信息等领域引入西欧领军企业、隐形冠军企业以及国内龙头企业，聚焦制造业研发能力提升和加工贸易转型升级，共同开拓东南亚市场，并稳步向南亚、中亚推进。面向中亚地区，除了注重同西欧的第三方合作以外，还要重视同俄罗斯的合作。

第五，提升重庆作为国家中心城市的功能和地位。重庆的国际知名度、认同度还不高，要对标国际化大都市和世界城市，着力提升城市影响力。一是将智慧城市建设和公园城市建设作为关键内容。改革开放和科技创新动力的培育关键在于宜居宜业环境的改善、创新人才的集聚，要着力补齐5G基建、特高压、城际高铁和轨道交通、新能源汽车充电桩、大数据中心、人工智能、工业互联网等新基建短板，依托自然人文本底建设全域公园城市。二是建设"重庆服务"品牌和标准。以国际交往、国际消费、国际会展、国际金融、国际科创等为重点，研究形成一批领先西部乃至全国的服务品牌和标准，扩大在"一带一路"国家和地区的知名度。三是提升城市国际影响力和竞争力。培育开展城市国际化运营的市场主体，加强国家中心城市无形资产建设和运营。

第六，努力成为西部地区营商环境最佳的城市。抢抓纳入世行中国营商环境样本城市的机遇，完善高效运营环境。一是加快构建以市场主体为导向的审批和监管环境。世行评价体系囊括了各类市场主体从成立到无障碍进入市场、获得资源并实现公平竞争，发展壮大乃至退出市场的全过程，不仅要有规范、便利的制度规则体系，更要有高效的执行体验，要加快建立健全政府机关、事业单位政策制度落实监督机制、反馈机制、修正机制。二是简化事前监管，完善事中事后监管。从调查来看，重庆企业开办、审批许可等事前监管较之上海、北京仍有较大差距，获得电力、纳税、跨境贸易、办理破产、政府采购等时间和成本竞争力不强，事中事后效率还可进一步提高。三是聚焦"五通、四流、三链"吸引市场主体。加快建成西部地区服务效率最高、管理最规范、综合成本最低的营商环境高地，着力引入产业链头部企业、供应链枢纽企业、价值链核心企业，成为西部领先的投资目的地。

第七，大力服务"走出去"企业，提高"走出去"企业素质。一是促进对外投资和对外贸易便利化。深耕东南亚，争取扩大贸易和外汇收支便利化试点，争取海关、外事、信用保险、检验检疫等便利化试点，支持通过设立海外股权投资基金、转移部分生产加工环节、国际兼并收购与重组、对外承包工程、扩大出口等开展对外投资和对外贸易。积极探索与"一带一路"沿线国家共建工业园区等形式，拓展国际产能合作。二是建立专业化的服务体系，加强企业培训。积极培育和引进熟悉国际规则和惯例的财务、税收、法律等专业咨询服务机构，开展公共培训服务，协助"走出去"企业提高防范风险能力。三是发挥国内外各类非政府组织作用，促进中外经贸交流。鼓励设立各类行业对外合作协会，加强与国外各类协会等非政府组织交流合作。

第八，积极争取国家政策支持。努力发挥好重庆在推进共建"一带一路"中的带动作用。一是统筹建立西部地区国内外协调机制。发挥重庆通道物流和运营组织中心的带头作用，建立沿线国家基础设施建设协调机制，全面落实国际货运班列、海运监管互认、信息共享、执法互助，建立健全跨境多式联运标准、运量、运价、运力、安全等方面的协调机制。二是构建口岸开放新机制。争取将重庆铁路口岸正式开放项目纳入国家"十四五"口岸开放项目，将重庆铁路口岸确定为启运港。扩大重庆各类指定口岸、转运口岸的数量和业务范围。争取组建中国铁路重庆局集团有限公司，争取试点创新现行铁路统营、统运管理体制，将货物编组功能下放到重庆、阿拉山口等主要节点城市和口岸，从体制上保障这些城市和口岸的集货功能。三是争取国家给予更多政策支持。争取国家将重庆设立为"一带一路"与长江经济带融合发展示范区。支持重庆探索陆上贸易规则，修改国内立法，实现物权化，推动修改国际铁路货物联运协定，实现国际规则突破。发行特别国债支持重庆等西部地区铁路、公路、水运、航空等重大基础设施建设。争取亚洲基础设施投资银行、丝路基金、国家政策性银行、中央财政资金及地方财政、社会资本共同出资设立产业基金，支持面向南亚、东南亚、中东、非洲等区域的产业合作、对外投资等。设立财税专项补助资金，对航空物流、国际航线、铁路运费、质押融资、货物保费等给予专项资金补贴。加强中央税费减免优惠，给予公铁水空转口、集运类物流企业增值税财政补助。支撑重庆开展融资多元化、融资国际化、国际结算等金融探索。争取世界名校选址重庆，支持重庆组建中外合作办学研究平台。

目　录

重庆融入"一带一路"发展战略研究

党的十八大以来，中央提出《推动共建丝绸之路经济带和 21 世纪海上丝绸之路的愿景与行动》《长江经济带发展规划纲要》，重庆是中西部唯一的直辖市、国家中心城市，处在"一带一路"和长江经济带联结点上，因独特的区位优势和发展基础与潜力，面临重大历史发展机遇。2016 年 1 月，习近平总书记赴重庆考察时指出，重庆是"一带一路"和长江经济带的联结点；2019 年，习近平总书记再次赴重庆视察，希望重庆在推进共建"一带一路"中发挥带动作用，在国家区域发展和对外开放格局中体现新作为新担当。六年来，重庆在推动"一带一路"国际国内大通道、多式联运枢纽建设，以及探索国际物流班列、陆上贸易规则、供应链金融创新、综合保税开放、自由贸易发展等方面取得了显著成效。进入新的时期，面临百年未有之大变局，全球产业链、供应链、价值链、创新链将面临重大调整。科学认识全球经济格局下"一带一路"建设呈现的新特点以及重庆在其中具有的独特而重要的优势和作用，深入分析"融入"的深刻内涵，提出重庆融入"一带一路"的战略路径和举措，"以全局谋一域，以一域服务全局"，为一域谋得发展机会，推动重庆发展更加紧密地融入国家"一带一路"建设，探索科学发展路径，力争走得更广、更深、更实，具有重大现实与历史意义。

一、全球经济格局下"一带一路"建设的重要考量

（一）"一带一路"建设是对全球化的中国贡献

1. 有利于创新全球治理新模式

"一带一路"倡议是中国为国际社会提供的重要公共产品，得到了 100 多个国家和国际组织的高度支持和认可，成为联合国实现 2030 年可持续发展目标的重要平台，正开启全球治理新模式，谱写各国合作共赢新篇章。"一带一路"倡议坚持"共建、共商、共享"的新全球治理观，通过推动沿线国家开展政策沟通、设施联通、贸易畅通、资金融通、民心相通，全方位推进务实合作，最终将"一带一路"沿线国家打造成政治互信、经济融合、文化互容

的利益共同体、责任共同体和人类命运共同体。"五通三同"理念赋予了全球治理新的内涵，将推动全球治理进入新时代，在消除全球化的负面影响、促进国际组织和机构改革、重塑国际贸易规则、增强发展中国家参与全球治理的能力等方面均会产生积极的促进作用。

2. 有利于凝聚世界人民新共识

当前世界正处于大发展大变革大调整时期，面对"和平赤字、发展赤字、治理赤字"等现实问题，中国提出的"一带一路"倡议成为现阶段能够凝聚各国共识的重要载体。"一带一路"倡议为新兴经济体和发展中国家创造了互联互通、共享发展成果的平台，同时也为发达国家提供了破解发展瓶颈和问题的机遇，有利于增进世界人民的共识，推动经济全球化朝着更加开放、包容、普惠、平衡、共赢的方向发展，有利于世界政经格局的稳定。近年来，共建"一带一路"的实践让世界人民认识到，"一带一路"不只是中国的，更是全世界爱好和平、致力于和谐发展的国家的"一带一路"，也是全球经济社会发展的和平之路、繁荣之路、共赢之路。

3. 有利于培育全球发展新动能

共建"一带一路"为世界各国带来了新的发展机遇，沿线国家的经贸合作与基础设施的互联互通，有利于提升亚非拉广大发展中国家对外开放水平，加快沿线国家融入全球产业链条的步伐，推动经济全球化纵深发展。特别是随着东南亚、南亚、非洲、拉美等国家的快速发展，以及自身产业的不断培育壮大、开放型经济体系的持续完善，区域一体化发展趋势将增强，双边或多边合作更为普遍，落后欠发达地区将逐渐成为新的全球经济增长点。"一带一路"建设的深入推进，将进一步助力"南南合作"，缩小全球南北发展差距，促进世界经济结构深度调整和全球经济再平衡，有利于世界经济长期稳定增长。

4. 有利于创新发展支撑新机制

中国推动与"一带一路"沿线国家的发展对接，强化在基础设施建设、产业合作、能源开发、民间交流等方面开展合作的金融服务支撑。中国先后发起成立了金砖国家新开发银行、亚洲基础设施投资银行等国际机构，为沿线国家的发展提供融资支持，亚洲基础设施投资银行成员国数量已成为仅次于世界银行的国际机构。同时，"一带一路"倡议积极推动国家间金融市场对接，加强不同国家间货币当局的政策协调，通过多边和双边的合作平台，鼓励多边开发机构和沿线国家联合融资，有效破解沿线国家间金融市场对接不足、部分国家汇率风险较高、涉外企业融资模式单一、金融机构服务滞后等发展瓶颈。

（二）新时期"一带一路"建设呈现新特点

成为新一轮全球化和区域化的推进动力。"一带一路"倡议与各国战略、规划协同性增强，目前已有 126 个国家、29 个国际组织与我国签署了合作文件，与欧盟的"容克计划"、东盟的"互联互通总体规划"、俄罗斯的"欧亚经济联盟"等战略都实现了良好对接。中国和亚欧等国的联系大大加强，六大经济走廊建设进展顺利，跨境经济合作区稳步推进，目前已建和在建的跨境经济合作区近 30 个，如中俄、中蒙、中越、中哈、中马等，既促进了中国与接壤国国家之间的政治联系，又带动了边境地区的发展。基础设施建设成为重要的主攻方向，"铁、公、水、空"互联互通建设如火如荼，与"一带一路"沿线各国在石油天然气、煤炭、电力、炼油化工等领域开展了广泛合作。国际产能、园区、重大项目合作不断增多，文明交流逐渐上升为重要内容。

形成了新一轮开放格局。共建"一带一路"不仅加强了中国与世界的经济联系，更重要的是加快带动了我国对外开放从东部沿海地区向内陆及沿边区域深化发展，充分发挥了我国扩大开放的重要地缘优势，促进了我国各区域板块的有机联动与区域合作，使内陆和沿边地区从开放的腹地、洼地变为开放的前沿高地，有利于我国统筹利用好国际国内两个市场，加快形成"陆海内外联动、东西双向互济"的开放新格局。同时，共建"一带一路"使我国对外开放的深度与广度大幅提升，在开放国别上实现了发达国家与发展中国家相结合、在开放领域上推动制造业与服务业相结合、在开放方向上强调"引进来"和"走出去"相结合、在开放机制上尝试先行先试与全面推开相结合，全方位主动开放的新局面正加快重塑和提升我国的国际竞争力。

增强区域协调发展新动力。推进"一带一路"建设有利于各地区发挥比较优势融入全球经济发展，对我国区域发展格局有着重要影响。"一路"有助于带动我国沿海地区深化开放发展，"一带"有助于带动我国内陆地区加快发展，特别是随着《推动共建丝绸之路经济带和21世纪海上丝绸之路的愿景与行动》中规划的经济走廊和通道建设的全面启动，"陆海"联动发展，我国东中西部的经济和交通联系将更加紧密。内陆地区依托成渝城市群、长江中游城市群、中原城市群、关中城市群、兰西城市群、呼包鄂榆城市群、乌昌石城市群、哈长城市群等重点区域，加快布局大通道、大平台，促进内陆口岸与沿海、沿边口岸通关合作，增强沿线经济带和城市群的连接，推动区域互动合作和产业集聚发展，为区域协调发展注入新的动力。

创新区域开发开放新模式。围绕"一带一路"建设，从国家层面到地方层面，均积极创新思维，推动形成新的区域开发开放模式。国家层面出台相关意见支持各地加快自由贸易试验区建设，面向"一带一路"国家及全球其他国家开展改革试验创新。批准建立了18个自贸试验区，并于2018年设立了自由贸易港（海南），进一步促进我国扩大对外开放、积极推动经济全球化。推动设立了中新（重庆）战略性互联互通合作项目等发展平台和合作机制，加强与沿线国家合作。围绕强化区域开发开放功能，中央及地方积极推动大通关、大协作等，进一步提升货物进出和要素流动的便利性。通过这些举措，我国区域开发开放进入了新阶段，形成了鼓励地方大胆试、大胆闯、自主改的新格局。

增强改革创新发展新动能。"一带一路"建设要求我们必须以更加开放的姿态与沿线国家开展经贸合作和人文交流，为此，从国家到地方，均在不断加大改革力度，创新体制机制，以适应新的开放发展需要。市场准入负面清单管理、外资同等待遇、外资投融资便利性措施等相关政策的出台，无一不是在为"一带一路"建设去除过去束缚我们开放发展的藩篱和枷锁。通过这些举措，进一步释放了市场主体的活力，增强了我们的发展新动能。从某种意义上说，通过融入"一带一路"开放发展，倒逼我们改革创新发展。

增强了全球资源配置能力。"一带一路"建设能够让我们更好地利用国际国内两个市场，更加充分利用全球资源，参与全球分工，提升国际竞争力。一方面，可以让我们更好地"走出去"，我们的优势企业可以通过参与"一带一路"建设，把握相应的机会，更好地开拓国际市场，谋求更大发展，同时，我们一些富裕产能也能向有需要的国家和地区转移，企业可以在全球更大范围内配置要素资源，推动我国建设一批跨国企业。另一方面，也能使我们更高质量地"引进来"。通过"一带一路"建设，可以更多地让全球跨国企业参与进来，也能使我们加快引进国外先进技术和管理经验，更好地引进跨国企业和各种资源，帮助我们完善产业体系，提高国际竞争力。

（三）新时期"一带一路"建设需总结新经验

需要增强对沿线国家国情的认识。"一带一路"建设涉及国家近百个，各国的风土人情、社会习俗、政治环境、经济发展水平各不相同，也决定了在与这些国家交往的时候不能搞"一刀切"，而只能是因地制宜。六年来的"一带一路"建设经验表明，越是对当地或国家的国情认识比较深入，就越容易建立合作基础，达成合作共识。因此，在深入推进"一带一路"建设时，应通过各种渠道加强对沿线国家国情的研究，增进了解，以避免在合作时产生政治、经济、法律、人文等各种风险，更好地促进"一带一路"建设取得新成效。

需要注重国际合作的宣传和引导。"一带一路"建设涉及方方面面，必须让外界多了解，才能有舆论基础。"一带一路"建设六年来，通过举办"一带一路"高峰论坛等系列活动，向世人宣传"一带一路"倡议具体内容，解读构建"人类命运共同体"的初衷和内涵。强化智库在国际合作宣传引导中的作用，充分利用我国智库到国外调研交流和参加国际会议等的机会，发出

"一带一路"的中国声音。同时，加强与国际知名智库以及沿线国家相关智库的交流合作，通过开展合作研究、联合举办论坛，增进合作共识。通过国际合作的宣传引导，深化国际社会的认识，促进"一带一路"建设顺利实施。

需要加强产业与基础设施合作并进。按照"一带一路"倡议提出的政策沟通、设施联通、贸易畅通、资金融通、民心相通等"五通"，我国积极推动与"一带一路"沿线国家加强基础设施共建、产业合作和人文交流。倡议提出以来，我们与沿线国家的合作重点采取了产业合作与基础设施共建"两条腿走路"的模式，推动了沿线国家的基础能力加快提升，使得我国外需市场得到进一步拓展，为国内外需增长拓宽了空间，有利于我国经济结构的进一步优化提升，促进经济实现高质量发展。

需要构建与国际接轨的规则体系。"一带一路"建设必须要有相应的规则体系来规范，而且这套规则体系又不能脱离现有国际规则，必须与之接轨。"一带一路"倡议提出以来，我们国家十分重视构建与国际接轨的规则体系。从国家到地方无不在对标对表国际化、法治化、市场化的营商环境和经贸规则体系，加快改善营商环境，促进沿线国家加强与我国的合作。通过构建与国际接轨的规则体系，有力地推动我国以更加开放的姿态走向国际，深入推动"一带一路"建设。

二、新时期重庆融入"一带一路"发展的重要内容

（一）明确融入"一带一路"的重点范围与取向

重庆是中国中西部唯一的直辖市，是一座具备"区位、生态、产业和体制"优势的国家中心城市，作为"一带一路"与长江经济带的联结点，在新时代开放中承担重大使命、面临重大机遇、肩负重大责任，要坚持"从全局谋一域、以一域服务全局"，明确融入的内涵、重点范围、取向，在国家"一带一路"建设中发挥好独特而重要的作用。

1. 全面认识、深刻理解融入"一带一路"倡议的内涵

国家提出共建"一带一路"以来，不少省份已开展了融入"一带一路"

的研究，都想以一域服务国家战略全局，有可借鉴之处。我们认为，首先要全面认识重庆"融入"的内涵，从支撑国家战略实施、满足东道国需求、发挥好重庆优势、实现共商共建共赢四个层面深刻理解重庆"融入"的内涵。一是"融入"要充分体现国家战略，并支撑国家战略实施。依托国家正在积极打造的西部陆海新通道，把习近平总书记对重庆提出的"两点"定位、"两点""两高"目标和发挥"三个作用"等指示要求，与共建"一带一路"、西部大开发、长江经济带发展等国家战略结合起来落地实施。二是"融入"要充分体现市场需求，对接"一带一路"沿线国家需求。坚持市场化导向，"知己知彼"，深入调查"一带一路"沿线国家真实需要以及合作障碍，满足东道国现实需求。三是"融入"要充分体现重庆优势，发挥好重庆作用，新时代实现新作为。厘清重庆区位优势、生态优势、产业优势、体制优势，围绕"两点"定位、"两点""两高"目标和发挥"三个作用"等指示要求，明确重庆"融入"的重点国家、重点领域、重点目标等具体路径。四是"融入"要充分体现共商共建，实现优势互补、合作共赢。在国家战略对接的基础上，围绕构建人类命运共同体推动务实合作，凝聚沿线国家人民共识，走和平之路、繁荣之路、共赢之路。

2. 明确融入"一带一路"倡议应涵盖的重点范围

对标对表国家"一带一路"倡议的战略部署，结合国家对重庆发展定位和自身实际需求，将融入"一带一路"作为重庆提升区域发展和对外开放能力的重大契机，重点围绕产业、设施、人才、民生等领域，深度融入国家共建"一带一路"开放新格局。一是推动产业融入。要深入分析"一带一路"沿线重点国家产业合作的潜在需求领域，建设开放型经济，积极"引进来"，大胆"走出去"，扩大国际国内两个市场需求，为合作地创造就业岗位、提高居民收入。二是推动设施融入。要抓住构建西部陆海新通道战略机遇，充分论证、超前布局重庆深度融入"一带一路"倡议的大通道、大平台，加快以交通、通信信息为主的基础设施建设，在支撑国家战略中实现新作为、新担当。

三是推动人才融入。要聚焦开放型经济人才、国际物流人才、科技教育文化卫生人才等关键性重点人才，结合产业合作和项目建设需要，为合作对象培养自己的经营管理人才队伍。四是推动民生融入。国之交在于民相亲，民相亲在于心相通。要在科、教、文、卫、体等民生领域加强与"一带一路"沿线国家的沟通交流，以民心相通相亲来保障政策沟通和项目落地顺畅运行。

3. 明晰融入"一带一路"倡议的战略取向

综合考虑重庆与"一带一路"沿线国家和地区的共同利益和各自选择偏好，以寻求产业融入、设施融入、人才融入、民生融入等方面利益共同点为主要取向，采取更有力度、更加精准、更具针对性的政策举措，推动融入"一带一路"倡议走深走实。一是以产业项目融入助推"一带一路"沿线国家和地区，实现成本降低或市场扩大、实现投资贸易与服务相通为重点选择取向。要在培育开放产业上持续用力，坚持"引进来"和"走出去"并重，营造国际化、法治化、便利化营商环境，做好外贸、外资、外经工作，打造一批特色突出、规模较大、外向度较高的优质企业，不断提升开放型经济发展水平。二是以建设项目融入助推"一带一路"沿线国家和地区提升沟通效率为重点选择取向。要在建好开放通道上持续用力，深化中欧班列（重庆）、西部陆海新通道建设，探索建立开放通道的可持续发展机制，降低物流成本，提高运行效益。三是以人才文化融入助推"一带一路"沿线国家和地区实现政策沟通为重点选择取向。要在加强人文交流上持续用力，集中力量抓好重庆自由贸易试验区、中新互联互通项目、两江新区、高新区等开放平台建设，增强与"一带一路"沿线的国际人文交流功能。四是以民生服务融入助推"一带一路"沿线国家和地区，实现民心相通为重点选择取向。要在强化民生服务上持续用力，积极推动教育、科技、文化、医疗、体育等领域对外交流合作，实现"一带一路"沿线民心相通相亲。

（二）在推进共建"一带一路"中发挥带动作用

重庆在国家区域发展和对外开放格局中具有独特而重要的作用。要深刻领会中央赋予重庆的使命和责任,围绕"两点"定位、"两地""两高"目标和发挥"三个作用",推动新一轮西部大开发战略深化,发挥重庆在西部地区、长江流域绿色发展中的支撑引领功能,为共建"一带一路"做出重庆贡献,实现新作为、新突破,发挥好带动作用,支撑国家"一带一路"倡议的实现。

1. 围绕共建"一带一路"强化国际物流通道功能

加快建成内陆开放高地,通过中欧班列(重庆)国际铁路贸易大通道和西部陆海新通道,向欧洲、南亚和东南亚等重点区域拓展开放空间,加快构建内陆国际物流枢纽,提升对内对外开放水平。一是持续优化西向、西北向国际贸易大通道。强化中欧班列(重庆)品牌建设,完善布局德国、俄罗斯等国外集散分拨点,进一步优化运营及运输产品结构,拓展完善国际旅游、国际邮件等功能,与长江黄金水道无缝衔接。实现"渝满俄"班列常态化开行,联通中蒙俄经济走廊。二是加快推进西部陆海新通道建设。以西部陆海新通道建设为契机,整合、优化西部地区的开放口岸和口岸功能,推动落实西部12个省(自治区、直辖市)签署的共建"陆海新通道"合作协议,加强区域合作。三是构建多式联运物流通道新格局。加强中欧班列(重庆)、西部陆海新通道、长江航运、航空等统筹衔接,将果园港打造成为内陆多式联运示范港,探索中欧班列(重庆)多式联运"一单制",争取国家加快启动三峡新通道建设,加快发展重庆航空物流,构建形成陆海多式联运体系。

2. 围绕共建"一带一路"优化开放环境和平台

加快建设国际城市,充分利用国际国内两个市场、两种资源,提升城市国际化水平,实现高质量发展、创造高品质生活。一是提高口岸服务效率。持续优化开放环境,提升口岸智能化、通关一体化、贸易便利化水平,通过推进口岸物流降本增效、行政事项精准放权、压缩整体通关时间、提升信息化水平等方式开拓贸易市场,促进外贸优化升级。二是发挥自贸试验区、中新(重庆)战略性互联互通示范项目、两江新区等开放平台在全市开发开放中的核心载体作用，推动完善投资自由化便利化，让重庆与"一带一路"沿线区域贸易往来越来越便利。三是加强产业领域对接，共建产业园区。围绕"一带一路"沿线国家市场需求，重点加强物流、贸易等领域合作，积极拓展到"一对一"产业领域，与"一带一路"沿线区域共建产业园区、物流中心、保税仓库等平台。

3. 围绕共建"一带一路"强化科教文卫体领域合作

持续推进科技、教育、文化、医疗等服务业领域有序开放，全面实施外商投资准入前国民待遇加负面清单管理制度。一是建设国家西部创新中心。加强规划引领，以重庆科学城为引导，升级建设重庆高新区，吸引聚集"一带一路"沿线国家的创新资源，培育多元化国际创新主体，推动产学研一体化发展。实施更加积极、更加开放的人才政策，大力吸引培育"一带一路"沿线国家高端创新人才、创新型企业家和高技能人才。二是加快推进教育领域对外开放。重点围绕提高中外合作办学的数量和质量，积极引进国外高校资源。统筹规划重庆高校吸纳"一带一路"沿线国家来渝留学的学科专业。三是加强人文领域合作。推动"'一带一路'国家人文交流"基地落地重庆，加快推进旅游便利化、策划推出文化交流周等人文合作重大事项。

（三）重庆融入"一带一路"发展的战略机遇

当前，共建"一带一路"正在向落地生根、持久发展和高质量发展转变的阶段迈进。围绕习近平总书记对重庆提出的"两点"定位、"两地""两高"目标、发挥"三个作用"和营造良好政治生态的重要指示要求，重庆加速融入"一带一路"，实现高质量发展，面临诸多重大战略机遇。

1. 习近平总书记重要指示为重庆融入"一带一路"作战略指引

更加注重从全局谋划一域、以一域服务全局，努力在推进新时代西部大开发中发挥支撑作用、在推进共建"一带一路"中发挥带动作用、在推进长江经济带绿色发展中发挥示范作用，与"两点"定位、"两地""两高"目标相互贯通，是习近平总书记从全局中谋划重庆一域做出的战略指引，是习近平总书记在新时代赋予重庆的重大使命、交给重庆的战略任务。在习近平总书记战略指引下，重庆必须全面融入"一带一路"倡议，能够增强在更高起点和更高层次推进对外开放的能力，更加主动参与世界经济大循环，更加积极运筹全球高端要素资源，在推进共建"一带一路"中发挥带动作用。加快推动重庆更深入地融入"一带一路"倡议，必将更加凸显重庆作为西部大开发的重要战略支点、"一带一路"倡议和长江经济带联结点的辐射带动作用，推动"一带一路"沿线国家和地区与我国最大的流域经济带——长江经济带全面对接融通，促进重庆地理优势转变为经济优势。同时，借力"一带一路"建设，重庆综合区位优势将进一步凸显，促进公、铁、水、空及管道、信息等基础设施建设，完善对外运输大通道、内部综合交通网络和信息大网络，提高互联互通水平，在推进共建"一带一路"中发挥带动作用，更好完成习近平总书记赋予重庆的重大使命和战略任务。

2. 构建对外开放新格局为重庆融入"一带一路"注入新活力

进一步拓展对外开放的范围、层次、结构、布局，推动形成陆海内外联动、东西双向互济的全面开放新格局，更高质量发展更高层次的开放型经济，是新时代党中央做出的重大战略部署。推进"一带一路"建设，是我国扩大对外开放的重大战略举措，也是新时代我国对外开放的工作重点。特别是近期国家发布的《西部陆海新通道总体规划》，为包括重庆在内的整个西部地区提供了新的开放支撑。围绕国家推动形成全面开放新格局战略要求，加快融入"一带一路"，就是要加强同沿线国家发展战略、发展重点相互对接，大力推动基础设施互联互通和产业深度合作，加强平台合作、创新资源共享，拓展金融贸易合作空间，提高对外贸易和投资自由化便利化水平，建立多层次、宽领域的人文合作机制，构建全方位对外开放平台体系，打造内陆开放高地，成为国际交往中心、国际运营中心，增强全市经济发展活力，使重庆成为国际开放前沿和高地。在此背景下，融入"一带一路"倡议，重庆与"一带一路"沿线国家和地区的产业、技术与经贸、文化等领域合作力度必将进一步强化，合作领域必将进一步细化，促进重庆在更大空间范围内更好地在资源共同开发、产业协同联动、自由贸易往来、金融物流合作、文化交流互访等领域，与沿线国家地区实现优势互补、互利共赢，促进形成全方位、宽领域、多层次、多元化合作体制机制。进而加快提升重庆对外开放水平和资源配置能力，构建起大通关、大通道、大平台、大开放体系，打造内陆开放高地，增强国家向西开放支撑力，助力陆海内外联动、东西双向互济全面开放新格局建设。

3. 全球产业发展新变革为重庆融入"一带一路"增添新动力

当前，世界经济增长动能减弱，贸易紧张局势对全球经贸投资的溢出效应不断蔓延，全球科技革命和产业变革对经济增长支撑作用持续增强。特别是以大数据、智能化、云计算、物联网等为代表的新技术革命将对全球产业链重构、产业分工格局产生重要影响，加速拓展产业新领域、催生产业新业态、提升产业发展水平。重庆是国家重要的现代制造业基地，已形成汽车和电子两个 5000 亿级产业集群，笔记本电脑产量占全国 1/3 左右、手机产量占全国 10% 左右、汽车产量占全国 10% 左右、摩托车产量占全国 35% 左右，成为全球最大的笔电基地和国内最大的汽车基地。与此同时，也不同程度地存在着产业创新发展能力不强、汽车等主导产业转型升级滞后、市场竞争力不强等突出问题，亟须加速产业升级换代、技术革新，寻求新的市场机遇。由此，紧跟世界产业发展趋势，融入"一带一路"倡议，重庆在深度融入全球开放式创新体系，与"一带一路"沿线国家和地区携手并进、共建共赢，构建布局合理、上下游联动、链条完善、相互融合的现代产业体系方面，面临重大发展机遇。同时，利用"一带一路"政策导向、市场需求和先进适用技术，推进跨国研发和创新合作便利化，突出制造业和互联网协同创新，有利于倒逼重庆现有产业转型升级、提质扩能，培育与国际市场相对接、与国家战略相契合、与市场需求相符合的先进制造业和现代服务业集群，催生新业态、创新新模式、发展新产业、拓展新市场。

4. 国家重大区域战略为重庆融入"一带一路"提供新机遇

适应经济全球化和科技革命与产业变革不断推进趋势，以"一带一路"

建设带动沿海、内陆、沿边地区协同开放，进一步提升中心城市国际化水平，促进其在更广的平台、更宽的领域、更高的层次参与全球竞争和产业合作，分享全球经济、社会和科技发展的最新成果，加快培育国际经济合作和竞争新优势、新业态，是新时代推动形成全面开放新格局和区域协调发展战略的重要抓手。加快西部陆海新通道建设，进一步发挥西部地区连接"一带"和"一路"的纽带作用，强化重庆运营中心的枢纽和组织作用，是推进西部大开发形成新格局、推动区域经济高质量发展的重要路径。重庆是中央直辖市、国家中心城市，其区位优势独特、战略地位重要。顺应国家重大区域发展战略要求，推动重庆融入"一带一路"，从全局谋划一域、以一域服务全局，加强与"一带一路"沿线国家和地区经贸往来，提升城市国际化配套服务功能，推动重庆城市形象、城市文化等最快、最广、最生动地传播到五湖四海，不断提升重庆对国际化元素的集聚能力、吸引力，形成较强的经济辐射带动能力和资源配置能力。重庆在国家区域协调发展战略中的重要节点作用将进一步凸显，城市将向着更高层次的国际洲际城市迈进，在新时代西部大开发、共建"一带一路"和长江经济带绿色发展中发挥支撑、带动和示范作用。

三、重庆融入"一带一路"发展的战略基础

（一）重庆融入"一带一路"的比较优势

1. 在国家战略格局中的地位突出

地理区位优势明显。重庆地处丝绸之路经济带、中国—中南半岛经济走廊、长江经济带"Y"字形大通道联结点，具有承东启西、连南接北的独特区位优势，在国家对外开放大战略和区域协调发展大格局中，愈加显著地发挥着东西互济功能承接、南北互通枢纽支撑的关键联通作用。依托西部陆海新通道，形成"铁、公、水、空、管道"多种运输方式无缝衔接的综合立体交通网络，极大推动了重庆积极融入国家区域发展战略布局以及"一带一路"建设的国际布局。

经济区位独具特色。重庆作为我国中西部地区唯一的直辖市，经济优势突出，战略地位重要，是西部大开发重要战略支点、长江上游地区经济中心、内陆开放高地，是连接欧洲、亚太、东盟三大经济圈的重要节点，在国家区域发展和对外开放格局中，特别是在国家"三大战略"中具有独特而重要的作用。其中，重庆在推进新时代西部大开发中发挥着支撑作用，在推进共建"一带一路"中发挥着带动作用，在推进长江经济带绿色发展中发挥着示范作用。

2. 区域经济综合实力日趋增强

经济保持平稳较快增长。重庆直辖以来，随着体制机制逐步改善，内陆开放加快推进，汽车、电子信息产业等主导产业快速发展等，经济持续快速增长，体量不断壮大。2018年，全市地区生产总值（GDP）达到20363.19亿元，是1997年的13.5倍，年均增长13.2%（见图1-1）。三大产业结构逐步优化，从直辖初的20.3∶43.1∶36.6调整到2018年的6.8∶40.9∶52.3。经济发展质量持续提升，2018年人均GDP为6.59万元，具备了良好的发展基础（见表1-1）。

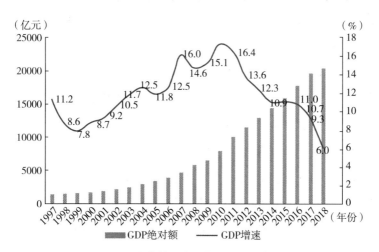

图1-1 重庆直辖以来历年GDP及增速变化

数据来源：《重庆统计年鉴》（2019）。

表1-1 2018年西部地区主要经济指标对比

省份	GDP（亿元）	人均GDP（万元）	产业结构	居民人均可支配收入（元）	固定资产投资（亿元）	消费品零售总额（亿元）
重庆	20363.19	6.59	6.8:40.9:52.3	26386	18661.40	8769.55
四川	40678.10	4.89	10.9:37.7:51.4	22461	28065.30	18254.50
贵州	14806.45	4.12	14.6:38.9:46.5	18430	17703.50	4494.62
云南	17881.12	3.71	14.0:38.9:47.1	20084	21132.56	6825.97
广西	20352.50	4.15	14.8:39.7:45.5	21485	22713.01	8291.59
陕西	24438.32	6.34	7.5:49.7:42.8	22528	26248.95	8938.27
甘肃	8246.10	3.13	11.2:33.9:54.9	29957	5444.54	3680.17
青海	2865.23	4.76	9.4:43.5:47.1	20757	4181.63	835.56
宁夏	3705.18	5.41	7.6:44.5:47.9	22400	3119.34	975.11
西藏	1477.63	4.33	8.8:42.5:48.7	17286	2252.04	597.58
新疆	12199.08	4.94	13.9:40.3:45.8	21500	12951.56	3186.97
内蒙古	17289.20	6.83	10.1:39.4:50.5	28376	10472.14	7311.10

现代产业体系正在加速构建。目前，重庆新旧产能加速转换，传统制造业加速转型升级，战略性新兴产业快速发展，第三产业持续上升，基本形成第二、第三产业"双轮"驱动、产业结构不断升级的发展格局。一是制造业集群优势明显。重庆是中国重要的制造业基地，是全球最大笔记本电脑生产基地、全国最大汽车生产基地、全国主要手机生产基地和全国重要的通用机械出口基地，在全球产业体系中有较强影响力。当前，汽车、电子等传统支柱行业加快向高端化、智能化、绿色化转型升级，新能源及智能汽车、机器人及智能装备、通用航空、云计算及物联网等战略性新兴制造业不断壮大，有利于重庆发挥制造业基础优势、产业集群优势，引进全球高新技术产业，完善产业集群、补齐发展短板，提升产业国际竞争力。2018年智能产业实现销售收入4640亿元，同比增长19.2%，带动工业战略性新兴产业、高技术产业增加值同比分别增长13.1%和13.7%，占全市规模以上工业企业增加值比重提高至22.9%、18%。二是服务业占据主导地位。近年来，重庆生产性、

生活性服务业快速发展，2013年服务业占比首次超过第二产业，2018年，重庆服务业占比提高到52.3%，加快转向国际化大都市服务业主导的发展格局，尤其是以大数据、云计算、移动互联网为代表的智能产业快速发展，推动全市生产性服务业向高端化、融合式、外向型、专业化、集聚化发展，促进全市产业由生产制造型向生产服务型加快转变，有利于重庆引进发展总部经济、国际金融、现代物流、高端专业服务业等现代服务业，提升重庆服务业国际化水平。

专栏1 重庆市工业支柱产业发展情况

电子。经过10年左右发展，电子产业已经形成了"芯屏器核网"全产业链，成为国内以笔记本电脑、手机、平板电脑、打印机、显示器为代表的智能终端产品制造基地。其中，笔电制造形成了5家品牌企业、6家代工企业、860多家零部件配套企业构成的"5+6+860"的垂直产业体系。手机制造快速集聚了vivo、OPPO、百立丰、乐视等200多家手机整机及配套企业。集成电路形成了芯片设计—晶圆制造—封装测试—原材料配套全产业链。新型显示初步构建起以电视机、液晶显示器等显示面板下游产业为主，逐步向玻璃基板、偏光片、液晶等上游关键原材料配套产业拓展的产业格局。2019年，全市规模以上电子产业增加值同比增长14.3%。

汽车。重庆汽车产业体系完整。截至2019年底，全市汽车生产企业达到43家，其中整车生产企业23家，专用车生产企业20家，已形成以长安体系（含长安汽车、长安福特、长安铃木、长安跨越）为龙头，北京现代、庆铃汽车、上汽依维柯红岩、东风小康、华晨鑫源等整车企业为骨干，上千家配套企业为支撑的"1+10+1000"的优势产业集群，汽车整车年综合生产能力超过350万辆。从产业链看，已形成包含发动机、变速器、制动系统、转向系统、车桥、内饰系统、空调等各大总成在内的较完整的零部件供应体系，传统燃油汽车70%以上零部件实现本地配套。2019年，全市汽车产业增加值同比下降4.1%。

摩托车。重庆摩托车产业体系完善。目前形成了隆鑫、宗申、力帆、银翔等摩托车整车企业36家，装备水平、制造能力、生产规模国内领先，拥有规模以上零部件企业430余家，具有年产1000万辆整车和2500万台发动机的综合生产能力，具备发动机、离合器、车架、减震器、转向、轮毂、轮胎、仪表、覆盖件等关键零部件的配套能力。2019年，全市规模以上摩托车产业增加值同比增长2.4%。

装备制造。重庆装备制造行业领域多，部分领域具有全国影响力。全市形成了以智能制造、节能环保、能源装备、轨道交通、数控机床、仪器仪表、航天航空等为主的装备制造体系，主要领域实现快速增长，其中仪器仪表等行业在国内影响力大。2019年，全市规模以上装备产业增加值同比增长6.8%。

材料。已初步构建起以冶金、建材、化工等为主体的材料产业发展体系，在铝加工、复合材料等细分领域具有相对优势，拥有西南铝业、国际复合等龙头企业。2019年，全市规模以上材料产业增加值同比增长14.7%。

消费品。全市消费品工业初步形成了一个以千亿级食品产业集群为引领，纺织服装、造纸及纸制品、塑料、玻璃制品等百亿级产业集群为支撑的发展格局。2019年，全市规模以上消费品产业增加值同比增长6.1%。

能源。全市形成了火电、水电、风电等多种形式的能源产业格局。2019年，全市规模以上能源工业增加值同比增长5.3%。

生物医药。全市已形成生物药、化学创新药及高端仿制药、现代中药及数字医疗器械产业链群。2019年，全市规模以上医药产业增加值同比增长7.1%。

创新驱动能力全面提升。随着重庆全面实施创新驱动发展战略，以大数据智能化为引领的产业链从低端向中高端不断提升，全市科技创新成果转化应用加快，经济创新力和竞争力不断增强，位居中西部前列。一是创新投入持续增加。2018 年，研究与试验发展（R&D）经费支出占全市地区生产总值的比重约为 1.95%，其中规模以上工业企业研发投入同比增长 13.9%。二是创新主体培育步伐明显加快。各类创新主体快速兴起，呈现"井喷"式的发展趋势。2018 年，高新技术企业达 2504 家，同比增长 23.5%。三是创新平台密集布局。拥有国家自主创新示范区 1 个，重庆大学、西南大学等 65 家高校，市级及以上重点实验室共 180 个，其中国家重点实验室 8 个。市级及以上工程技术研究中心共 538 个，其中国家级中心 10 个。中国科学院大学重庆分院、中建院重庆分院和同济大学重庆分院等高端研发平台落户重庆。四是创新人才集聚加快。采取人才引进和培育并举的措施，截至 2018 年底，全市研发人员累计 13.2 万人，各类国家级高层次人才达到 608 人；其中"两院"院士 16 人，累计引进高端外国专家 15 名。五是创新成果持续增长。2018 年，全市共受理专利申请量 7.21 万件，同比增长 10.9%，获得专利授权 4.57 万件，同比增长 30.6%（见图 1-2）。

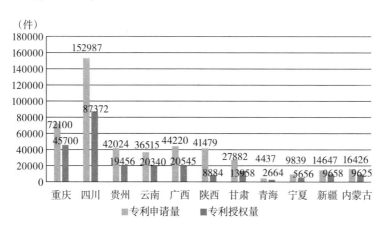

图 1-2　2018 年西部各省份专利申请量和授权量

专栏 2　实施重庆市与知名院校开展技术创新合作专项行动方案

2017 年 11 月，重庆市印发了《重庆市与知名院校开展技术创新合作专项行动方案（2017—2020 年）》，提出围绕先进制造、互联网、大数据、人工智能、大健康、新能源、新材料、生态环保等重点领域，合作建设一批创新平台。对于引进建设项目，重庆设立了科技专项，根据引进项目的类别实行分类激励。同时，还将配套享受科技金融、人才、财税等政策支持和相关服务。

2018 年，吉林大学、哈尔滨工业大学、同济大学、美国加州大学洛杉矶分校、比利时鲁汶大学、中国科学院计算技术研究所、中国兵器科学研究院等知名高校和科研院所与重庆市共建项目相继签约落地。近年来，重庆以中国国际智能产业博览会、重庆高交会暨第九届国际军博会为契机，加快实施重庆市与知名院校开展技术创新合作专项行动方案，推动与国内外知名高校、科研院所的科技合作，取得了积极进展。新加坡国立大学、中国科学院大学、西北工业大学、中国工程院、中国电科等知名高校和科研院所与重庆市共建项目相继签约落地。9 月 29 日，华中科技大学、北京理工大学、华东师范大学、西安电子科技大学、武汉理工大学、中国地质大学（武汉）等 6 所高校与重庆市集中签约，将推动一批重点项目在渝落地。

3. 崛起为国际化城市的潜力日益凸显

国际化水平快速提升。直辖 20 多年来，尤其是"一带一路"倡议深入实施以来，重庆全力推进城市向现代化和国际化方向发展。一是国际化城市形象凸显。越来越多的外国驻渝领事馆、跨国性企业、国际性专业机构布局重庆，嘉陵帆影、世界花等一批地标性建筑加速推进，金山国际医院、新加坡莱福士医院、哈罗重庆礼德学院、英国阿平汉公学等一批国际医疗机构、国际学校入驻重庆。2018 年，在渝外国总领事馆 10 家，居全国第四位；世界

500 强企业已落户 287 家，位居中西部前列；在渝中国香港和国外新闻机构 5 个。二是加强国际友好城市合作（见表 1-2）。积极参与中国—中东欧、中俄两河流域、中国—东盟、中美、中澳省州负责人论坛等多、双边合作机制建设。2018 年，新增 5 个国际友好城市，其中 3 个在"一带一路"沿线国家。截至目前，重庆市国际友城数量达到 42 个，创历史新高。三是金融国际服务能力不断提升。近年来，重庆加快建设国内重要功能性金融中心，已形成传统金融为主体，新型金融为辅助的现代金融体系，金融影响力、辐射力逐渐增强。目前，重庆拥有各类金融要素市场 16 个，金融要素市场结算规模突破 5 万亿元，具有西部唯一的 QDII2 试点、中新金融互联互通等独特优势。其中，江北嘴区域入驻金融机构近 600 家，被誉为西部的"陆家嘴"，成为中国西部新兴的金融中心，有利于增强重庆全球资源配置能力，提升重庆金融业全球影响力。2018 年，全市金融业增加值占地区生产总值比重增至 9.5%。

表 1-2 重庆市同外国城市（省、州）结好一览表

序号	结好城市	签字地点	结好日期
1	法国图卢兹市	图卢兹	1982 年 12 月 10 日
2	美国西雅图市	西雅图	1982 年 6 月 3 日
3	加拿大多伦多市	重庆	1986 年 3 月 27 日
4	日本广岛市	重庆	1986 年 10 月 23 日
5	英国莱斯特市	莱斯特	1993 年 10 月 11 日
6	俄罗斯沃罗涅日州	沃罗涅日	1993 年 10 月 20 日
7	乌克兰扎波罗热州	重庆	2002 年 4 月 25 日
8	南非普马兰加省	重庆	2002 年 10 月 18 日
9	德国杜塞尔多夫市	杜塞尔多夫	2004 年 7 月 22 日
10	伊朗设拉子市	重庆	2005 年 10 月 11 日
11	埃及阿斯旺省	重庆	2005 年 10 月 11 日
12	澳大利亚布里斯班市	重庆	2005 年 10 月 11 日
13	韩国仁川广域市	重庆	2007 年 6 月 1 日
14	挪威南特伦德拉格郡	重庆	2007 年 6 月 14 日
15	泰国清迈府	重庆	2008 年 9 月 19 日

序号	结好城市	签字地点	结好日期
16	阿根廷科尔多瓦省	重庆	2010 年 5 月 18 日
17	匈牙利佩斯州	重庆、佩斯州	2010 年 10 月 22 日
18	泰国曼谷市	重庆	2011 年 9 月 26 日
19	比利时安特卫普省	重庆	2011 年 10 月 26 日
20	巴西巴伊亚州	重庆	2011 年 12 月 15 日
21	瑞士苏黎世州	重庆、苏黎世	2013 年 4 月 26 日
22	墨西哥新莱昂州	重庆、新莱昂州	2013 年 11 月 12 日
23	柬埔寨金边市	重庆、金边	2014 年 1 月 29 日
24	印度金奈市	北京	2015 年 5 月 15 日
25	白俄罗斯明斯克州	明斯克州	2017 年 3 月 24 日
26	印度尼西亚西爪哇省	重庆	2017 年 5 月 8 日
27	斯洛文尼亚马里博尔市	重庆、马里博尔	2017 年 6 月 21 日
28	乌拉圭圣何塞省	重庆	2018 年 1 月 8 日

经贸往来势头迅猛。近年来，重庆积极参与"一带一路"建设，进出口贸易、利用外资与对外投资逐年增加，在"一带一路"经贸格局中的地位不断上升。一是对外贸易日趋频繁。在西部陆海新通道、中欧班列（重庆）国际铁路联运大通道推动下，重庆对外贸易保持快速增长态势。2018 年，全市外贸进出口总值突破 5000 亿元大关，实现 5222.62 亿元，在中西部居第三位，全国排名第 12 位（见图 1-3）。其中，"一带一路"沿线 64 个国家成为重庆市进出口主要市场，在渝双边经贸促进机构近 20 个，进出口总额合计 1209.8 亿元，占全市的 23.2%。

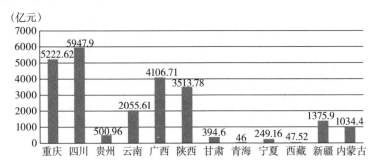

图 1-3 2018 年西部各省份进出口总额

二是境外资本对重庆的关注度和参与热情在提高。2018 年实际利用外资 100 亿美元以上,共建"一带一路"国家(地区)利用外资 52.4556 亿美元,占全市总额的 51.06%(见图 1-4)。随着"一带一路"倡议的不断实施,越来越多的国际金融机构布局重庆,如汇丰银行和澳新银行等外资银行一直在关注和参与重庆金融领域的发展,从中受益巨大。

三是与"一带一路"沿线国家投资合作稳步推进。重庆企业在"一带一路"沿线国家投资以并购为主,投资目的国家相对集中,主要集中在以色列、俄罗斯、罗马尼亚、东帝汶、老挝、柬埔寨,占对外投资总量的 80% 以上;大部分投资流向互联网和相关服务业,汽车制造业,铁路、船舶、航空航天和其他运输设备制造业,以及房地产业、体育和娱乐业。2018 年,重庆企业对"一带一路"沿线 14 个国家新增投资 6376 万美元;与"一带一路"沿线 10 个国家新签对外承包工程合同额 27.6 亿美元,同比增长 204.8%;在"一带一路"沿线 19 个国家完成营业额 6.8 亿美元,占同期总额的 66%。

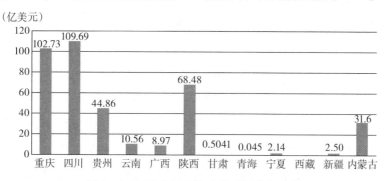

(亿美元)

图 1-4 2018 年西部各省份利用外资总额

国际展会影响力日益提升。近年来,重庆会展业持续保持高速发展态势。一是举办国际会议数量明显增多。中国国际智能产业博览会(以下简称"智博会")永久性落户重庆,中国(重庆)国际投资暨全球采购会(以下简称"渝洽会")成功更名为中国西部国际投资贸易洽谈会(以下简称"西洽会")。此外,重庆成功举办了"中国 500 强企业高峰论坛""亚欧互联互通产业高峰论坛""亚洲能源合作论坛""重庆市市长经济顾问团年会""2016

世界旅游城市联合会重庆香山旅游峰会""中国·匈牙利中小企业跨境投资与贸易洽谈会""中国零售商大会"等系列国际国内知名会议。二是国际会议品牌效应日益显现。2019年，智博会有8个外国政府和国际组织派出15名副部级以上重要嘉宾参会，173家国外企业参展，8项国际赛事吸引了21个国家和地区、415个境外团队和选手同场竞技，173家海内外媒体的1212名记者向全球同步讲述智能化精彩故事，极大地提升了重庆的城市形象和国际知名度。

国际交流合作不断深化。近年来，重庆加强与"一带一路"沿线国家和地区的文明互鉴和民心相通，在科技、教育、文化、卫生等领域开展了广泛合作与交流。一是积极推进教育合作。加快国际化办学进程，实施"丝绸之路"合作办学推进计划，与"一带一路"沿线13个国家40所高校建立良好合作关系，有来自140多个国家和地区的上万名留学生在渝学习，着力促进学术成果合作共享；开展"丝绸之路"师资培训推进计划，累计派出教师460余人次前往沿线国家交流访问、参加学术会议和开展博士后研究，着力推动优质教育模式互学互鉴。二是加强文化交流。依托川剧文化传承与保护基地，组建"曲风雅韵"川剧艺术团赴意大利、法国、西班牙等国家进行川剧巡演，弘扬中国优秀传统文化。目前，重庆市文化系统共有31个团组出访俄罗斯、新加坡等16个"一带一路"沿线国家和地区，促进文化交流传播、文化贸易创新发展。2018年，全市接待共建"一带一路"国家的入境游客388.02万人次，旅游外汇收入21.9亿美元。三是推进科技创新合作。依托西南大学、重庆高技术中心等单位与匈牙利、厄瓜多尔等"一带一路"国家共同组建了中匈食品科学合作研究中心、中—厄智能制造与状态监控国际联合实验室等联合创新平台，实现资源共享、风险共担、优势互补，有效地促进了重庆科技创新领域的开放合作。四是加强医疗卫生交流合作。依托重庆附一院、重庆市中医院、重医附属口腔医院、重医附属儿童医院、市急救医疗中心等单位与法国、巴布亚新几内亚等国家共同组建了中国（重庆）—法国应急与灾难医学合作中心。积极举办中外国家专业技术培训班，大力开展对外医疗援助工作，有效促进重庆与各国在卫生健康领域的交流与合作。

专栏3　重庆教育领域国际合作基本情况

积极拓宽国际教育通道。增设"重庆市外国留学生市长奖学金'丝路'专项",奖学金规模500万元/年,每年拟培养100名来华留学高端杰出人才。引进海外优质教育资源到重庆合作办学,实施重庆职业教育中外合作办学5年行动计划,依托重庆工业职业技术学院、重庆电子工程职业学院、重庆工程职业技术学院等高校教学资源,中澳(重庆—昆士兰州)职业教育合作办公室联手澳大利亚昆士兰职业技术学院与重庆6所高职学院签订了6项姊妹学校合作协议,市内职业院校分别与澳大利亚、英国、加拿大、新加坡、美国、韩国、泰国、印度尼西亚等国教育机构签订13项合作协议;联合国内企业在海外开设"鲁班工作坊""海外人才培养基地"等,加强"本土化"员工培养培训。

构建语言互通机制。充分发挥四川外国语大学等语言类高校人才培养优势,加强非通用语专业建设,着力培养阿拉伯语、泰语、匈牙利语、希伯来语等非通用语人才,推进沿线国家语言专业和课程建设,重点推进俄语、阿拉伯语、越南语、葡萄牙语、匈牙利语等沿线国家语种人才培养工作;着力加强孔子学院(课堂)建设,先后在泰国、俄罗斯、斯里兰卡、哈萨克斯坦等沿线国家建设5所孔子学院;积极培养沿线国家本土汉语教师,西南大学、重庆师范大学等高校与俄罗斯、斯里兰卡等国合作共建中国语言文化教育中心、汉语师范学院等机构,更好满足当地青少年对汉语和中国文化的学习需求。

开展人才培养培训合作。围绕通信运营、轨道交通、教育管理等重点领域举办专题研修班,培养沿线国家中高级管理人员和技术技能人才,每年吸引5000余名沿线国家学生来重庆学习。设立卓越校长工程中新合作培养计划、特色专业骨干教师海外研修计划等市级公派出国留学项目,实施中新(新加坡)青少年交流计划、开展"长江—伏尔加河"青年论坛与文艺巡演、文化巡展、专家巡讲活动,在5所高校设立校级"丝绸之路"

奖学金，4000余名沿线国家优秀学生在渝学习。每年选派3000余名师生赴俄罗斯、新加坡等38个沿线国家留学、游学。开展"缅甸仰光省公共交通高级管理研修班""聚焦超声外科技术高级管理人才培训班"等特色教育，培训重庆市"走出去"企业和外籍中高级管理及技术技能人才208名。

搭建重大教育合作平台。推动成立中泰职业教育联盟、"一带一路"高校战略联盟、"金砖国家"网络大学联盟、中俄"长江—伏尔加河"高校联盟、中俄教育类高校联盟等10余个国家级、省部级高校联盟，汇聚中外37所职业院校，数十所高等院校，推进优质教育资源共享，加强与各国高校的深入交流。

专栏4　重庆科技领域国际合作基本情况

推动科技领域的开放合作。推动东盟能源中心、俄罗斯托木斯克理工大学、中丹技术转移中心、德国工业集市等"一带一路"沿线的技术转移机构和高校参展高交会、智博会等；组织移动机器人、VR技术，服务机器人定制等特色技术项目进行展示对接。组织开展国际技术转移对接会、中国（重庆）—东盟清洁能源应用研讨与技术交流会等活动，推动国际技术资源双向转移转化，促进重庆市产业技术对外交流和项目合作。

推动科技创新合作。重点建设了"中匈技术转移中心（重庆）""中德技术转移中心（重庆）"等国际科技合作信息服务平台。中国—匈牙利技术转移中心已促成17个国际合作项目成功对接，"食品科学合作研究中心""芦竹生态种植观光园"等项目已在重庆启动实施。中德技术转移中心举办"工业4.0"国际论坛及企业培训会，邀请到菲尼克斯电气、德国最大工业B2B平台Industrystock.com的专家齐聚重庆研讨"工业4.0"、智能制造发展及国际技术转移，为重庆市培养智能制造产业的管理人才及技术队伍。

加强重庆对外科技人文交流。在科技部国际合作司、市科委的支持下，重庆工商大学、重庆医科大学和国家电投集团远达环保工程有限公司等单位多次举办发展中国家技术培训班，除邀请"一带一路"发展中国家来重庆参加培训外，还走出国门，前往埃及、印度等国家开班，为亚非拉发展中国家培养科技管理干部、技术经理人以及专业技术人才，提升亚非拉发展中国家科技人力资源开发合作水平。

专栏5 重庆文旅领域国际合作基本情况

促进文旅交流合作。先后与波兰、捷克、新加坡、澳大利亚、俄罗斯、白俄罗斯及其他"一带一路"沿线国家在文化、旅游等方面达成合作，成功举办首届重庆波兰文化节、"李华的认知艺术与质朴的非洲民间艺术"展览、"中国—中东欧国家文化季"活动等，开展专题旅游推广营销活动40余场，建立重庆旅游国际传播中心，成立10个重庆旅游境外推广中心和形象展示店，"1+N+X"文化旅游外宣平台逐步形成。

创新文旅融合品牌。在国家文化旅游委支持下，市文化旅游委与新加坡中国文化中心签订了年度合作协议，将2017年命名为"新加坡重庆文化年"。春节期间市文化委、市旅游局组团参加"春到河畔迎新年"、我驻新使馆新春招待会和中国文化中心专场文艺演出，参加新加坡主要媒体的采访宣传和旅游推介等活动。重庆非遗、汉字讲座及"重庆之窗"图书专柜、民乐等4个类别的文化交流活动走进狮城。应越南岘港市人民政府外事办公室邀请，重庆文旅代表团参加"2017岘港国际烟花节"，文旅融合"走进"越南，展示重庆京剧，开展旅游推介。

推动文化贸易发展。2017年，市文旅委首次承接国家文旅委牵头的"中国—中东欧国家文化季"项目，与捷克、爱沙尼亚两国的艺术机构建立联系，引进芭蕾舞、室内乐和小丑剧等 3 个演艺项目来渝商业演出，以"文化＋市场"的方式推进文化合作。2018 年重庆市文化和旅游发展委员会与新加坡东亚成功集团签订项目意向投资协议，新加坡东亚成功集团将投资 20 亿元在渝开发建设重庆特色文化小镇，助力重庆文旅产业发展。到 2020 年，重庆将建 40 个特色文化小镇，其中 2018 年规划建设 9 个特色文化小镇，深挖文化渊源，植入当代元素，形成文化综合体。

文化合作搭平台。在"中俄媒体交流年"框架下，经近两年的运作，与俄罗斯叶利钦总统图书馆达成合作协议，赴俄罗斯开展人文纪录片《中俄书途》采访拍摄，拟在中俄两国公共媒体播放。重庆市文化遗产研究院和俄罗斯科学院西伯利亚分院考古与民族学研究院组建联合考古队，开启了重庆文化遗产保护工作对外开拓的新篇章。组织电影企业参加了"莫斯科国际电影节"，商谈影视合作，努力搭建多层次、宽领域的交流平台。10 位艺术家为重庆留下 23 幅珍贵的艺术作品。

专栏 6　重庆卫生领域国际合作基本情况

大力开展对外援助工作。2002 年，重庆市卫生健康委受国家卫生健康委委托向南太岛国巴布亚新几内亚派遣中国援外医疗队，这是我国派往南太地区的首支中国医疗队。截至 2019 年 1 月底，重庆已向巴布亚新几内亚派遣 9 批医疗队，共计 90 人次，累计援外服务 10 万余人次。同时，医疗队还十分重视临床教学和学术交流工作，开展培训突破 1000 次，为当地培养了一批医疗人才。对外援助项目的圆满完成扩大了重庆卫生援助项目在受援国的影响，帮助受援医院提升医疗服务能力，深受受援国政府和人民热烈欢迎，对促进两国关系、促进两国人民之间的友谊、促进两国之间的卫生合作发挥了积极作用。

大力促进卫生健康交流合作。在国家卫生计生委的支持下，重庆市卫生计生委、重医附一院等单位多次举办中外国家专业技术培训班，如：以色列突发事件卫生应急管理专题培训班、中—东盟卫生应急专业技术人员培训班、中—法卫生应急专题培训班、重庆—新加坡护理专业短期培训项目等，除邀请"一带一路"发展中国家来渝参加培训外，还走出国门，前往新加坡等国家开展培训，为亚非拉发展中国家培养应急专业技术干部及专业技术人才，提升亚非拉发展中国家卫生健康发展水平，促进中国和各国的联系更加紧密，交流与合作更加频繁，友谊更加牢固。同时，德国、泰国、意大利、乌兹别克斯坦共和国等国也多次派人来渝访问，与重庆市专家、学者就人才培养、急诊医学等领域展开深入交流，并希望今后能进一步加强卫生领域的联系。

4. 全方位开放格局新优势正在形成

开放通道不断完善。重庆依托"铁、空、水、公"四位一体优势，不断拓展开放大通道，基本形成以中欧班列（重庆）、西部陆海新通道为引领的东南西北全方位开放新格局。一是陆上国际物流大通道逐步完善。近年来，重庆陆续开通了中欧班列（重庆）、"渝黔桂新"铁海联运班列、中欧（重庆）越南铁路联运班列、"渝满俄"、"甬渝新欧"等国际铁路物流大通道以及东盟公路班车。目前，中欧班列（重庆）成为我国开行数量最多、货值占比最高、开行路线最丰富的国际货运班列；西部陆海新通道以重庆为运营中心，初步形成了"统一品牌、统一规则、统一运作"的运营管理体系；东盟班车已形成覆盖主要东南亚国家的干线运输网络，服务范围覆盖亚欧 20 个国家 15 个港口。二是航线网络日趋成熟。江北国际机场现有通航城市 205 个，国际（地区）63 个，国内 142 个，航线总数 331 条。国际（地区）航线 84 条，通航五大洲 27 个国家 63 座城市，形成了基本覆盖国内大中城市和全球重要航点，通达欧洲、美洲、大洋洲和亚洲主要城市的航空网络。其中，"一带一路"客运航线 42 条,货运航线 6 条通航。三是多式联运互联互通初见成效。重庆大力发展以港口为节点的"铁、公、水、空"多式联运,已建成主城果园、万州红溪沟等 5 个多式联运港口,果园港成为中欧班列(重庆)第二个始发站,串联主要交通枢纽和开放平台的铁路枢纽东环线正在加速建设,以江北国际机场为中心形成了公路航空联运的良好局面。

专栏 7 国际铁路物流大通道建设现状

向西:中欧班列(重庆)已成为内陆与欧洲重要的陆上通道。中欧班列(重庆)2018 年增开了重庆—明斯克、重庆—汉堡等十几条线路,成为我国累计开行数量最多、路线最丰富的国际货运班列。2018 年,中欧班列(重庆)开行 1475 列,实现了数量与质量"双高"增长,外地箱量已占总去程箱量的 60%,运输重箱量同比增长 60%以上,在实现中欧班列出口运邮常态化开展的同时,在国内率先完成中欧班列较大规模邮件进口测试。

向南:中欧班列(重庆)南向通道贯通渝、黔、桂等地,成为内陆最便捷的出海通道。2018 年,陆海新通道共开行 609 列,内外贸货物货值累计约 37 亿元;与西部省市共建"一带一路",与广西、贵州、甘肃等省市签署共建陆海新通道合资合作框架协议,以重庆为运营中心,确定了"统一品牌、统一规则、统一运作"的运营管理体系。

向北:中欧班列(重庆)北向通道联通中蒙俄经济走廊。2018 年,渝满俄北向通道共开行 230 列,占比超过中欧班列回程列数 1/3,助推了重庆汽车产业和电子信息等产业发展,也为国内带来了高质的木材、工业纸浆、石棉、粮油等大宗产品,实现了产业的双向互动。

向东:中欧班列(重庆)打通了渝甬等铁海联运通道。2018 年 1 月 23 日渝甬班列开行,从重庆到宁波港铁路运行只需 57 小时,成为重庆通向大港的重要通道。2018 年 12 月 29 日,渝甬班列已运行 143 列,合计到发集装箱标箱 16686 只,外贸箱占比为 95.4%。

专栏8 重庆公路物流基地东盟班车现状

重庆东盟公路班车项目（以下简称"东盟班车"）由巴南区政府与重庆公运集团共同出资组建重庆公运东盟国际物流有限公司负责运营。目前已开通东线、东复线、中线、西线、亚欧线以及重庆—新加坡线6条线路。东线从重庆南彭始发经广西凭祥或龙邦至越南河内至越南胡志明至柬埔寨金边，整条线路采取陆运方式，到达河内全长1400千米，到达柬埔寨金边全长3400千米；东复线从重庆南彭出发经广西钦州港至新加坡，整条线路采取陆海联运方式，全长4300千米；中线从重庆南彭经云南磨憨至老挝万象至泰国曼谷，整条线路采取陆运方式，全长2800千米；西线从重庆南彭经云南瑞丽至缅甸仰光，整条线路采取陆运方式，全长2700千米；亚欧线从欧洲经重庆团结村—重庆南彭至越南，全长12400千米，整条线路采取公铁联运方式，实现了东盟班车与中欧班列（重庆）的无缝连接；重庆南彭—广西凭祥—越南—老挝—泰国—马来西亚—新加坡线已于2018年12月6日开通，全长约4500千米，单面用时约7天，整条线路采取陆运方式。截至2019年第一季度，东盟班车共计发车846车次，总重约7400吨，总货值约8.2亿元。2019年第一季度发车185车次（平均每天开行约2班），同比增长约105%；总重约1800吨，同比增长约350%；总货值约8800万元，同比增长约80%。

开放平台作用更加凸显。重庆开放平台众多，国家级一类口岸、保税港区和综合保税区功能齐全。经过多年发展积累，已形成了"1+2+7+9"①的

① "1"指两江新区；"2"指中国（重庆）自由贸易试验区（以下简称"重庆自贸试验区"）、中新（重庆）战略性互联互通示范项目（以下简称"中新互联互通项目"）；"7"指重庆高新技术产业开发区、重庆经济技术开发区、万州经济技术开发区、长寿经济技术开发区、璧山高新技术产业开发区、荣昌高新技术产业开发区、永川高新技术产业开发区；"9"指两路寸滩保税港区、西永综合保税区、江津综合保税区、涪陵综合保税区4个海关特殊监管区域，铁路保税物流中心（B型）、南彭公路保税物流中心（B型）、万州保税物流中心（A型）、果园港保税物流中心（B型）4个保税监管场所，以及重庆检验检疫综合改革试验区。

国家级开放平台体系,即由两江新区、3 个国家经济技术开发区、4 个国家高新技术产业开发区构成的产业集聚平台体系,由 3 个海关特殊监管区域、3 个保税监管场所、重庆检验检疫综合改革试验区等构成的口岸和保税平台体系,由重庆自贸试验区和中新(重庆)互联互通项目 2 个开放型经济综合改革试验平台构成的制度创新平台体系。其中,两江新区开发开放的示范作用日益增强,中国(重庆)自由贸易试验区、中西部地区唯一的中新政府间合作项目——中新(重庆)战略性互联互通示范项目建设稳步推进,综合枢纽、开放口岸等功能日益显现,使重庆逐步崛起为内陆开放新高地和中国西部地区对外开放的"窗口"。

开放环境持续优化。随着重庆自贸试验区、中新互联互通等深入实施,制度创新不断取得新突破,营商环境持续改善,贸易便利化水平稳步提升。一是国际国内大通关格局初步形成。积极推动通关便利化改革,依托中欧班列(重庆),展开"安智贸"(中欧安全智能贸易航线试点计划)试点,与沿线国家海关加强通关合作,实现关检的"一卡通"。通过建立跨部门、跨区域、跨关区"信息互换、监管互认、执法互助"协作机制,搭建电子口岸平台,推行国际贸易"单一窗口"建设试点,有效实现跨区域通关协作。通过"一次申报、一次查验、一次放行"关检合作,实现重庆全域海关业务一体化和检验检疫"通报、通检、通放"一体化。二是重庆自贸试验区制度创新取得新突破。重庆自贸试验区已探索形成 13 个创新典型案例、34 项制度创新成果。其中,全国首创案例 6 个、全国首创制度创新成果 11 个,21 项案例和成果向全市推广。三是投资贸易便利化水平明显提升。重庆获批全国唯一的检验检疫综合改革试验区;在全国率先实现国家标准版"单一窗口"申报,申报量排名内陆第一;在全国率先完成国际转运业务实货测试,获批带无人机试飞空域的航空孵化基地;在内陆地区率先开展取消内销征税联系单试点;在第三批自贸试验区中率先开展飞机保税租赁、"保税 + 融资租赁"业务。四是营商环境大幅优化。重庆自贸试验区外资项目备案实现立等可取,覆盖率达到 100%。33 项市级经济管理权限下放自贸试验区。开办企业时间从 20 个工作日缩短至最快 3 小时，口岸通关时间压缩了 1/3。在第三批自贸试验区中率先建成区域识别系统，成立全国首家覆盖全域、专门化的自贸试验区法院，组建商事仲裁中心和知识产权法庭，设立西部唯一的商标审查协作中心。在重庆自贸试验区带动下，重庆营商环境居全国第五位、西部第一位。

5. 交通设施互联互通水平显著提升

铁路建设成效显著。"十三五"以来，渝万高铁、渝黔新线相继建成通车，郑万高铁、渝怀复线（涪陵—秀山）、黔张常铁路正在加速建设，渝湘高铁（主城—黔江）已开工建设，渝昆、渝西高铁力争 2019 年开工建设，成渝中线、渝汉高铁正在开展前期工作。重庆正加速融入全国高铁网络，在国家公布的"八纵八横"高铁主干线规划中，京昆、包（银）海、兰（西）广、沿江和厦渝等高铁主通道都将在重庆交会，形成连接全国主要城市的"米"字形高铁网路。目前，重庆已形成了"一枢纽十干线二支线"格局，铁路运营里程突破 2000 千米，达 2371 千米，其中高铁里程达到 381 千米。

"三环十二射多联线"高速路网加速形成。"十三五"特别是《重庆市高速公路建设三年行动工作方案》实施以来，重庆高速公路建设进度明显加快，启动实施了第三个千千米和第四个千千米高速公路项目，渝广高速、江习高速、南道高速、万利高速、九永高速等建成通车，潼南—荣昌、开城高速、南川—两江新区—合川等高速公路开工建设。目前，重庆高速公路正处于扩容、加密发展阶段，形成了"三环十二射多联线"发展格局，通车总里程突破 3000 千米，省际出口通道达到 19 个，路网密度达 3.5 千米/百平方千米，位居西部地区前列，接近世界上高速公路密度最大的德国水平（3.58 千米/百平方千米）。

国际航空枢纽功能不断增强。一是硬件设施建设加速推进。江北国际机场和万州、黔江机场稳步发展，武隆和巫山机场加速建设，基本形成"一大四小"机场格局。其中江北国际机场 T3A 航站楼和第三跑道建成投用，成为中西部首个拥有三座航站楼、实现三条跑道同时运行的机场。重庆第二国际机场前期工作已启动。2018 年，江北国际机场旅客吞吐量突破 4000 万人次，连续保持在全国前十;完成货邮吞吐量38.2万吨,在国内主要机场中排名第10位,其中国际货量14.7万吨,位居西部第一。二是通关便利性大幅提升。对53个国家实行"72小时过境免签",实现货物7×24小时通关,鲜货"一小时提货",普货提货时间压缩60%以上,整体保障效率已达到全国民航领先水平。三是物流企业成本显著降低。国际货站处置费下调至全国最低,为上海机场同类费用的50%,走在全国机场前列。

长江上游航运中心初具雏形。"一干两支"航道体系基本建成,果园、珞璜、龙头、新田枢纽港建成投用,现代化港口集群建设成效明显,全市港口货运年吞吐量和集装箱通过能力分别达到2亿吨、450万标准箱,船舶大型化、标准化建设走在全国内河前列。其中,果园港是国家级第三代现代化内河港口,已成为中国最大的内河水、铁、公联运枢纽港;向西,通过渝新欧铁路连接欧洲;向东,通过长江水道直通太平洋;向南、向北,无缝衔接绕城高速,通过渝昆、兰海等高速,以及渝怀铁路等进入全国路网,实现对云、贵、川、陕等地区货物的聚集和辐射,是中国西部名副其实的多式联运枢纽。目前,果园港已建成16个5000吨级泊位,集装箱通过能力370万标准箱,周边省市货物中转量占比40%以上,成为重庆长江上游经济中心的重要支撑。

(二)重庆融入"一带一路"面临的瓶颈

1. 开放通道互联互通水平还需提升

一是西向通道能力仍需强化。目前,中欧班列(重庆)绕行西安线路里程长、运行效率低,兰渝铁路物流成本过高,利用率低;同时,中欧班列无序竞争,造成资源浪费和铁路运力紧张,加上通关通检便利化还不够等,经常因拥堵导致班列不能及时发运,影响了中欧班列的整体运行时效。二是陆海新通道需要加强顶层规划。国家层面相关规划尚未出台,缺乏省际协调机制,市级层面通道运营平台公司缺乏统筹,各个平台层级不一、功能不齐、专业化市场化程度不高,公路、铁路、场站、港口等基础设施建设、智能化、标准化的物流信息平台都需要加快推进。三是东向通道能力急需提升。目前长江沿线通道运输方式单一，三峡船闸拥堵常态化，运输时间不稳定，成为制约水运发展的老大难问题。长江枯水期涪陵至主城段航道水深不足，制约着长江大型船只发展。四是国际空中通道偏少。2018 年，重庆开通的国际航线为 84 条，与全球部分区域中心城市还未建立直航航线，与国际航空枢纽和机场城市存在一定差距，不利于重庆开展国际经贸交往。

2. 开发开放平台潜力有待发挥

重庆自贸试验区、中新（重庆）互联互通示范项目、两江新区、保税港区、经开区、高新区等重点开发开放平台示范引领能力还需提升。一是平台间互联互通不足。平台政策整合力度不足，多式联运普遍存在前瞻性、系统性规划不足问题，各种运输方式之间仍未完全实现无缝衔接，"空、铁、水"多式联运格局尚未有效形成，客观上造成了货物转运集散分拨效率不高，影响开放功能的发挥。二是平台对外开放程度不够高。重庆虽然拥有了"水、空、铁"开放口岸，但口岸功能分布不尽合理。如铁路口岸不具备进口水果、进境粮食等特殊商品监管功能，进口特殊商品受限；果园港作为长江上游的枢纽港，一类开放口岸功能尚未落地，集疏运系统建设滞后，一定程度上影响了物流枢纽和口岸功能的发挥。三是信息整合共享有待加强。各信息平台分散建设、独立运营、功能单一，不同平台之间彼此数据互联共享交换通道未完全建立，业务规范体系、技术标准规范体系、数据质量标准体系、数据安全保障体系缺乏统一标准，造成"数据孤岛"现象普遍存在，数据价值得不到深入挖掘，制约着平台功能的发挥。

3. 开放型经济体系还不完善

重庆对资金、物流、人才的集聚吸引力不强，不利于重庆利用国际国内两种资源、两个市场。一是直接融资、国际结算量较小。重庆缺少全球性金融要素市场，境内外上市企业少，上市企业市值小，直接融资少。其中 A 股上市企业仅 60 家，低于上海、北京、成都等城市；离岸金融发展虽处于国内领先地位，但与国际离岸金融中心相比结算金额较小。二是国际物流集聚能力较弱。重庆拥有国际物流大通道优势，但国际性跨国物流运行主体相对缺乏，国际中转能力和集聚辐射功能不足。第三方物流、冷链物流等物流新模式、新技术运用较少，物流成本较高，影响重庆利用口岸、通道等优势，加快建成国际物流枢纽和口岸高地。三是国内外高端人才吸引力弱。重庆购物、居住、休闲娱乐、教育、医疗等国际化生活环境及配套不完善，对高端人才吸引力较弱。全市外籍侨民占本地人口比重仅 0.03%，远低于伦敦、纽约、巴黎等国际化大都市外籍侨民 20% 以上的占比，"千人计划"人才为 86 人，低于成都、西安等城市，占全国比重不到 2%。四是各类国际交流活动偏少。重庆举办的国际性文化交流、国际性赛事和会议会展活动少，国际游客数量不到纽约、巴黎、伦敦等国际大都市的 1/4，不利于重庆发挥在全球的影响力和提升自己的国际知名度。

4. 开放环境还需进一步优化

对标国际知名城市，城市建设管理与国际接轨不够，营商环境、市场环境、宜居环境、人才环境、人文精神等"软实力"打造与开放高地的要求还有较大差距。一是城市涉外服务功能较弱。法律、会计、中介咨询、公关等能够满足国际商务需求的机构少，能够满足国际人才生活的医疗、教育、娱乐等国际化机构、国际化社区不多，签证、法律、知识产权等政府服务体系建设较滞后，引进、留住国外高端人才难度较大。二是开放体制机制不完善。虽然重庆投融资贸易自由化、便利化取得一定成效，但政府服务效能与沿海仍有较大差距，企业注册、财税服务、人才服务、项目申报审批、政策补贴扶持等行政服务，存在周期偏长、环节烦琐、效率不高，人才引入政策力度不够，项目引导和人力资源配套服务不足等问题。法律法规、知识产权保护、市场监管、人才签证等体制机制与国际规则还存在较大差异，影响企业的国际投资积极性和国际经贸往来。三是城市管理智慧化水平较低。云计算、大数据等现代信息技术开展城市精细智能管理经验不足、力量较薄弱，城市高品质生活社区少，幸福指数居全国第 14 位，城市的生活、居住等品质还有待提升。

5. 风险评估及防控急需加强

由于大多数"一带一路"国家为新兴经济体，相较成熟经济体而言普遍面临更高的投资环境风险，国家主权风险，政策不连续性、恐怖主义贸易和保护主义、逆全球化思潮、宗教冲突引起的政治环境风险，产业结构单一带来的经济稳定性风险，以及政府负债高、偿债能力较差导致的信用风险。一是面临社会政治风险。"一带一路"沿线国家和地区政策、文化、宗教、社会问题复杂，一些国家政局不稳、社会动乱、社会治安差，恐怖袭击、战争与武装冲突等问题时有发生，法律法规体系不健全，司法偏颇、执法随意、腐败严重以及争端解决机制的差异，都将给对外投资企业带来不可预期的风险。二是面临企业运营风险。"一带一路"沿线国家、地区经济发展水平和所处发展阶段不同，各国 GDP 水平、人均收入、工业化发展程度、市场规模、基础设施等经济因素千差万别，加上贸易保护主义抬头，系统性金融风险增加，有时会出现区域内利率波动较大现象，国际汇率也存在极大的不稳定性，区域商品的价格变化多端，不同市场上消费者的需求也不尽相同，这些都是投资企业需要面临的经营风险。三是面临环境风险。"一带一路"覆盖区域自然条件和环境复杂多样，社会文化差异巨大，对"一带一路"沿线国家基础设施投资建设不仅存在生态环境脆弱、施工难度大、灾害频繁等自然环境风险，同时也存在文化、法律、宗教等因素带来的社会环境风险，如东南亚国家基础设施投资风险违约率普遍在 50% 以上。

（三）重庆融入"一带一路"前期探索的实践贡献

重庆融入"一带一路"建设已经取得较好成绩，尤其是陆路国际贸易通道建设，如"渝新欧"、西部陆海新通道前期探索以及多式联运枢纽、国际物流班列、陆上贸易规则、供应链金融创新、综合保税开放、自由贸易发展等探索对国家形成更大效能的东西联动开放格局做出了内陆地区的积极贡献。从发展阶段来看，重庆前期探索能够成功，源于自身迫切的开放发展诉求。在解决系列难点和短板的过程中，逐步形成了可以拓展和复制的发展思路。随着我国改革开放的持续深入,为能够以更加积极的姿态融入我国"一带一路"建设,重庆有必要对前期探索实践进行总结,以期做出新贡献。

1. 重庆在中欧班列前期开行中的重大探索意义

作为国内首开中欧班列的城市,重庆在原铁道部和海关总署的支持下,率先打通中欧班列(渝新欧)国际物流大通道,开行重庆至杜伊斯堡、布达佩斯、米兰、曼海姆等班列,与沿线国家相关部门进行了艰苦谈判,积极对接协商扫清通道各环节障碍,探索建立了"五国六方"铁路联席会议、跨国海关国际协调、货量与运价挂钩的量价联动等机制,中欧班列(渝新欧)成为中欧班列中开行最早、运行最稳定、货源最丰富、安全最有保障的集装箱班列,为全国中欧班列稳定运行打下了坚实基础。率先开展陆上贸易规则探索,已在多式联运、国际运邮、汽车平行进口试点、陆上贸易货物提单信用证结算、物流供应链金融创新、美元快付等多方面取得显著成效,其中"铁路运输信用证结算持续应用创新""铁路国际行邮常态化运行""陆海新通道创新开行下海出境专列"等3个创新案例入选商务部第三批最佳实践案例,为后续开行城市提供了大量可复制可推广的经验。

专栏9　中欧班列(渝新欧)和国际物流枢纽创新亮点

重庆铁路口岸创新亮点:重庆铁路口岸在打造国际物流运输体系、拓展口岸功能、提高行政效能等方面取得了显著成效,总结提炼出创新实施铁路运输信用证结算、创新推动国际物流大通道建设、美元快付、促进企业固定资产投资便利化平台、"二十六证合一"、"一窗式"服务平台等创新案例。2019年7月23日,商务部发布的自由贸易试验区第三批31个"最佳实践案例"中,重庆陆港枢纽"铁路运输信用证结算持续应用创新""铁路国际行邮常态化运行""陆海新通道创新开行下海出境专列"等3个创新案例入选。

南向通道公司创新亮点：推动陆海新通道高质量发展，创新内陆签发全球提单，南向通道公司联合各船公司，改变原有港口签发提单模式，在重庆签发"一单到底的全程提单"，更好地满足贸易和产业的融资需求，2019 年共开了 10 张铁海联运提单，货物金额约 85 万美元。提供特色优质服务，引入保税平行进口车、越南冷冻巴沙鱼、内陆首批冷冻原粒带壳猫山王榴梿、柬埔寨大米、马来西亚葵花籽油、印度辣椒等优质农产品，激活内陆市场活力，带动贸易增长。开展定制化班列服务，根据客户不同需求，成功发运印度、印度尼西亚、菲律宾等定制化专列，提供高效、便捷服务，提升本地企业海外竞争力。

中欧班列（渝新欧）运邮重大突破：重庆是海关总署批准，最早成为可通过货运列车进行国际运邮的试点城市，中欧班列（渝新欧）是主要载体。2018 年 11 月，中欧班列（渝新欧）在全国率先完成了铁路运邮的双向测试。2019 年 3 月，国务院印发了《关于支持自由贸易试验区深化改革创新若干措施的通知》，其中明确指出，赋予重庆铁路运邮的权限。2020 年 3 月 27 日，中欧班列（渝新欧）运邮重大突破，全国首趟中欧班列（渝新欧）"中国邮政号"专列发车，目的地立陶宛。本次全国首趟中欧班列（渝新欧）"中国邮政号"专列共计发运集装箱 44 个，包括来自北京、广东、湖南及重庆本地的国际邮件 42 箱和应立陶宛政府请求发运的救援物资 2 箱。这是中欧班列（渝新欧）、重庆邮政以及重庆海关的一次全新尝试，也是全国首家疏运各地国际邮件的中欧班列运邮渠道。中欧班列（渝新欧）疏运量占全国中欧班列疏运欧向国际邮件总量的 70%。目前，去程邮件的目的地已覆盖 36 个欧洲地区，进一步夯实了重庆国际铁路运邮地位，促成了全国首家铁路国际邮包集散分拨中心在渝建成。

2. 中欧班列在推进新时代西部大开发中发挥支撑作用

西部地区自然资源优势突出，是我国重要的战略性能源接替基地，由于深处内陆,开发开放相对较晚,与东部地区相比,经济实力、产业发展还存在较大差距。西部省市支柱产业以装备制造、汽摩、化工、能源、钢铁、矿石等产业为主,产业结构决定了西部地区货物运输以重型适箱货物为主,对铁路运输和国际铁海联运需求较大。依托中欧班列与西部陆海新通道在重庆的深度融合,串联欧洲、中亚和东盟经济体,带动国际物流产业链、供应链、创新链有效整合,推动电子信息、汽车、装备制造等生产制造与国际贸易深度融合,大幅提升西部地区深度参与全球产业链分工,形成"全球采购、全球生产、全球销售"国际产业新格局。目前,在中欧班列(渝新欧)的货源中,重庆及西南周边地区货源占比约50%,中欧班列在新时代西部大开发中发挥了重要支撑作用。

3. 中欧班列在推进共建"一带一路"中发挥带动作用

中欧班列(渝新欧)国际铁路联运大通道,联通欧洲丝绸之路经济带国家,已成为"一带一路"的重要载体。中欧班列(渝新欧)联动西部陆海新通道,已辐射至欧洲、中亚、东盟等国家和城市,在境外建立30个集结点和分拨点,构建起重庆与亚欧、东南亚等各国之间的国际货物双向流通格局,成为服务国家"一带一路"建设的重要参与者,带动重庆与"一带一路"沿线国家和地区的贸易往来,重庆近几年对这些国家和地区的进出口量都保持在1100亿元以上规模。同时,中欧班列(渝新欧)通过与西部陆海新通道、长江黄金水道、江北机场等对外物流大通道有机衔接,综合利用"铁、海""铁、铁""铁、水""铁、空"等多式联运方式,推动物流行业降本增效,为"一带一路"沿线国家带来更大的发展机遇。

> **专栏10 渝新欧对中欧班列的带动示范作用**
>
> 重庆在原铁道部和海关总署的支持下,经过艰苦努力,首班渝新欧班列于2011年开行,开创了我国中欧班列的先河,成为开行时间最早、数量最多、运输货值最大、辐射范围最广、带动产业最强的中欧班列,创造并积累了5个可复制、可推广的经验。

一是建立沿线"五国六方"铁路联席会议制度。在中国铁路总公司（以下简称"中铁"）的支持下，确立"五定"（定站点、定线路、定车次、定时间、定价格）班列开行模式，并开创了亚欧两大铁路组织使用统一运单的先例。

二是建立跨国海关国际协调机制。在海关总署的支持下，启动中欧"安智贸"试点和多国海关"一卡通"机制，即实现沿线国家一次报关、一次查验、全程放行的绿色通关机制。

三是建立政府引导与市场运作相结合的运作机制。政府层面，由市政府物流协调办公室负责物流通道组织建设，协调国家相关部委及铁路、海关等事务；企业层面，由中铁、俄铁、哈铁、德铁以及重庆交运集团合资的渝新欧（重庆）物流有限公司负责渝新欧货物组织及运营。

四是建立量价挂钩的联动机制。开行前期，各国运费价格不一，高低相差1倍左右。在中铁的支持下，重庆市协调各方降低物流费用，形成了价格量大从优的机制，目前渝新欧全程运输成本下降了约50%。

五是独立自主研发了电子锁和温控集装箱。为确保渝新欧班列全程安全监控和冬季常态运行，重庆市自主研发了电子锁和冬季运输的保温箱，有效降低运输成本，提升运输安全，为冬季运输提供了保障。

4. 中欧班列在推进长江经济带绿色发展中发挥示范作用

在"铁、公、水、空"等运输方式中，铁路运输是最低碳环保的运输方式，最符合节能减排的全球趋势。作为绿色运输方式，中欧班列在推动物流规模化集约化发展，促进交通行业节能减排规范化中发挥重要作用。加快中欧班列集结中心建设，做大做优中欧班列，促进"水转铁""公转铁"，有利于进一步减轻长江航运压力，实现长江尤其是三峡库区的水体保护，为重庆在推进长江经济带绿色发展中发挥示范作用提供重要支撑。

（四）"一带一路"沿线国家和地区需求分析

1. "一带一路"沿线国家需求分析

"一带一路"初步形成了新亚欧大陆桥、中蒙俄、中国—中亚—西亚、中国—中南半岛、中巴、孟中印缅六大经济走廊，覆盖约 65 个国家及地区、45 亿人口，经济总量约 20 万亿美元，人口和经济总量分别约占全球的 60%、30%（见表 1 - 3）。

新亚欧大陆桥经济走廊横贯亚欧大陆，连接中国、东亚、中亚、西亚、中东、中东欧、西欧等区域，辐射 30 多个国家和地区，人口、经济总量分别占全球的 26%、25%。沿线国家在经济上具有较强的相互依存性与优势互补性。东端是经济活跃的东亚经济圈，西端是经济发达的欧洲经济圈，基本上属于发达地区，但资源相对短缺；中间是资源禀赋丰富的欧亚腹地，除少数国家外，基本上都属于欠发达地区，特别是中国中西部、中亚、西亚地区，地域辽阔，交通不够便利，自然环境较差，但资源富集，开发前景好，开发潜力大。其中，能源尤为富集，煤炭储量 2 万亿吨以上，石油储量约 1500 亿吨，天然气储量近 21.24 亿立方千米，堪称世界"能源之乡"。沿线国家经济合作十分活跃。从区域看，中国是欧盟最大的进口贸易伙伴，也是欧盟第二大出口市场。在中欧进出口贸易中，机器和车辆、化学品和其他制成品占主导地位，占欧盟出口的 85% 和从中国进口的 97%。其中，汽车是欧盟对华出口最多的产品，而电信设备则是欧盟从中国进口的主要产品。2017 年，欧盟自中国进口占其从区外进口总额的 20%；对中国出口占欧盟对区外出口总额的 11%。中国—中东欧基础设施互联互通取得积极进展，匈塞铁路、波黑斯坦纳里火电站、贝尔格莱德跨多瑙河大桥、波兰弗罗茨瓦夫城市防洪设施等一批旗舰项目有序推进。中国与中亚国家产能合作成效显著，中哈金土地高科技产业园区、哈萨克斯坦农产品加工物流园区、中乌鹏盛工业园区、中吉亚洲之星农业产业合作区等一批示范项目建成投产。经贸合作日益密切，中亚地区主要从中国进口服装、玩具、游戏运动用品等，对中国出口矿物燃料、矿物油及其蒸馏产品,成为中国与"一带一路"国家经贸合作增长最快的区域。2017 年,中国与中亚地区"一带一路"国家进出口总额是 360 亿美元,同比增长 19.8%。能源合作发展迅猛。2018 年中亚对中国天然气供应约 500 亿立方米,比上年增长 30% 左右。

中蒙俄经济走廊包括中国、蒙古、俄罗斯,覆盖约 16 亿人口,经济总量约 14 万亿美元,分别占全球的 21% 和 17%。沿线国家石油、天然气、森林等能源及自然资源丰富,其中天然气已探明蕴藏量占世界探明储量的 1/3,居世界首位。支柱产业以石油、天然气、机械、钢铁、冶金、煤炭、森林工业及化工等为主,木材及木材加工业、畜产品也较为发达。中蒙俄经济走廊具有线路成熟、途经国家较少、运输成本较低、时间短、地缘环境较好等明显优势。目前中俄原油管道、天然气管道已投入运行,中蒙二连浩特—扎门乌德跨境经济合作区、阿穆尔气体处理厂[①]等一批重大项目合作正在积极推进,"渝新欧""津满欧""苏满欧""粤满欧""沈满欧"等中欧班列开通运行,形成"陆海内外联动、东西双向互济"的全方位对外开放格局。中蒙俄经贸合作日趋紧密,中国连续多年保持对蒙俄最大经贸伙伴地位,经贸合作关系已成为双边关系的"压舱石"和"推进器"。蒙俄主要从中国进口机电产品、食品、化工产品等,出口原油、煤、铝材、铜矿石、铁矿石等能源资源类产品。2018 年,中国与蒙古、俄罗斯双边贸易额达到 1113.35 亿美元,增幅超过 25%。其中,中俄双边贸易额首次超过 1000 亿美元,达到 1070.6 亿美元,创历史新高,增幅达到 27.1%,增速在我国前十大贸易伙伴中位列第一。

中国—中亚—西亚经济走廊主要涉及中亚五国[②]以及西亚的伊朗、沙特阿拉伯、土耳其等国家和地区,覆盖约 18 亿人口,经济总量约 16 万亿美元,分别占全球的 24% 和 20%。中亚、西亚油气资源丰富,矿藏种类繁多、储量大。其中,西亚是世界上石油储量最丰富、产量最大、出口最多的地区,素

---

① 中国公司在俄罗斯工程领域承揽的单体最大项目。
② 哈萨克斯坦、吉尔吉斯斯坦、塔吉克斯坦、乌兹别克斯坦、土库曼斯坦。

有"世界石油宝库"之称。所产石油90%以上供出口，主要出口到中国、美国、西欧和日本，其中沙特阿拉伯、伊拉克、伊朗分别是我国第一、第三、第五大原油供应商。中亚、西亚产业结构较为单一，以油气矿产开采加工为支柱产业，属于典型的资源型产业结构。中亚、西亚主要向中国出口石油及其相关产品、矿产品，进口机电产品、机械设备、钢铁制品、轻纺产品等。

中国—中南半岛经济走廊包括中国和东盟十国，人口总数突破20亿，GDP总量约15万亿美元，分别占全球的18.6%、27%。中南半岛与中国陆海相连，拥有丰富的自然资源，是世界上橡胶、油棕、椰子和蕉麻等热带经济作物的最大产区，是世界最重要的稻米产区，是联通"一带一路"的重要桥梁和纽带。除新加坡外，中南半岛其余国家经济发展相对落后，主要发展旅游、橡胶、农渔业、石油以及劳动密集型且资本周转较快的轻纺工业和装配工业，是当今世界经济发展最有活力和潜力的地区之一。中国与中南半岛国际产能合作加速推进，中马钦州产业园区、马中关丹产业园区、泰中罗勇工业园、泰国湖南工业园、磨憨—磨丁跨境经济合作区等，成为中国—东盟国际产能合作的重要平台。中国与中南半岛基础设施互联互通取得积极进展，重庆至东盟公路班车、"渝桂新"多式联运等陆海贸易新通道相继打通，雅万高铁、中老铁路、泛亚铁路等一批重大基础设施有序推进，成为中国与东盟合作的新亮点。东盟与中国贸易往来频繁，主要从中国进口机电产品、纺织纱线、织物及制品、钢材、成品油等产品，出口机电产品、农产品、初级形状的塑料和天然气等。2017年，中国—东盟贸易额突破5000亿美元，达到5148亿美元，较上年增长13.8%。

孟中印缅经济走廊包括中国、印度、孟加拉国和缅甸，是连接东亚与南亚的重要通道。沿线国家人口众多，经济发展滞后，人口约29.5亿人，GDP约15万亿美元，分别占全球的39%、19%。物产资源丰富，黄麻、茶叶产量占世界总产量1/2左右，铝土储量和煤产量居世界第五位，云母出口量占世界出口量的60%。制造业欠发达，以电力、矿业、纺织、食品、软件制造、原材料和初级产品生产为主，主要出口商品有珠宝制品、棉纱及棉织品、化工制品、机械及五金制品、皮革、海产品、铁矿砂及矿产品等;进口商品有矿产品、机电产品、贵金属及制品、化工产品贱金属及制品、石油及石油相关产品等。

中巴经济走廊主要包括中国、巴基斯坦,覆盖人口近 16 亿人,GDP12.5 万亿美元,分别占全球的 18.8%、15.5%。巴基斯坦有中亚粮仓、东方"水果篮"之称,矿藏多,开发少,劳动力资源丰富。工业基础薄弱,整体经济处于轻工业开发出口阶段,以棉纺织业为主,而服务业和农业占比较高,服务业占 53%,农业占 20%。其中,批发和零售贸易占服务业的 30%。主要进口石油及石油制品、机械和交通设备、钢铁产品、化肥和电器产品等。主要出口大米、棉花、纺织品、皮革制品和地毯等。巴基斯坦与中国一直保持着密切的经贸、文化、科技往来,特别是"一带一路"倡议提出,推动瓜达尔港以及大型能源电力和交通基础设施等一批重大项目建设,成为中巴合作的示范项目。2017 年,中巴贸易总额达 132 亿美元,占巴基斯坦贸易总额的 16.4%;我国对巴基斯坦直接投资 15.858 亿美元,同比增长 30.9%,占巴基斯坦吸收外资的 57.3%,连续 5 年排名巴基斯坦外资来源国第一位。

专栏 11　重庆与"一带一路"沿线国家经贸合作基本情况

长江上游国际性枢纽通道初步形成。向东的长江黄金水道通江达海,外贸集装箱班轮优先过闸机制日趋完善,主通道作用不断彰显。向西向北的中欧班列(重庆)已规模化常态运行并密化境外分拨网络,截至 2018 年底,中欧班列(重庆)累计开行逾 3000 班。向南的"国际陆海贸易新通道"(以下简称"陆海新通道")直达东盟,2018 年,"渝黔桂新"铁海联运开行 609 班、31196 个标准箱,重庆—东盟跨境公路发车 505 车次、货物总重 3266 吨,重庆—河内铁铁联运班列开行 55 班。国际航线加速密化,截至 2018 年底,累计开通国际航线总量 82 条,其中"一带一路"沿线国家国际航线近 50 条,已辐射泰国、马来西亚、新加坡、柬埔寨、越南等 5 个东盟国家首都。西南地区国家级互联网骨干直联点建设不断加快,大数据、云计算、5G 试点布局全方位发展。水、陆、空、铁、信"五位一体"的国际性枢纽通道初步形成。

对外贸易规模迈入千亿元级行列。2016年，重庆市对"一带一路"沿线国家进出口1100.8亿元，占全市进出口总值的26.8%；其中，出口占57.2%，进口占42.8%。2017年，进出口1192.5亿元，占进出口总值的26.5%；其中，出口占55.9%，进口占44.1%。2018年，进出口1209.8亿元，占进出口总值的23.2%；其中，出口占60.3%，进口占39.7%。

"一带一路"沿线外资利用长年稳占全市利用外资总额一半以上。全市实际利用"一带一路"沿线外资的有新加坡、匈牙利、俄罗斯等亚、欧、美、非、大洋洲等五大洲的32个国家（地区），主要涉及制造业、金融业、租赁和商务服务业等10余类行业。其中：2016年利用"一带一路"沿线外资79.8亿美元，占全市利用外资总额的70.33%；2017年57.7亿美元，占56.69%；2018年52.5亿美元，占51.06%。

"一带一路""走出去"步伐加快，份额占比不断提升。2016年、2017年、2018年重庆市对"一带一路"沿线进行的非金融类投资分别为1.2亿美元、0.75亿美元、0.64亿美元，分别占全市当年总量的4.8%、4.8%、5.8%。2016年、2017年、2018年重庆市企业在"一带一路"沿线新签对外承包工程合同额分别为20.0亿美元、9.0亿美元、27.6亿美元，占同期全市总额的73%、42.8%、85%。涉及的行业领域多元化发展，已从矿产资源、汽车制造、网络通信等不到10个行业，拓展到电子商务、"互联网+"工业、智能物联等40多个细分行业。

与"一带一路"沿线国家交流互动稳步增长。2016年，全市各部门参加境外展会达40余个，签约项目160余个，签约金额约43亿元。2017年达47个，签约项目180余个，签约金额约47亿元。2018年达50余个，签约项目200余个，签约金额近50亿元。截至2018年底，在重庆领事机构10个，双边的经贸促进机构近20个。2018年，全市接待入境游客388.02万人次，旅游外汇收入21.9亿美元，同比分别增长8.28%和12.44%。

表 1-3 "一带一路"沿线国家经济发展基本情况

走廊名称	国家	GDP（亿美元）	人口（万人）	进出口总额（亿美元）	消费总额（亿美元）	投资总额（亿美元）	支柱产业	出口产品	进口产品	开发开放平台
新亚欧大陆桥经济走廊	俄罗斯	15800	14400	5945.11	8997.69	2434.97	以重工业为主，包括天然气工业、机械制造、石油、煤炭、核电、水电为主	矿产品、贱金属及制品、化工产品、机电产品、贵金属及制品	机电产品、化工产品、运输设备、贱金属和橡胶品、塑料制品等	
	哈萨克斯坦	1594.07	1803.8	826.39	892.68	301.99	以石油、采矿、煤炭和农牧业为主	矿产品、贱金属及制品、化工产品	机电产品、贱金属及制品、纺织产品及原料、轻工产品	中哈金土地高科技产业园区、哈萨克斯坦农产品加工物流园区
	吉尔吉斯斯坦	75.65	620.15	71.22	69.23	21.28	采矿、电力、燃料、化工、有色金属、机器制造	贵金属、化学物品和农产品	石油产品、二手汽车、服装、化工产品等	亚洲之星农业产业合作区
	乌兹别克斯坦	487.18	3238.7	290.14	486.33	205.09	黄金、"白金"（棉花）、"黑金"（石油）、"蓝金"（天然气）	工程机械、空调、冰箱等机械设备及器具，电机、电气设备及其零附件，塑料制品	天然气、天然铀、棉纱等	鹏盛工业园区

续表

走廊名称	国家	GDP（亿美元）	人口（万人）	进出口总额（亿美元）	消费总额（亿美元）	投资总额（亿美元）	支柱产业	出口产品	进口产品	开发开放平台
新亚欧大陆桥经济走廊	土库曼斯坦	423.55	575.81	147.7	7.09	18	石油天然气工业	天然气、成品油、原油、液化气、电力、化工产品、皮棉、棉纱及其他纺织品、农产品	技术设备、电机、机械装置、交通工具、原材料、食品和日用消费品	
	伊朗	4395.14	8116.28	821.8	266.76	86.16	石油开采业	油气、金属矿石、皮革、地毯、水果、干果及鱼子酱等	粮油食品、药品、运输工具、机械设备、牲畜、化工原料、饮料及烟草等	奇瑞伊朗汽车工业园
	土耳其	8511.02	8074.50	3908	644.83	253.18	纺织和服装业	农产品、食品、纺织品、服装、金属产品、车辆及零配件等	原油、天然气、化工产品、机械设备、钢铁等	
	乌克兰	1121.54	4483.12	927.7	79.01	14.17	煤炭、冶金、机械、化学工业、农业和交通运输业	黑色金属及其制品、无机化学材料、化肥、木材、纺织品、铝制品、药品、粮食制品、机车等	天然气、石油、地面交通设备、纸张、塑料制品、药品、粮食和车床等	

续表

走廊名称	国家	GDP（亿美元）	人口（万人）	进出口总额（亿美元）	消费总额（亿美元）	投资总额（亿美元）	支柱产业	出口产品	进口产品	开发开放平台
新亚欧大陆桥经济走廊	波兰	5264.66	3797.58	4730	3599	920	矿山机械、生物技术、信息贸易与通信、食品贸易及页岩天然气开采	机械、化学产品、食品	机电产品、运输设备和贱金属及制品	拥有14个经济特区
	德国	36774	8269.5	29310	25329	7000	汽车、机械、金属和化工品、旅游等	汽车、机械产品、化学品、通信技术、供配电设备和医学及化学设备	化学品、汽车、石油天然气、机械、通信技术和钢铁产品	中欧商贸物流合作园区
	荷兰	8262	1713.29	11958.12	5360	1560	石油化工、电子电器、医药化工、旅游、花卉、蔬菜、国际贸易	工业原料、原油、半成品和机械等	石油制品、电子产品、船舶和农产品等	
中国—中南半岛经济走廊	新加坡	3239.07	561.23	9450	1419.3	750	国际金融、航运贸易、旅游、信息等现代服务业和电子、微电子等高科技电子工业	机电产品、矿产品和化工产品	加工石油产品、化学品、消费品、机器零件及附件、数据处理机及零件、电信设备和药品	新加坡裕廊工业园

续表

走廊名称	国家	GDP（亿美元）	人口（万人）	进出口总额（亿美元）	消费总额（亿美元）	投资总额（亿美元）	支柱产业	出口产品	进口产品	开发开放平台
中国—中南半岛经济走廊	马来西亚	3145	3162.4	4130	1741	95.4	农业、采矿业、制造业、建筑业、服务业	全球第二大棕榈油及相关制品生产国,全球第三大天然橡胶生产国和出口国,全球第三大液化天然气出口国	机械运输设备、食品、烟草和燃料等	五大经济特区:伊斯干达开发区、北部经济走廊、东海岸经济走廊、沙巴发展走廊、沙捞越再生能源走廊
	泰国	4552	6903.8	4595	2063	76.4	农业、制造业、旅游业、汽车工业	汽车及零配件、电脑配件及零配件、电集成电路板、电器及初级塑料、化学制品、石化产品、珠宝、鞋、成衣、家具、橡胶、珠宝金、加工海产品及罐头、大米、木薯等	机电产品及零配件、工业机械、电子产品零配件、汽车零配件、原油、建筑材料、钢铁、造纸机械、集成电路板、化工产品、电脑设备及零配件、家用电器、珠宝首饰、金属制品、饲料、水果及蔬菜等	泰国共有17个府建立了57个各类工业园。有2家中资企业与泰国当地企业合作分别参与了两个工业园的开发,分别是中罗勇工业园、泰国湖南工业园
	越南	2239	9554.1	4258	1522	141	农林渔业、服务业、汽车工业、电子工业、电力工业、油气工业	煤炭、橡胶、纺织品、石油、水产品、鞋类、大米、木材及木制品、咖啡	摩托车、机械设备零件、纺织原料、成品油、钢材、皮革	3个特别经济行政区:北部广宁省云屯,中部庆和省北文丰和南部坚江省富国岛

续表

走廊名称	国家	GDP（亿美元）	人口（万人）	进出口总额（亿美元）	消费总额（亿美元）	投资总额（亿美元）	支柱产业	出口产品	进口产品	开发开放平台
中国—中南半岛经济走廊	柬埔寨	221.58	1600.54	254.11	162.79	43.4	传统农业,以种植业和渔业为主,水稻、大米、天然橡胶、渔业;制衣业是柬埔寨重要的经济支柱	服装、鞋类、橡胶、大米、木薯	燃油、建材、手机、机械、食品、饮料、药品和化妆品	
	缅甸	693.22	5337.06	249.04	482.29	216.32	农业,农产品以稻米、小麦、甘蔗等为主,消费品工业及工业品为主	以农产品、动物产品、矿产品、林产品及工业成品为主	日用品、工业原料、投资类设备等	
	老挝	168.53	685.82	108.18	131.73	41.76	农业,以种植业为主,产品包括水稻、玉米、薯类、咖啡、烟叶、花生、棉花等	自然资源金、铜等	燃油(汽油、柴油)、陆路交通工具(不包括拖拉机及摩托车)、各类零配件、机械设备、钢材、设备、电器等	
孟中印缅经济走廊	孟加拉国	2497	16467	888	1715	21.5	服装业、黄麻、医药	黄麻及其制品、皮革、茶叶、水产、服装等	生产资料、纺织品、石油及石油相关产品、钢铁等基础金属、食用油、棉花等	设立出口加工区、经济区

续表

走廊名称	国家	GDP（亿美元）	人口（万人）	进出口总额（亿美元）	消费总额（亿美元）	投资总额（亿美元）	支柱产业	出口产品	进口产品	开发开放平台
孟中印缅经济走廊	印度	26000	133900	8995.85	15917.87	6375.39	农业中以种植业为主，产品包括稻米、粗粮、甘蔗、棉花等；新兴工业中汽车、电子产品制造、航空和空间发展迅速；资讯服务业生产、电脑软件出口	贵金属及制品、纺织品及原料、化工产品、矿产品、运输设备等	矿产品、机电产品、贵金属及制品、化工产品、贱金属及制品等	
	缅甸									
中巴经济走廊	巴基斯坦	3049.52	19700	700	2596.7	380	农业是巴基斯坦的经济支柱产业，水稻、小麦等粮食和棉花、糖等经济作物是人民主要收入来源。最大的工业部门是棉纺织业	大米、棉花、纺织品、皮革制品和地毯等	石油及石油制品、机械和交通设备、钢铁产品、化肥和电器产品等	
中蒙俄经济走廊	蒙古	114.88	307.56	108.9	75.58	21.82	畜牧业为主，主要发展"五畜"，包括牛、马、骆驼、绵羊和山羊；采矿业	矿产品、纺织品和畜产品等	矿产品、机器设备、食品等	海尔—鲁巴经济区

注：GDP、人口为2017年数据，进出口总额、消费总额、投资总额为2016年数据。

2. "一带一路"国内地区需求分析

（1）产业发展对物流需求快速增加

近年来，随着国家西部大开发战略的深入发展和产业向中西部地区梯度转移的不断推进，重庆及西部地区电子信息、汽车、机械等产业加快发展，对物流业的需求持续快速增长。

重庆产业发展对物流需求旺盛。一是工业领域，根据《重庆市推动制造业高质量发展专项行动方案（2019—2020年）》（渝府发〔2019〕14号），到2022年，全市工业增加值7500亿元，规模以上工业总产值28000亿元，年均增速为5.7%。按此增速增长，预计到2035年工业增加值为15508亿元。二是商贸流通业领域，根据《重庆市现代服务业发展规划（2019—2022年）》，到2022年，服务业增加值16000亿元，年均增长7%；物流业增加值1500亿元，年均增长10%。按此增速增长，预计到2035年服务业增加值38557亿元、物流业增加值5178亿元。三是农业领域，根据《重庆市农业农村发展"十三五"规划》，到2020年农业总产值和增加值分别达到2200亿元和1420亿元，年均分别增长5%和4%左右。按此增速增长，预计到2035年农业总产值和增加值分别达到4574亿元和2557亿元。

西部地区产业发展对物流需求巨大。中国西部地区12个省（自治区、直辖市）① 总面积约686万平方千米，约占全国总面积的72%；人口总数约为3.8亿人，占全国总人口的29%左右。2019年西部地区12个省（自治区、直辖市）GDP为205185.2亿元，占全国GDP比重由1999年的17.5%上升到20.7%，年均增速领先全国平均水平。西部地区矿产资源比较优势突出，是我国重要的战略性能源接替基地，西部省市支柱产业以装备制造、汽摩、化工、能源、钢铁、矿石等产业为主，产业结构决定了西部地区货物运输以重型适箱货物为主，对铁路运输和国际铁海联运需求较大。

----

① 西南五省（自治区、直辖市）（四川、云南、贵州、西藏、重庆）、西北五省（自治区）（陕西、甘肃、青海、新疆、宁夏）和内蒙古、广西。

（2）国际市场拓展对跨境物流需求急剧增长

随着国家"一带一路"倡议的深入实施，特别是随着西部陆海新通道、中欧班列的快速发展，重庆乃至西部地区与"一带一路"沿线国家间的物流贸易往来更加紧密，对"一带一路"沿线国家出口快速增长。

重庆开放经济发展对国际物流需求强劲。一是对外进出口总量不断扩大。重庆积极参与"一带一路"建设，近三年，重庆对"一带一路"沿线国家和地区进出口均保持在 1100 亿元以上规模，拉动整体进出口增长超过 20%。2019 年重庆进出口总值 5792.78 亿元，对欧洲和东盟进出口总额约 2273.4 亿元，占全市外贸总值的 39.2%。其中对欧洲、东盟分别进出口 1186.7 亿元、1086.7 亿元，分别增长 11.4%、43.2%。预计未来十年，中国与"一带一路"沿线国家出口规模占比有望超过 1/2，成为重庆乃至中国的主要贸易和投资伙伴。二是重庆对欧洲进出口快速发展。2019 年，重庆进出口总额为 5792.78 亿元，其中对欧洲进出口额为 1186.7 亿元，占比 20.5%，远超全国平均水平。其中，重庆对欧洲进出口主要国家为德国、荷兰、英国、俄罗斯、法国，共占重庆对欧进出口总额的 70.9%。三是重庆对东盟进出口井喷式增长。2019 年，重庆对东盟进出口额为 1086.7 亿元，占全市进出口的 18.8%，远超全国平均水平。重庆对东盟进出口主要国家为马来西亚、新加坡、越南、菲律宾、印度尼西亚和泰国，占全市对东盟进出口的 97% 左右，而文莱、老挝、缅甸和柬埔寨四国占比仅 3% 左右。

西部省市国际物流需求提升。西部 12 个省（自治区、直辖市）对外贸易快速发展，跨境物流运输需求旺盛，其中重庆、四川、广西、陕西、云南等省（自治区、直辖市）进出口总量规模大、国际物流最活跃。2019 年，重庆、四川、广西、陕西、云南等 5 个省（自治区、直辖市）对外进出口总额 22149.6 亿元，占到西部 12 省市进出口比重超过 80%。从主要贸易伙伴看，5 个省（自治区、直辖市）对东盟、欧盟、韩国以及日本的贸易总额超过 1 万亿元，占 5 个省（自治区、直辖市）对外贸易总额比重超过 50%，与东盟、欧盟、韩国、日本等外经贸关系密切，对应的国际物流需求也最大。

（3）区域物流市场快速发展

重庆市域内物流市场需求不断增加。根据重庆市人民政府办公厅关于印发《重庆内陆国际物流分拨中心建设方案的通知》（渝府办发〔2018〕168号），到2020年货运量15亿吨，集装箱吞吐量200万标准箱以上，港口集装箱年吞吐量160万标准箱以上，中欧班列（渝新欧）年度开行量继续保持领先地位，市外货物占比达60%以上。同时，外贸货运量占比稳定在70%以上，铁路比重提高到1.9%，即铁路货运量达到2850万吨。根据《重庆市综合货运枢纽发展规划（2017—2035）》，到2035年重庆地区货运量为27亿吨，其中大都市区货运量22.2亿吨、渝东北地区货运量4.3亿吨、渝东南地区货运量0.5亿吨。其中，铁路比重提高到5.9%，即铁路货运量达到15930万吨。

重庆腹地物流市场需求增长势头较强。通过重庆西部陆海新通道、中欧班列（成渝）等国际大通道，在重庆进行出口货物中转的地区和省、市主要有：长江中下游地区（湖北、湖南、江西、江苏、浙江、安徽、上海等）、西南地区（云南、贵州、四川）以及西北地区（新疆、甘肃、宁夏、陕西、青海），以2019年外贸进出口为基数，测算各省外贸进出口额如表1-4所示。

表1-4　枢纽辐射区域内外贸进出口额

区域	省（自治区、直辖市）	2019年进出口额（亿元）	年均增长率（%）	2020年预测值（亿元）	2025年预测值（亿元）	2035年预测值（亿元）
长江中下游地区	湖北	3943.6	7	4220	5918	11642
	湖南	4342.2	8	4690	6891	14876
	江西	3511.9	5	3687	4706	7666
	安徽	4737.3	6	5116	7517	16230
	浙江	30832	5	32374	41318	67302
	江苏	43379.7	8	45982	61535	110200
	上海	34046.8	2	34728	38342	46739

续表

区域	省（自治区、直辖市）	2019 年进出口额（亿元）	年均增长率（%）	2020 年预测值（亿元）	2025 年预测值（亿元）	2035 年预测值（亿元）
西北地区	新疆	1640.9	5	1723	2199	3582
	甘肃	379.9	4	395	481	712
	青海	37.2	3	39	50	81
	陕西	3515.6	10	3867	6228	16154
	宁夏	240.6	3	248	287	386
西南地区	四川	6765.9	10	7442	11986	31089
	云南	2323.7	8	2510	3687	7961
	贵州	453.57	4	472	574	850

根据重庆市进出口额与进出口货运量关系，计算出全市外贸货运生成量系数为 0.23 万吨/亿元（进出口货运量/进出口金额），中欧班列货物生成量系数为 0.31 万吨/亿元（2019 年中欧班列货运量 558.8 万吨、264.3 亿美元），取平均数 0.27 万吨/亿元计算重庆辐射区域进出口货运量。到 2025 年、2035 年，重庆周边进出口货运需求将分别达到 5 亿吨、9 亿吨规模（见表 1-5），按照 15% 在重庆周转计算，则周边区域在重庆周转外贸货运量约 0.8 亿吨和 1.35 亿吨左右。综上分析，到 2035 年重庆市域物流需求量为 27 亿吨，其中铁路货运量达到 15930 万吨，铁路比重提高到 5.9%，周边区域在重庆周转外贸货运量约 1.35 亿吨，区域物流市场规模不断提升，将为物流业发展提供广阔空间。

表 1-5 枢纽辐射区域内的外贸货运量

区域	省（自治区、直辖市）	2020 年外贸货运量（万吨）	2025 年外贸货运量（万吨）	2035 年外贸货运量（万吨）
长江中下游地区	湖北	1139	1598	3143
	湖南	1266	1860	4017
	江西	996	1271	2070
	安徽	1381	2030	4382
	浙江	8741	11156	18172
	江苏	12415	16614	29754
	上海	9376	10352	12620

续表

区域	省（自治区、直辖市）	2020 年外贸货运量（万吨）	2025 年外贸货运量（万吨）	2035 年外贸货运量（万吨）
西北地区	新疆	465	594	967
	甘肃	107	130	192
	青海	11	13	22
	陕西	1044	1682	4362
	宁夏	67	78	104
西南地区	四川	2009	3236	8394
	云南	678	996	2149
	贵州	127	155	229
合计		39823.03	51764	90577

四、重庆融入"一带一路"发展的战略思路和目标

（一）基本要求

重点关注十大关系。一是与国家战略的关系。将重庆融入战略放在全国"一带一路""西部大开发""长江经济带"等国家战略和倡议中，明确重庆在国家战略和倡议中的定位、重点发展方向。二是与重庆经济社会发展的关系。融入战略以重庆外向型经济为抓手，要重点研究明确重庆外向型经济与经济社会统筹发展的关系。三是巩固优势产业与培育新兴优势产业的关系。巩固重庆外向型经济优势产业，科学筛选培育新兴优势产业，促进产业转型升级，并加快向产业链、价值链高端跃升。四是优势产业与相关产业的关系。处理好外向型经济优势产业与生产性服务业发展的关系，重点是与信息产业、物流业、金融业以及研发设计业等的关系。五是产业、产品与服务、规则的关系。重庆外向型经济发展不仅体现在优势产业、产品的形成方面，更要注重服务以及全球治理相关规则的形成。六是产业布局与城市空间布局的关系。统筹外向型经济产业发展与城市发展的空间规划布局。七是与国外主要区域、通道的关系。明确重庆外向型经济面向的主要区域和国家、通道和运输方式。处理好西向（阿拉山口、霍尔果斯）、南向（北部湾港口）、东南向（广州、

深圳)、东向(上海、宁波)以及北向(满洲里、二连浩特)的关系。八是重庆与国内重点城市的关系。处理好重庆与国内重要节点城市,如成都、武汉、郑州、西安等外向型经济的竞合关系,明确重庆与长三角、珠三角、北部湾等区域的关系和作用。九是输出和引进的关系。明确重庆在全球供应链中的地位和作用,处理好引进与输出产品、服务的关系。十是长期目标和近期目标的关系。处理好重庆"融入战略"长期目标和阶段性目标的关系,提出可行的实现路径。

做好三个衔接。一是与国家战略的衔接。重庆融入"一带一路"是国家战略的重要组成部分,重庆融入战略的定位、重点发展方向必须与国家战略的要求有机衔接。二是与重庆自身发展战略衔接。重庆融入"一带一路"必须充分考虑自身的基础、优势和条件,明确重庆在"一带一路"沿线国家的对接点。三是宏观和微观的衔接。既强调宏观战略的前瞻性,也强调微观落地的可行性,既要明确"一带一路"倡议下重庆发展的方向,也要明确对外开放能够给重庆带来什么机遇。

(二)发展思路

深入贯彻落实党的十九大精神,坚持以习近平新时代中国特色社会主义思想为指导,按照习近平总书记对重庆市发展提出的"两点"定位、"两地""两高"目标、发挥"三个作用"的重要指示要求,坚持新发展理念,深度融入"一带一路"建设,立足国家战略高度,依托区位优势、生态优势、产业优势、体制优势,坚持从全局谋划一域、以一域服务全局,紧紧对接全国六大对外经济走廊建设,以开放促改革,以高水平开放推动高质量发展,以内陆国际物流枢纽建设、开放型经济体系建设、科技教育文化卫生软实力建设与合作为重点,做强长板、补齐短板,促进政策沟通、设施联通、贸易畅通、资金融通、民心相通,立足重庆、联动西部、融入全国乃至全球,努力展现新作为、实现新突破、培育新动力,把重庆建设成为面向"一带一路"的内陆开放新高地、西部陆海新通道运营中心和国际化国家中心城市,在新时代"一带一路"建设中做出重庆贡献。

坚持陆海内外联动与全面开放。以开放促改革、促发展，发挥"一带"和"一路"的纽带作用，支撑陆海双向开放，在内陆开放"高度、深度、广度"上下功夫，进一步扩大对外开放，提高外向型经济发展水平，努力成为西部参与全球分工、陆海联运、全方位开放的门户支撑。

坚持开放战略与区域战略联动。建设"一带一路"与长江经济带融合发展示范区。作为"一带一路"和长江经济带联结点，重庆要把握国际大势，将融入"一带一路"发展的开放战略与西部大开发、长江经济带、成渝城市群建设等区域战略有机联动起来，主动作为，协同创新，整体推进，在西部地区带头开放、带动开放。

坚持政府推动与市场配置联动。更好发挥政府作用，改善软硬环境，努力营造"国际化、市场化、法治化"营商环境，发挥市场在资源配置中的决定性作用，激发各类市场主体参与"一带一路"建设的积极性、主动性、创造性，促进"一带一路"高质量高标准高水平发展。

坚持经济建设与社会交流联动。瞄准欧亚、东南亚等重点区域，坚持"引进来"与"走出去"相结合，进一步发挥交通通道、物流设施的基础性、先导性作用，促进国际经贸、投资、产业深度融合，强化科技、教育、卫生、文化深度合作，促进经济社会交流和文化认同，巩固开放合作的根基。

（三）战略定位

"一带一路"和长江经济带的重要战略支点。发挥重庆独特的区位优势和比较优势，以提高引领力、集聚力、辐射力为导向，努力将重庆建成"一带一路"和长江经济带互联互通立体交通网络的重要联结点，亚欧非一体化大市场的重要节点，积极汇集全球人流、物流、商流、资金流、信息流，提升科技创新、高端产业、专业服务集聚水平，全面提升国际知名度、影响力、竞争力。

面向"一带一路"的内陆开放高地。争取设立自由贸易港，整合自贸区、口岸、保税区、保税港区等平台和政策资源,高水平建设重庆多式联运国际枢纽、口岸高地,探索国际陆上贸易新规则。加大外交机构、国际组织机构、国际商业机构引进力度和友好城市结交力度,建设国际交往中心。引领西部大开发新十年,努力构建开放型现代化产业体系,成为内陆与沿海、东部与西部产业转移的前沿高地。

西部陆海新通道运营中心。抓好中新(重庆)战略性互联互通示范项目,立足西部陆海新通道,面向东南亚,加快建设集铁路、公路、水运、航空、数据于一体的重庆运营组织中心,着力打造西部陆海新通道集中统一的操作中心、单证中心、结算中心、信息中心。在重庆设立内陆国际物流分拨中心,使重庆成为区域性货源集结点、大数据中心,提升其国际物流集散、存储、分拨、转运功能,发挥其对中西部地区物流及增值服务的集散作用。

国际化国家中心城市。抓好全国都市圈和城市群建设重大机遇,加快构建"一区两群"城镇化战略格局,按照"国际化、市场化、法治化"的要求,以建设国际交往中心、国际消费中心、国际会展中心及全国功能性科创中心、金融中心、消费中心、会展之都为重点,补齐国家中心城市功能性短板,引领成渝地区双城经济圈发展,集聚全球高端服务要素,构建现代服务业生态圈,形成西部领先的"重庆服务"品牌和标准,努力成长为"一带一路"上的国际化大都市和世界城市。

(四)目标和愿景

到 2020 年,重庆对外开放水平大幅提升,自贸区建设取得重大进展,中新(重庆)互联互通示范项目取得重大进展,重庆通往中亚和欧洲、中南半岛和南亚、通过长江下游联通太平洋的对外开放大通道格局基本形成,对"一带一路"和长江经济带两大国家战略的支撑能力大幅增强,成为我国内陆地区对外开放的新高地。

到 2025 年,重庆全面融入国家对外开放和区域发展战略,在引领"一带一路"建设和实施长江经济带战略中的作用凸显,内陆国际物流枢纽、开放型经济体系基本形成,在全球范围内配置资源的效率和效益显著提升,国际经济合作和竞争新优势形成壮大。对外开放通道、对外开放平台、大通关体系等对外开放基础保障体系基本健全;内外联动、互利共赢、安全高效的开放型经济体系基本健全完善。

到 2035 年,重庆以新的战略定位全面融入国家发展大格局。建成国际化国家中心城市和世界城市,成为"一带一路"与长江经济带融合发展的示范区,成为我国面向中亚、欧洲、南亚、东南亚对外开放的核心枢纽,欧亚大陆两端的货物可通过多种方式在重庆实现转运,全球相当大比例资金结算在重庆完成。

五、重庆融入"一带一路"发展的重点实现路径

(一)推动内陆国际物流枢纽建设与合作

1. 明确国际物流枢纽建设思路

重庆融入"一带一路"内陆国际物流枢纽建设应遵循的战略思路:以设施建设为突破口,强化枢纽物流设施设备建设,打通国际陆路物流通道,提高沿江水运能力和效率,畅通东向长江黄金水道和铁海联运通道;以技术创新为驱动力,提升枢纽国际物流效率;以物流便利化为重点,充分利用现代科技手段,提高枢纽国际物流管理和服务水平;以电子、汽车等特色产业集群为支撑,以战略性新兴产业为补充,强化国际物流产业供应链体系,将重庆打造成为对外通道畅通、内部便捷联通、创新驱动引领、科学技术支撑的一流内陆国际物流枢纽。

2. 加快建设国际物流通道

发挥重庆的区位和交通优势,以干线铁路、水运航道、高速公路和空中航线为骨架,以硬件建设为主,兼顾软件建设,建设东西南北四个方向以及空中物流大通道,推动通道多种交通方式融合,提升运输组织和运营管理水平,促进国际物流便利化,加快形成辐射欧洲、南亚和东南亚的国际物流通

道新格局。

继续推进西向中欧班列（重庆）通道建设。完善中欧班列（重庆）国际贸易大通道基础设施，加快启动建设渝西高速铁路等重点交通项目，增强路网灵活性，释放铁路货运能力，进一步畅通中欧班列（重庆）国际铁路大通道，提高重庆连接"丝绸之路经济带"的通行能力和运输效率。丰富中欧班列（重庆）线路，新开通2~3条支线，重点推动哈萨克斯坦粮食班列顺利开行；积极开展国际物流集货、分拨中心和海外仓建设，提供包括信息、咨询、金融等在内的物流综合服务，拓展班列运输品类，提高班列回程数量，密切与沿线国家贸易往来，更好发挥中欧班列（重庆）通道辐射中亚、欧洲的作用。

协调推进南向西部陆海新通道建设。争取国家支持，协调西部地区共同推进南向西部陆海新通道建设，提升通道多种交通方式互联互通水平和运输能力。实现"渝黔桂新"铁海联运班列在果园港稳定发运，推动国际铁路联运班列（重庆—河内）顺利开行，力促长江水道、陆海新通道与中欧班列通道实现无缝连接。推进陆海新通道跨境公路运输班车协同合作，优化和完善班车海外分拨中心网点布局，提高货源招揽和集聚能力，丰富回程货源。完善相关基础设施建设。重点争取国家和相关省份推动黄桶（贵阳）至百色铁路和泛亚铁路建设，推动威舍至百色铁路、黔桂铁路扩能改造工程，推进钦州港深水航道建设，加强重庆—东盟公路物流大通道建设，进一步畅通陆海新通道，增强连接"海上丝绸之路"通行能力。同时欢迎越南对铁路等运输设施设备进行改造升级，促进互联互通。

畅通东向长江黄金水道和铁海联运通道。积极推动长江航道重庆主城至涪陵段通航提档升级，争取国家加快相关工程建设解决三峡拥堵问题，着力疏解长江水运瓶颈，推动三峡新通道建设。加快重庆—洋山江海直达船型的研究与相关工作推动，提高重庆至洋山的外贸集装箱在上海外高桥港的中转效率。积极争取落实外贸集装箱专轮、"五定"快班轮等优先通过三峡船闸政策。积极推动开工建设渝湘高铁、沿江高铁等项目，完善通道路网结构，重点推动重庆至上海、武汉、宁波方向沿江班列开行，提升铁路中长距离货运分担率。

拓展北向国际铁路物流通道。继续加大"渝满俄"班列开行力度，争取国家支持开展与蒙古国、俄罗斯的国际协调，拓展二连浩特口岸出境通路，推动蒙古国和俄罗斯铁路对陈旧线路进行升级改造，改善沿线国境站、换装站的场站布局和配套设施设备，促进中俄蒙三方铁路点线能力的匹配衔接。同时推动"渝满俄"班列与南向陆海新通道建立对接，扩大通道服务范围。

提升空中现代国际物流通道。吸引国内外航空物流巨头在重庆建立基地或设立地区性营运总部，积极培育新的国际航线。推动 Fedex、UPS、DHL、中国国际货运航空、中国货运航空、南方航空等企业将重庆江北国际机场作为连接国内中西部和国际市场的门户枢纽，强化机场货运航线网络优势，提升重庆江北国际机场中转集散能力，规划重庆第二国家机场。争取新开和加密重庆至欧美、东盟、日韩、南亚、澳大利亚、非洲客货运航线。加大对国际航空物流的政策支持力度，提高航空运力，降低航空运价，保障航空货源。

3. 推进建设国际物流枢纽

综合考虑重庆公路、铁路、水运、航空四种主要交通方式基础设施和相关自然条件分布情况，结合重庆市产业布局和主要物流货物种类，充分利用既有物流设施设备，优化布局重庆市国际物流节点，形成五大国际物流支撑点。同时，在国际物流通道沿线的东盟、中亚、南亚、中东欧、西欧等国家以及我国西部、华东、华南等地区设立分拨网点，形成五点支撑、多点协调的国际物流枢纽体系。

两江多式联运国际物流中心。主要包括果园港区、铁路鱼嘴货运站和中新（重庆）多式联运物流示范基地，利用长江经济带和"一带一路"最佳结合点的位置优势，整合水、公、铁等多种运输方式，充分发挥水运优势，将水运适运货物通过公路、铁路集运，发展"江、海""铁、水""公、水"等多式联运业务，提供集装箱、件散货、汽车滚装等的物流、仓储、商贸、交易等服务，建设大宗商品交易平台和大宗商品交收（交割）仓库、堆场，完善金融、物流、人才配套体系，实现粮食、煤炭、钢材、矿石等大宗散货的线上线下交易、第三方支付及供应链金融物流服务等功能。将其打造为无缝衔接中欧班列（重庆）国际铁路大通道、"陆海新通道"、长江水道三大骨干国际物流通道的综合型国际多式联运枢纽，建设我国最大的内河"铁、公、水"多式联运枢纽和外贸口岸，建成果园港"铁、水"联运国家示范工程项目和中新（重庆）互联互通多式联运示范基地。

沙坪坝铁路国际物流中心。位于沙坪坝区西永团结村，主要包括团结村铁路集装箱中心站、兴隆场编组站、铁路口岸、铁路保税物流中心，是中欧班列（重庆）的主要承载地，是支撑"一带一路"建设的核心战略极之一，集货运枢纽、商贸服务、生产服务、口岸服务、保税服务等功能于一体，应重点发展"铁、海""铁、公"等国际多式联运业务，评估铁路物流基地作业能力、作业功能和运输需求的匹配程度，进一步提高作业效率和作业能力，保证中欧班列（重庆）可持续发展，服务重庆全域、承接中西部地区国际国内铁路物流分拨需求。

渝北航空国际物流中心。主要包括重庆江北国际机场、中新航空产业园和两路寸滩保税港空港功能区等，是重庆国际航空运输中心，应依托航空口岸和保税港区，大力发展国际航空运输，开展江北机场第四跑道及 T3B 航站楼前期工作。优化货运操作流程，整合优化通关通检设施，建设生产企业、服务企业和口岸管理部门互联互通的智能化信息平台。强化与上海浦东等航空枢纽的协调机制，提升国际航空货运中转效率。优化国际客货运航线网络，增开国际客货运航线，提高洲际航线和直飞国际航线占比。拓展航空货运网络和以卡车航班为核心的陆空联运业务。提供航空货运快件、生鲜产品等国内外货邮服务。服务重庆全域、承接全球国际航空物流分拨需求。

巴南公路国际物流中心（重庆公路物流基地）。位于南彭公路物流基地，主要包括南彭公路车检场和重庆南彭公路保税物流中心以及在建铁路东环线专用货运站场，作为西南地区重要的陆路物流配送平台、重庆—东盟公路国际物流港和国际陆海贸易新通道的主要承载地，巴南枢纽应依托铁路东环线、高速公路等发达的基础设施，充分利用公路灵活的运输方式，努力支撑好陆海新通道建设，同时充分支撑重庆市内物流微循环，大力提高物流枢纽整体性，将商品贸易、多式联运、产业融合、电子商务、公共服务等功能融合集成，服务重庆全域，承接川南、黔北地区和东盟的物流分拨需求。

小岚垭国际物流中心。位于重庆市江津区珞璜工业园，主要包括小南垭铁路货场、猫儿沱港，应依托铁路货场、长江内河水运港口、公路物流设施，凭借铁、公、水三种运输方式同时接入的区位优势和用地条件优良的后发优势，高站位规划部署，大力开展"铁、公、水"多式联运，力争将小岚垭物流枢纽打造为两江多式联运枢纽、江海国际联运的重要补充和中欧班列（重庆）的重要集货地，用更大的力度支持长江经济带和"一带一路"建设。

4. 提升国际物流枢纽质量

完善基础设施配套，增强枢纽内部互通。加快形成各向物流通道、各物流节点互联互通的良好格局，重点推动铁路东环线、黄茅坪铁路专线、机场支线、进港铁路支线、西部物流园城市快速路等项目建设，利用重庆全市公路物流公司、物流基地、铁路线路，向各节点提供高效便捷可追踪的市内公路物流、铁路小运转列车等服务，力争将西向中欧班列（重庆）国际贸易大通道、南向陆海新通道、东向长江黄金水道和铁海联运通道、北向铁路物流通道以及空中物流通道在重庆市内部互联互通，从而产生多种模式的国际多式联运新业态和新业务，催生新的物流产品和物流服务，提高分拨配送效率，实现多模式发展。

重视信息技术应用，提高装备智能水平。加快标准化推进进程，加快数据互联互通，提升不同枢纽信息系统的兼容性和开放性，打破物流信息壁垒，推动枢纽内企业、供应链上下游企业信息共享，统一各运输方式电子运单数据接口。加快物流企业信息化建设，通过电子化、数据化方式采集物流交易和物流活动信息，推广应用电子单据、电子合同等数据化物流活动信息载体，引导物流活动数据化。创新国际物流服务模式和口岸海关联检通关模式,全面建成电子口岸,提供物流信息、金融等附加服务。切实加强各类信息系统与市场需求的紧密结合,真正使信息平台有用有效,使物流从业人员主动使用信息化手段工作,深入挖掘物流数据价值。努力实现物流作业自动化或半自动化,研究利用无人机、无人仓、物流机器人、自动分拣机、新能源汽车等智能化、绿色化设施设备,大幅提高物流园区装卸、分拨、包装、配送等流程的效率,提高装备智能化和绿色化水平。

提高物流服务质量,完善口岸功能。重点发展"铁、水"联运、"江、海"联运、"水、陆"联运、"陆、空"联运等多式联运组织模式,加快以铁路物流为核心的现代多式联运产业发展,支持团结村中欧班列(重庆)、"渝黔桂新"、"渝甬"、"中越"(重庆—河内)等铁路联运班列运行;支持果园港多式联运中心深化建设,巩固内陆水运国际枢纽地位;支持航空公司开行地面卡车航班,推动有运营经验的卡车航班公司与机场合作。大力推动多式联运运单、设备、流程的标准化工作,引导物流企业遵循国际多式联运标准体系,积极争取并配合国家加快制定实施统一标准的多式联运运单、多式联运提单,实现全程"一次委托"、运单"一单到底"、结算"一次收取"。大力发展标准化的多式联运装备体系,建立成熟的标准化托盘共用系统,统一铁路箱与海运箱标准,推广标准化载货工具和快速转运换装设备。制定多式联运服务规则,推广集装箱甩挂、甩箱等运输组织方式。

完善口岸和保税功能。积极争取将两路寸滩保税港区功能延伸至果园港,加快建设保税物流中心,未来视小岚垭物流枢纽的发展,也应研究配套相应保税功能。提升口岸开放功能,做强平行进口整车、首次药品进口和生物制品、水生动物(小动物)等口岸支撑,在铁路口岸拓展动植物种苗、肉类、水果等口岸功能。推进保税区拓展区、国际邮件互换中心、口岸公共仓等一批服务口岸经济的配套设施,充分发挥各类口岸查验设施作用,促进铁路口岸提质增效。

5. 推动物流产业联动发展

发挥重庆区位和产业优势，构建覆盖铁、公、水、空多种运输方式的国际物流运输体系，提高国际中转物流能力。推进物流规模化、集约化、专业化、信息化、智能化发展，推进物流产业向技术先进、便捷高效、成本可控的方向发展。大力发展国际中转物流、多式联运物流、全程物流、专业物流和绿色仓储。

物流产业与重庆发展战略定位协同发展。国际中转物流。重点发展零星、批量、整合、分批、简单加工等集货及送货模式；开展进口分拨、出口拼箱、多国拼箱、延迟转运、大宗物品仓库加工和仓储、期货交割等业务；开展国际中转集拼业务，建设内陆国际中转集拼中心。多式联运物流。增强仓储物流园区堆存、配送、中转、交易等综合物流功能，推进内河航运与航空、铁路、公路运输的物流网络建设，开展储存、装卸、搬运、包装、流通加工、配送和货物信息跟踪等多式联运物流业务，打造物流配送中心、物流公共信息平台、航空快件中心，构建临港物流产业链。全程物流。围绕汽车、医药、化工、装备、电子信息、轨道交通等产业，培育一批全程物流企业。根据供应商、生产商、销售商、消费者之间货物流动的规模、流向、时间提供全程化、全方位的运输、仓储、配送、报关、信息等服务与管理，促进制造业企业实现"零库存""准时制""定制化"生产。推动全程物流企业金融创新，依托货物全程监管手段，开展代收代付、动产质押、仓单质押等物流金融服务。专业物流和绿色仓储。依托大数据、云计算、物联网等先进信息技术，提升物流业信息化、智能化水平。引导传统仓储、运输、国际货代、快递企业采用现代物流管理理念和技术装备，提升物流企业的专业化、精益化服务能力。提高仓储利用的科学化、集约化水平，实现仓储资源利用最大化，减少仓储成本。

物流产业与自贸区建设联动发展。中国（重庆）自由贸易试验区涵盖两江片区、西永片区和果园港片区。物流产业与自贸区建设联动发展，实现物流产业与自贸区产业发展方向相匹配，与自贸区产业布局相匹配，从而更好满足自贸区产业的物流需求，发挥自贸区产业对物流产业发展的支撑作用。两江片区依托高端产业和江北机场，重点发展国际中转、专业物流等现代物流业，加强物流与金融、会展、电子商务相结合，推动物流业向专业化、信息化、智能化发展；西永片区依托中欧班列（重庆）和陆海新通道，利用西部物流园突出内陆国际铁路物流枢纽优势，重点发展现代物流及物流金融业，完善物流供应链，做大做强总部贸易和转口贸易物流；果园港片区发挥港口优势，重点发展以口岸物流、多式联运物流为主的现代物流，延伸船舶管理、航运代理、航运经纪、航运金融等物流服务（见图1-5）。

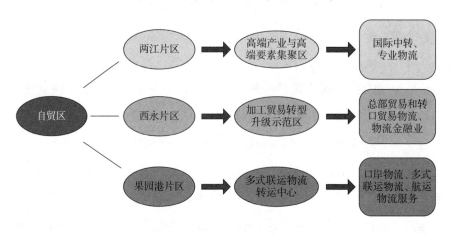

图1-5 自贸区物流发展重点

6. 着力打造国际物流品牌

重庆发挥自身经济地理区位优势，建设内陆国际物流枢纽，必须高度重视国际物流品牌建设，提升重庆枢纽的国际影响力。

中欧班列品牌建设。中欧班列品牌由中国国家铁路集团有限公司负责建设与管理，是国家支持建设的国际物流知名品牌。重庆市政府和企业要联合中国国家铁路集团有限公司共同推进中欧班列（重庆）品牌建设，提升中欧班列（重庆）发展水平。增加中欧班列（重庆）开行列数，扩大中欧班列（重庆）覆盖国家和地区，丰富班列运输物资品类，提高班列运行效率和效益，提升班列服务品质，实现物流、信息流、资金流的协同运作。同时要突出重庆特色，大力宣传中欧班列始发地的优势，使中欧班列（重庆）品牌效应更加凸显。

国际物流枢纽品牌建设。加大重庆对外开放力度，提升国际合作水平，加强与有关国家、地区和其他省（区、市）交流，常态化举办商贸、物流专业展会等活动，创办有影响力的国际物流展会品牌，搭建商贸合作平台，不断提升重庆内陆国际物流枢纽的知名度和美誉度，引导和汇聚全球各界力量共同参与重庆内陆国际物流枢纽建设。强化重庆对外物流通道畅通和枢纽内部连接畅通，提升物流园区和口岸建设水平，提高枢纽物流效率；利用现代科技提高枢纽绿色智能水平，将重庆打造为内陆国际物流枢纽的样板，建成内陆开放创新的高地，使重庆内陆国际物流枢纽品牌享誉全球。

（二）推动开放型经济体系建设与合作

1. 建设开放型产业体系

围绕融入"一带一路"建设，把发展外向型先进制造业、积极发展临港（空）型现代服务业、培育新经济和有竞争力的供应链作为重点，构建全市开放型产业体系。

发展外向型先进制造业。外向型先进制造业是重庆融入"一带一路"建设，参与全球产业分工的重要着力点。要围绕"一带一路"沿线国家需求，加快优势外向型制造业深度融入全球产业分工体系，并加快培育外向型战略性新兴产业。一是推动优势外向型制造业全链融入全球产业分工体系。围绕"一带一路"沿线国家及全球市场需求，继续按照"垂直整合、整机＋零部件配套"的方式，重点推动电子信息、汽车、装备制造等优势外向型产业，实现加工贸易向"研发链＋产业链＋供应链"深度发展。二是积极培育外向型战略性新兴产业。将大数据智能化作为重庆与"一带一路"沿线国家开展产业合作的重要着力点，加快培育由大数据智能化引领的人工智能、智能硬件、智能装备制造等战略性新兴产业，将先进的智能化设备和技术输出到"一带一路"沿线相对落后的国家，提升发展能力。

积极发展临港（空）型现代服务业。外向型服务业是开放型产业体系的重要组成部分。要依托港口、开放口岸等平台，加快发展以国际物流为重点的临港型现代服务业，提升开放型经济服务水平。一是大力发展国际物流。重庆要继续对接国家及区域物流业发展规划布局，以果园港为核心，联动周边地区港口，强化"公、铁、水、空"多式联运，加快建设国家物流枢纽。加快与国际物流巨头合作，建设国际物流园区，进一步做大国际物流量，带动重庆及周边地区国际贸易快速发展。二是加快发展新型贸易。依托口岸、保税区等开放平台，围绕增强"一带一路"沿线国家服务能力，重点发展临港、临空等加工贸易以及转口贸易、总部贸易等新型贸易，进一步做大重庆的国际贸易量。三是发展其他外向型现代服务业。围绕完善重庆融入"一带一路"建设的配套服务能力，进一步做大做强金融服务、会展商务服务、研发设计、电子商务、文化旅游等现代服务业。

着力培育新经济。围绕未来产业发展趋势，瞄准新技术、新组织、新产业、新业态和新模式，聚焦新经济形态，重点发展科技与经济深度融通、发展潜力巨大的创新型新经济，为重庆融入"一带一路"建设增加新动能。一是发展数字经济。加强同"一带一路"及全球数字经济领先国家和地区的国际交流合作，强化国际产能合作，加快引入数字经济全球创新资源，加快建成中新国际数据通道，积极参与国家数字标准和规范建设，壮大数字经济规模。二是发展分享经济。以众包、众扶、众智、众筹等为重点，创新发展模式，形成分享经济新业态。大力推进生产能力分享，促进生产制造、检验检测、维修维护、工业设计等服务资源的共享利用。加快推动创新资源分享，构建协同创新、共享成果的创新资源汇聚示范高地和创新资源分享经济示范基地。三是发展平台经济。建设工业互联网平台，打造一批跨境电商线上综合服务平台，发展"互联网＋"物流运输平台，发展体验经济平台，建设外贸综合服务平台，鼓励互联网企业发展移动电子商务、在线定制、O2O等新模式，创新业务流程和价值创造模式，促进产业融合发展。四是发展首店经济。依托主城区主要商圈，鼓励大型高端商业综合体、高端商务楼宇积极招引集聚"一带一路"国家及全球各类品牌首店，打造一批高端首店集聚区。

培育具有国际竞争力的供应链。与"一带一路"沿线国家合作，加快构建全球供应链，培育一批重点供应链服务平台企业，切实提升全市重点产业的供应链竞争力。一是加快培育重点供应链。重点选择汽车、摩托车、智能终端等产业，针对"一带一路"沿线国家进行供应链布局，推动轨道、风电、材料等其他产业加快构建全球协同发展供应链。瞄准"一带一路"供应链服务市场需求，以供应链综合服务平台、产销协同型供应链平台、供应链金融服务平台为重点方向，培育大龙网等一批数字化、专业化供应链平台，增强重庆经济发展新动能。二是注重开放合作共同打造供应链。鼓励纺织服装等劳动密集型行业企业在劳动力资源丰富的"一带一路"国家当地构建供应链体系，推动与"一带一路"沿线国家合作建设各种原材料物流分拨中心，在"一带一路"沿线选择有条件的国家建设合作产业园，以更好地配置全球供应链资源。三是提升供应链管理创新应用水平。发挥产业集群龙头企业的供应链资源整合和服务能力，围绕产业集群共性需求，打造供应链协同平台，优化提升物流、商流、信息流和资金流整合能力，带动上下游企业协同发展，快速提升供应链创新与应用水平。四是推动企业实施绿色供应链管理。重庆要融入"一带一路"，必须要有绿色可持续发展的担当意识。要围绕产业领域，开展绿色供应链全过程管理，在各类产品的产品设计、原料选择、制造过程、物流、回收以及最终处置等环节进行绿色化改造，开发可回收包装材料，推动"绿色流通革命"。

2. 加快推进内陆开放平台和通道建设

针对重庆在产业协同、创新合作、贸易往来等领域融入"一带一路"的现实需求，着力完善和搭建各类功能性平台，形成内联外结、优势互补的开放平台体系，提升平台系统集成和要素聚合水平。

加强"一带一路"平台共建。与"一带一路"沿线国家和地区加强产业园区、创新中心、物流中心、保税仓库等平台共建,争取并加快建设国家级物流枢纽,发挥内联外结的要素集聚辐射服务功能。一是加强国别产业园区共建。围绕"引进来"和"走出去",搭建双向产业国际合作平台。优化提升现有中意、中德、中韩、中瑞、中日、中以等国际产业合作园区产业集聚功能,进一步拓展与法国、俄罗斯等国产业合作园区共建,围绕汽车、电子信息、装备制造等先进制造业,以及现代农业和文化、金融等服务业,创新国别合作机制,积极引进优质产业项目。面向中国—东盟自由贸易区、中欧班列沿线和中巴、孟中印缅经济走廊等地区积极搭建重庆海外产业园区和产业海外转移服务平台,对接当地产业发展需求,推进国际产能合作。丰富完善政策工具,支持市内优质企业组团"走出去"建设海外生产基地、境外经贸营销网络。二是加强国际创新协作平台共建。加强国际先进技术引进,围绕汽车、电子信息、智能装备、生物医药、新材料等产业核心技术突破,支持市内企业、科研院所及高校与德国、法国、波兰等国家创新平台加强合作,通过联合搭建海外研发创新中心、联合实验室、创新基地等创新平台,加强前沿技术信息交流、科研人员互动和技术联合攻关。支持市内装备、材料等产业成熟技术向东南亚、中亚、非洲等地区转移扩散。三是加强海外物流配套设施平台建设。在德国、荷兰、俄罗斯、新加坡、马来西亚、新西兰、哈萨克斯坦等"一带一路"重要节点城市加强海外物流分拨中心、保税仓库、大宗物资物流园、冷链物流园、跨境电商产业园等基地建设,协同推进金融结算、贸易融资等服务平台,争取打造若干中欧、中亚、东南亚等区域性国际贸易分拨、中转、销售和结算中心。

发挥自贸区和中新(重庆)战略性互联互通示范项目开放引领功能。强化制度创新,切实发挥自贸区和中新项目对重庆开放发展的引领作用。一是积极推进自贸区建设。用好国家赋予的更大改革自主权,全面深化自贸区"放管服"改革,将更多行政审批权限通过市级授权、委托等方式向自贸区放权。争取在果园港试行自由贸易港政策,以人才为导向建立"一带一路"海外引智示范区,促进国内外人才合作交流。在自贸区范围内开展对接"一带一路"产业投资促进活动，着力打造若干国际合作先行区域，以先进制造业和现代服务业引进为重点，加强外资项目和技术引入。二是高标准实施中新互联互通项目。以陆海贸易新通道建设为重点，围绕铁路、公路、水运、航空、数据国际通道，高水平建设重庆国际物流运营中心和货物集散中心。强化与新加坡等东盟国家产业、科技、贸易、城市等多领域合作。建设中新金融服务、交通物流、航空产业、信息通信等重点领域的合作示范区，争取更多标志性重大项目落地。

优化开发开放平台体系。以两江新区、重庆高新区等国家级平台为核心载体，突出产业集聚的核心功能，促进各类开放平台加快提档升级、错位发展、协同发力。一是深化国家级开发平台开放发展。目前重庆已集聚两江新区、重庆高新区、重庆经开区以及荣昌、永川、璧山高新区和长寿、万州经开区等国家级开发平台，应着力发挥重点平台对战略性新兴产业、现代服务业以及创新要素的集聚功能，在汽车制造、新能源、生物医药等高技术领域强化与西欧、中东欧地区国家合作，在装备制造、节能环保、商贸物流等领域加强与日韩国家紧密合作。二是优化开发开放平台布局。推动铜梁、潼南高新区加快升级成为国家级高新区，推动大足工业园区加快升级成为国家级经开区，积极促进万州经开区加快扩容，提升双桥经开区、万盛经开区等平台的开发开放水平，形成全市开发开放平台协调布局发展的良好局面。三是推动开放平台差异化协同发展。引导全市各开发平台依托自身区位交通、产业基础、资源要素等特点，布局适合自身发展的产业链环节。推动各类平台在产业对接、招商联动、创新协同等方面加强合作和信息共享，形成对接"一带一路""引进来"和"走出去"的发展合力。

提升全市口岸功能。围绕重庆建设内陆国际物流枢纽，促进口岸功能合理布局和功能完善。一是争取更多口岸布局。支持果园港一类口岸开放，争取设立国家公路一类对外开放口岸和江津小南垭保税物流中心。推进万州机场、黔江机场等航空口岸对外开放，推动万州、涪陵、江津、永川、丰都等区水运口岸建设。争取更多口岸、保税区、保税港区设立。二是完善拓展口岸平台功能。增强铁、公、水、空口岸集运输、分拨、储备、装卸和数据交换、分配、验收能力,强化两路寸滩、西永、江津、涪陵四大海关特殊监管区口岸保税功能,推进汽车整车、进口肉类、粮食、水果和冰鲜水产品等指定口岸功能延伸,争取在果园港设立多式联运监管中心,打造综合性口岸。积极发展口岸经济,强化口岸作业以及保税加工、物流、贸易等基础性功能,鼓励发展转口贸易、总部贸易、跨境电子商务等新业态。

提升"一带一路"开放通道效率。对接国家对外大通道建设,促进中欧班列(重庆)、西部陆海新通道交通基础设施内畅外联。一是提档升级中欧班列(重庆)。争取团结村、果园港、江津珞璜小南垭铁路枢纽三点同时发运,并充分考虑线路方向、产品特点等因素推动三条线路差异化运营,优化运输产品结构,避免资源重叠、浪费。二是拓展西部陆海新通道功能。推动西部陆海新通道国内西部地区省际、城际、县际之间铁路、公路、水运、航空交通基础设施建设,对现有沿线铁路线路实施改扩建优化升级工程,对外加快建设海铁联运、跨境运输、空中运输互联互通体系,着力提升通道物流能力。促进跨区域通关便利化,着力将陆海贸易新通道的物流功能拓展成为贸易通道、旅游通道,提升通道利用价值。

3. 提升对外贸易水平

抓住"一带一路"建设契机,积极创新加工贸易方式,推动一般贸易提档升级,加快发展服务贸易,着力培育贸易新方式,促进全市对外贸易水平尽快提升。

创新加工贸易模式。以国际产业分工深度调整和实施"中国制造2025"为契机,围绕"一带一路"建设,"优进优出"创新发展加工贸易。一是优化加工贸易结构。围绕"一带一路"及全球市场需求,在现有笔记本电脑、打印机等电子信息终端加工贸易的基础上,积极拓展精密仪器、智能机器人、集成电路、平板显示等高端产品的加工贸易,加快培育黄金、珠宝、钻石、首饰、钟表等高档饰品加工贸易。二是探索加工贸易新模式。面向"一带一路"国家，搭建加工贸易转型升级的技术研发、工业设计、知识产权等公共服务平台，积极推动形成"一头在外""两头在外""多头在内、一头在外"等加工贸易模式。

提档升级一般贸易。发展高附加值的一般贸易出口，优化进口商品结构，培育以质量、品牌、技术、服务等为主的对外贸易新优势，保持进出口规模中西部领先地位。一是提升出口商品附加值。稳定电子信息、汽车、摩托车、通用机械等产品的出口优势，进一步巩固和强化轨道交通装备、工程机械装备、通信设备等大型成套装备出口的综合竞争优势，扩大"重庆制造"优质产品出口，向"一带一路"沿线推介自主研发、拥有核心技术的品牌产品。二是优化进口商品结构。鼓励电子信息、汽车、装备制造等支柱产业引进先进技术设备和关键零部件，扩大新能源及智能汽车等战略性新兴制造业先进技术设备进口。

培育壮大贸易新模式。抓住"互联网＋"战略实施机遇，大力创新发展各类新型贸易业态，培育外贸新增长点。一是大力发展保税贸易。依托保税（港）区，吸引知名品牌入驻，发展区域分拨分销中心、区域结算中心及国际贸易企业运营总部，丰富保税商品品种和业态，积极拓展集散分拨、进境维修和检测、委内加工及融资租赁等业务，打造辐射内陆地区的保税贸易中心。二是积极发展跨境电商。加快建设国家跨境电商综合试验区，依托自贸区、保税（港）区等平台，进一步完善跨境电商运行模式、监管方式和管理政策，探索对电子商务外资放开准入限制，引进国内外跨境电商龙头企业，推动境内境外结合、线上线下结合等创新。三是加快发展总部贸易。面向"一带一路"国家，引进贸易集成商在重庆设立区域性总部，加快完善贸易结算等功能，实现"买全国卖全球""买全球卖全国"。四是大力发展转口贸易。以中欧（重庆）班列和陆海新通道等为依托，大力发展转口贸易和过境贸易，吸引周边地区货物经重庆转口至国内外其他地区，培育"一带一路"国家和地区间经重庆开展的转口贸易。

加快发展服务贸易。发挥服务贸易支撑全市对外贸易以及促进服务业加快转型升级的重要作用，全面推动服务贸易加快提升整体实力，使服务贸易成为重庆新的经济增长点。一是巩固发展传统服务贸易。积极拓展"一带一路"沿线国家和地区市场，巩固对外工程承包、旅游等领域的规模优势，重点发展国际物流、建筑等产业，培育特色国际精品旅游品牌，加大资本技术密集型服务领域发展的培育力度，积极推动文化服务出口。二是提升服务外包竞争力。规划建设一批特色服务外包出口基地，积极拓展服务外包行业领域，推进服务外包业务向产业价值链高端延伸，着力提高服务外包高端业务比重，加快建设国家级服务外包示范城市。三是探索服务外包新模式。围绕"一带一路"建设，依托大数据、云计算、移动互联网、物联网等新一代信息技术加快创新服务外包的发展方式，形成服务外包发展新模式。打造服务贸易的新型网络平台，大力发展商业、运输物流、金融等领域的服务贸易，加快发展对外文化贸易。

4. 提升经济开放水平

围绕"走出去""引进来"，瞄准"一带一路"沿线国家市场，积极推进国际产能合作，强化招商引资，提升利用外资水平，推动"走出去"多元化，加快提升全市经济开放水平。

积极推进产能合作。充分发挥重庆装备及技术优势，围绕重点行业，积极开展国际产能合作，带动重庆产业转型升级及设备、技术"走出去"，提升基础设施"硬联通"和经贸合作水平。一是面向发达国家开展产能合作。对于"一带一路"沿线发达国家，包括辐射区域的欧洲等发达国家，以并购高新技术等先进要素为重点，获取技术、研发能力、品牌、销售渠道等关键性要素，提升企业整体竞争力，并联合开发"第三方"市场。二是面向新兴市场国家开展产能合作。在"一带一路"新兴市场国家，加大重庆优势汽车、轨道（特别是单轨）等优势产业境外绿地投资力度，推动风力发电设备、水力发电设备、轨道交通和输变电网络相关设备加快走向海外市场，参与"一带一路"中亚、非洲、南非等区域基础设施建设，带动国内相关机械、电力、电气设备及机电产品出口。

提升利用外资水平。利用外资是一个地区扩大对外开放的重要举措，要准确把握全球新一轮科技革命和产业变革的新趋势，积极承接国际产业转移，与"一带一路"沿线国家一道主动参与全球产业分工。一是拓宽利用外资渠道。创新利用国外资金方式方法，通过商业保理、融资租赁等新业态进一步拓宽利用外资渠道。稳妥推进市内金融机构和企业赴境外发行人民币债券，支持海外企业开展飞机、船舶、大型成套设备租赁，实现投资贸易一体化发展。引导国内外资金投入重庆市 PPP 项目，鼓励外资投向科技中介等公共科技服务平台建设。二是优化利用外资领域。按照全市"3＋8"行动计划，围绕"2＋7"工业重点领域，结合战略性新兴产业发展状况，大力开展产业招商引资。有序提升金融、文化、医疗、教育等服务业和公共服务领域的对外开放水平，鼓励内外资投向现代农业、高新技术、先进制造业等领域，着力引进高技术含量、高端环节的外商投资。三是创新招商引资模式。参照西安、郑州、武汉等城市，加强与长江经济带中心城市合作，在绿色发展中共同开展国际合作。围绕创新链完善资金链，促进外商投资企业引进先进技术和高端人才，推进引资与引智、引技相结合。大力推广全价值链"垂直整合"招商模式，吸引外资在重庆围绕价值链全流程广泛布局研发、设计、生产、销售、结算等环节，全面提升招商引资规模和质量。

提高"走出去"质量。促进外宣、外资、外贸、外经、外事紧密结合，引导企业参与"一带一路"沿线国家投资合作，积极支持企业开展多种形式的合作，提升外向型经济水平。一是突出"走出去"重点国家（地区）。围绕"一带一路"建设，按照"五通"要求，综合考虑双边国家关系、双方合作意愿、人文地理条件、产业配套情况、市场需求等各方面因素，有序推进市内企业在"一带一路"沿线国家及地区，特别是与重庆市建立国际友好城市的国家和地区进行布局，鼓励重庆企业抱团"走出去"，推进优势产业向重点国家（地区）的境外产业园区聚集。二是推动"走出去"多元化。根据"一带一路"沿线国家和地区的发展状况，推动汽车、轨道交通、建材、清洁能源等相对优势产业开展国际产能合作以及装备制造合作，鼓励有条件的重庆企业在全球范围内建立组装和生产工厂、研发机构和营销中心，鼓励重点企业和大型企业集团以强强联合方式开展境外矿产资源勘探、开发、技术合作和海外并购。三是完善"走出去"机制。搭建服务全市企业的"走出去"综合服务平台，不断提升境外投资项目推介及对接服务水平，通过"抱团出海"、"借船出海"、联合投资等多种形式，防控"走出去"风险。围绕"一带一路"重点区域和"走出去"领域，调整和优化"走出去"财政支持政策，深化境外投资企业备案制改革。

5. 不断提升城市国际化水平

围绕重庆融入"一带一路"开放型经济体系发展需求，放大自身优势、补足发展短板、完善服务功能，提升集聚辐射能力，加快国际化发展进程，提升城市国际化水平。

打造国际交流合作平台。深入挖掘重庆独特的自然和文化底蕴，提升全市国际交往水平，全方位、多领域推进国际交流合作，着力打造西部国际交往中心。一是加强与其他国家城市的交流。发挥中新互联互通项目示范效应，深化与新加坡战略合作，推动重庆与"一带一路"沿线国家建立更高层次的合作关系，吸引更多国家和商务机构来渝常驻。探索建立与各种区域性组织、国际多边组织密切交流合作的有效机制。在悦来设立重庆国际领事馆（国际组织代表处、办事处）办公区，积极与欧盟、非洲、东北亚和东南亚等地区的国家城市缔结友好城市，互办城市文化友好年。引入"一带一路"沿线国家和地区新闻传媒机构在重庆设立驻中国西部地区的办事处、代表处和记者站等机构。二是打造国际化会议会展和赛事平台。依托智博会、西洽会，不断提升办会档次、规模和国际影响力，将智博会和西洽会办成具有国际影响力的行业发展盛会。支持"一带一路"国家元首会晤、国家级甚至世界级展会论坛赛事落地，探索建立丝绸之路"国际城市联盟""丝路市长论坛""新丝绸之路论坛"，创办国际陆海贸易新通道物流金融高级论坛。争取承办世界

500强企业高峰论坛等大型国际会议。打造一批国际化赛事平台，积极承办篮球、足球、网球、羽毛球等国际顶级赛事。

促进城市服务国际化。结合国际化现代城市建设，完善与国际标准接轨，提供安全、便捷、周到的国际化公共服务，提升城市服务国际化水平，营造智慧化、智能化、人人向往的国际化宜居环境。一是建设国际化公共服务体系。建设与国际化现代城市相适应、开放包容的健康医疗体系。探索建设重庆（西部国际）医疗城，争取推动西南质子医疗中心在重庆布局。大力发展国际特色教育，布局建设国际化学校，支持市内学校与国外知名教育机构联合创办覆盖素质教育、职业教育、继续教育的多领域优秀国际课程体系。建立在渝外籍人员服务管理综合信息共享平台，将长期在渝工作、学习的外籍人士逐步纳入基本医疗保险、工伤保险和失业保险等公益性保障范畴。二是完善涉外服务平台。推动语言环境国际化，逐步推动政务服务网站、区域门户网站等实现多语种服务。在全市主要涉外场所、交通要道（站点）、博物馆、图书馆、文化馆、旅游景区等区域规范多语种标识。推动大型社区设立外语交流平台（如英语区、德语区、法语区等）。在江北嘴、礼嘉等外国高管、留学生、外资企业相对集中的地区，建设集涉外餐饮、购物、酒吧、酒店、康体等功能于一体的国际街区。

推进多领域开放合作。以全面扩大开放为引领，有序推动教育、文化艺术等领域对外开放，努力形成与国际接轨的开放格局。一是推动教育开放合作。学习借鉴厦门大学在马来西亚建立厦门大学国际校区经验，推动重庆相关高校在老挝、柬埔寨等"一带一路"沿线国家布点合作建校（院）。借鉴卡塔尔教育城吸引康奈尔大学、卡内基梅隆大学等名校开办海外分校的经验，通过政府与国外名校和国际友好城市签署合作备忘录的方式，以政府投资平台或基金作为民事主体提供资金模式，引进"一带一路"沿线国家和地区知名高等院校入驻重庆设立分校。二是加强文化艺术开放合作。积极邀请"一带一路"国际组织负责人、顶级学者专家来渝开展学术交流和研讨，支持市内拔尖人才定期到"一带一路"沿线城市进行访学。建立高效灵活的高科技人才管理与使用机制，吸引"一带一路"沿线国家和地区知识精英来重庆创业。邀请"一带一路"沿线国家和地区著名文化艺术团体、艺术大家来重庆演出知名优秀剧目。组织重庆艺术家创编反映重庆巴渝风貌乡土人情的剧目，与"一带一路"沿线国家和地区开展友好文化艺术交流，推动重庆特色文化产品巡演，传播重庆文化，唱响重庆声音。

6. 创新完善开放型经济体制机制

全面深化开放型经济体制机制改革，建立完善与国际接轨的法治化、市场化营商环境，提升贸易投资便利化水平。

推进国际化、法治化、市场化接轨。一是构建与国际接轨的投资规则体系。深化外商投资和对外投资管理体制改革，全面实行准入前国民待遇加负面清单管理制度，建立企业投资项目管理权力清单和责任清单制度，建立与国际高标准规则衔接的制度体系。深化外资审批体制改革，在一定领域、区域内先行试点企业投资项目承诺制。二是构建公平公正的法治环境。将法治理念贯穿经济社会发展始终，营造内外资企业一视同仁、公平竞争的环境，确保政策法规执行一致性。深化与国际司法界交流合作，推动建设国际商事仲裁机构。完善社会信用体系建设，加大知识产权保护力度。三是促进市场公平竞争。深化经济体制改革，建立与国际接轨的开放型经济政策体系，构建统一开放、竞争有序的市场监管规则。

促进贸易投资便利化。一是深化国际贸易"单一窗口"建设。创新口岸通关模式，在"监管互认、信息互通、执法互助"和"一次申报、一次查验、全线放行"等方面与"一带一路"沿线各国加强通关一体化改革。开展贸易全链条信息共享和业务协同，实现内陆不具有口岸开放功能区域与边境铁路口岸之间物流运作和通关作业的无缝对接和深度融合。二是探索完善多式联运规则。打破既有口岸管理和物流运行模式，争取将果园港打造成为多式联运试点，在单证、信息、安检等标准互通，以及铁路、水运、公路、航空口岸通关整合一体化方面开展积极探索。三是提升投融资便利性。在自贸区稳步推进资本项目收入结汇支付便利化试点，探索建立本外币统一规则的自由贸易账户体系，促进跨境投融资便利化和资本项目可兑换。

着力打造一流营商环境。一是持续深化"放管服"改革。深入政务服务流程再造，最大限度精简审批环节和审批事项，压缩项目审批时间。构建完善全市一体化网上政府服务体系，加强跨区域、跨系统、跨部门、跨业务并联申办审批，推动"一网、一门、一次"政务服务办理。二是完善产业支持政策体系。严格执行、适时修订新增产业的禁止和限制目录，分行业出台促进高精尖产业发展政策。完善现有外经贸发展专项政策，扩大资金规模，优化支持内容、范围和方式。鼓励金融机构扩大出口信用保险规模，设立国际产能合作投资基金，建立健全支持科技创新的国际金融合作机制。三是完善城市国际化服务功能。加大外交机构、国际组织机构、国际商业机构引进力度和友好城市结交力度，健全城市公共领域多语种引导标识，建设一批智能低碳的国际化社区，提供更加完善的国际就学、就医服务等，打造全市宜居宜业的绿色生态发展环境。进一步加强在渝外国人服务管理，提升外籍人士签证申请、停居留、出入境便利性。

（三）推动科技教育文化卫生软实力建设与合作

1. 加强科技领域合作

随着科技的发展和进步，国际科技合作越来越广泛和深入。重庆也要充分利用地域优势、学科优势等有利因素，认清前景广阔的合作形势，加强与沿线重点国家的科技合作与交流，为两国创造更多的经济效益和社会效益。当前重庆应以沿线重点国家为立足点，因地制宜与各国开展国际科技合作，以期建立长久和稳固的合作关系。

针对最优合作国新加坡，依托中新（重庆）战略性互联互通示范项目，集中在金融、生物医药、信息通信、物流等领域进行科技合作。重庆应以创新平台为支撑，落实两江新区与新加坡国立大学共建新加坡国立大学（重庆）研究院的战略框架协议，积极开展高端研发平台、高新产业孵化基地和教育培训中心建设。并依托国家西部创新中心的平台，加大对新方优秀科技人才的引进力度，加强对符合条件的高层次人才在落户、医疗、教育等方面的服务保障，聚集高端人才，积极开展与新加坡金融科技项目的合作，为两地金融科技的发展和市场之间资金的有效流动创造巨大的协同效应。

针对东南亚、南亚地区国家，应在农业、基础设施、电子信息等领域加强科技转移、合作与交流。一是依托重庆市高校及科研院所平台资源，共同培养科技人才。支持东南亚国家科学家来渝从事短期科研活动，以越南、泰国关注的农业科技领域，印度关注的电子信息、移动支付等领域为重点，开展授课、交流实地考察等多种形式的短期培训，为越南、泰国等国培育科研及管理人才，提升重庆市科技人才的国际化水平。二是实施"一带一路"技术转移行动，支持国际技术转移中心建设。在电子信息领域与泰国、马来西亚进行技术研发合作，充分发挥重庆市科技成果转化交易市场的作用，聚集一批跨国电子信息技术转移服务机构；支持国际技术转移中心建设，构建"一带一路"技术转移协作联盟，促进与沿线国家间先进电子技术转移。三是支持企业承担对东南亚和南亚基础建设项目。鼓励重庆本土企业开展与印度尼西亚、菲律宾等国在交通、通信、水电等基础设施项目中的合作与对接，加大对企业开展与东南亚、南亚科技合作的支持力度，采取科技计划资金优先配套支持的方式，引导其扩大对外科技合作交流规模，进一步提升优势产业竞争力。四是开展多元化科技人文交流活动。针对马来西亚在生物技术及电子信息技术领域的优势产业及印度在能源科技、信息技术和软件服务的优势技术，积极将重庆市高端智力资源与其对接，寻求建立科技合作联盟；支持引进国际组织和科技民间组织，加强沿线国家民间科技组织之间的交流合作；组织策划以"一带一路"为主题的重大国际科技交流活动。

加快与中东欧国家的科技合作，在生物制药、医疗保健、人工智能等领域实现优势互补。一是依托重庆自由贸易试验区、两江新区、特色工业园区等优势，与匈牙利、捷克在智能终端、临床医学等领域开展科技成果转化等创新创业活动，支持企业与中东欧国家科技园区内的高科技企业、研发机构、行业组织等积极开展技术研发项目对接与合作,以期建立良好的合作机制,助推双方科技创新体系的形成。二是加强对中东欧国家在数字与人工智能、个性化医疗、航空材料等领域高新技术的引进及成果转化。依托两江新区高科技产业园区这一优质平台,以高校资源为动力,以人才合作项目为保障,实现"产学研"相结合,促进重庆市发展由从要素投入驱动转向创新驱动,推动重庆市科技产业发展迈上新台阶。三是发挥重庆市在"一带一路"建设和"西部大开发"战略中的支点地位,依托两江新区、高新区等创新平台,推动重庆与中东欧先进制造产业园区的建设,在生物科技、环保技术、医疗健康、智慧物流等领域开展合作。

2. 加强教育领域合作

教育软实力是文化自信的重要体现,可以实现"民心相通",也是经贸深度合作的必然需要。重庆在教育软实力的建设中也应针对不同国家及领域发挥优势,突出特色。

东南亚、南亚地区的国家是中国进行职业教育合作的重点区域之一。作为教育领域的重要组成部分,职业教育以实用性强的特点,在消除贫困、增加就业、促进经济发展等方面发挥着独特的作用。针对东南亚职业教育不足的情况,重庆应与东南亚及西亚国家大力开展职业教育合作,填补重庆市与马来西亚、越南、菲律宾等国高职教育领域交流与合作的空白。在国家和相关部门支持下,积极联合重庆工商大学、重庆医科大学和国家电投集团远达环保工程有限公司等单位在重庆市开展国家技术培训班,在语言、卫生、金融、外贸、农业、旅游、通信信息、防灾救灾、环境保护等多个领域为东南亚部分国家开展职业技能培训。并依托重庆工程学院、重庆工业职业技术学院与重庆力帆实业(集团)在海外建设国家工程师实训基地,面向沿线国家急需建设的行业,开展高铁、电信运营、跨境物流、土木工程等课程培训。一定程度提升东南亚地区的劳动力质量,力争为东南亚的经济发展输送一批合格的技术性人才,促进东南亚政治、经济、文化等各方面良性发展。

对于中东欧国家，重庆应当大力加强语言学习、高等教育合作及留学生培养合作。加强重庆优势学科建设，夯实国际教育软实力基础。充分发挥市内高校语言教育教学优势，支持鼓励高校拓展"一带一路"沿线国家非通用语种专业建设，提升重庆大学、四川外国语大学、西南大学、四川美院等高校的国际化水平。双方高校应优化专业、课程和学科设置，积极开展商学、工程类、国际法、农学、语言、艺术等学科的交流。鼓励市内高校、科研机构、智库与中东欧国家的科研院所（如罗马尼亚科学院、匈牙利研究所）及当地著名高校（如华沙大学、布拉格大学等）组建跨学校、跨学科的具有国际水准的交叉学科研究院（中心）及研究生交叉培养平台并建立长期合作关系。支持市内有关高校积极面向沿线国家招收一批高素质留学生，提升学术交流互访频率。通过校际专家双聘方式和联合培养研究生等形式，促进物流管理、电子商务、语言学等重点学科建设，布局学科重点发展领域，加强科研联合攻关项目合作。着力打造"一带一路"学术交流平台，努力将重庆建设成为西部国际人才培养和培训基地。吸引各国专家学者、青年学生开展学术交流，推进学术共享、教育资源共享进程。

重庆在教育软实力的构建中也应注重"引进来"和"走出去"相结合，鼓励有条件高校参与沿线国家孔子学院建立工作，并在沿线重点国家设立孔子学院，以教育为媒介，提升重庆教育的国际影响力，推进文明交流互鉴。

3. 加强文化领域合作

东南亚国家深受中华文化影响，在与重庆市进行文化交流过程中，更容易相互理解彼此之间的文化差异，更容易在文化相互融合中迈向更高层次。在构建重庆市文化软实力的过程中，应当积极推动与东南亚国家的文化交流与旅游业融合发展。在文化交流层面应积极输出一系列具有地方特色的文化产品，如荣昌折扇、綦江版画、秀山花灯等，不断提升东南亚人民对于巴渝文化的认同度。此外，充分发挥华人华侨在文化交流中的促进作用，依托重庆石宝寨"中国华侨国际文化交流基地"的平台优势，定期邀请华人华侨来渝开展文化交流活动，传播重庆特色文化，"以侨为桥"积极推动政府间及民间宽领域多层次的文化交流。在旅游业融合发展方面，积极推动旅游交流便利化。重庆应加大旅游市场营销力度，继续在东南亚地区开展旅游营销推广活动，大力拓展东南亚客源市场。增加直飞东南亚热门景点的航班数量，提升东南亚旅游签证发放的效率，通过蓬勃发展的旅游业，增进重庆与东南亚各国的文化交流。

对于南亚地区，加强与印度的文化贸易合作，包括音像制品、海外演出、电影等。一是培育具有国际竞争力的文化企业集团，打造重庆文化品牌。充分利用重庆独具特色的文化资源，积极向外推广川味、川剧，加快发展自己的特色文化产品，并形成品牌，积极推动文化产品走进印度市场。二是在中印文化贸易合作中积极打造"互联网+文化"新模式。双方文化贸易应依托互联网、云计算等新兴技术进一步拓展文化产品的传播渠道，创新传播方式，丰富传播内容，扩大传播范围，拓展中印文化贸易合作新路径。斯里兰卡具有独特的文化和旅游资源，应积极进行旅游合作。双方可以举办旅游合作论坛、旅游行业高峰会议以及互办旅游年等大型旅游节事活动，以此为契机吸引双方旅游从业者加强关注和相互沟通。双方要提供政策上的便利，包括在旅游签证的便利化、关税、边防边检、质检、口岸建设等方面加强政策上的沟通与合作。

对于中东欧国家，应当加强重庆本土特色文化的传播与扩展，积极开展文化交流活动，不断缩小文明的鸿沟和文化的差异。一方面要促进重庆文化"走出去"，加强国际合作交流，扩大对外文化传播，推动文化交流常态化。整合全市艺术、文物、非遗、出版、影视资源，积极参与对外文化交流活动，整体呈现和输出巴渝文化品牌。面向"一带一路"尤其是"渝新欧""渝昆泛亚通道"沿线重点国家，集中开展"欢乐春节""重庆文化周""巴渝风情展"等活动，广泛传播大足石刻、恐龙化石、川剧、杂技、当代艺术、渝版图书和影视剧等特色品牌。依托"经典中国""丝路书香""丝绸之路影视桥"等国家工程，开发外向型的巴渝文化产品。积极推动"'一带一路'国家人文交流"基地在重庆落地。探索建立文化保税区，设立保税商品展销中心，为文化外贸提供通关便利，打造西部对外文化贸易基地。另一方面要加强国家间、城市间友好往来，加强与沿线重点国家中心城市缔结国际友好城市关系，不断扩大"一带一路"沿线友好城市规模，争取与波兰、匈牙利、罗马尼亚等中东欧国家中心城市建立国际友好城市关系。并配合孔子学院、中国文化中心在友好城市积极开展文化年、文化周交流活动，唱响重庆文化品牌。探索常态化、全天候交流合作机制，拓展文化交流深度广度，不断提高重庆市在"一带一路"沿线国家国际影响力，打造重庆品牌，使重庆成为"一带一路"合作高地。

4. 加强卫生领域合作

卫生领域的交流合作为重庆与沿线重要支点国家深化多领域的合作奠定了坚实的民意基础。针对东南亚、南亚部分国家卫生基础薄弱，公共卫生资源不足的情况，重庆市应当积极进行卫生援助工作。一是针对印度、泰国、菲律宾等热带疾病高发区，主动给予医疗支援。集中重庆市优势医疗资源，依托西南医院、新桥医院、重庆医科大学等医疗平台向外派遣医疗队，进行对外卫生援助，聚焦于捐赠药品、设备，开展"光明行"公益医疗活动，实施传染病疫情暴发的公共卫生援助等一系列工作。同时在当地援建包括综合性医院、流动性医院、中医中心等在内的医疗设施项目。二是加大对印度尼西亚、越南等国卫生人力资源开放合作的力度。为当地提供卫生技术人员和管理人员的培训，包括中医理疗、护理培训等项目。在此基础上对接重庆市第三军医大学、重庆医科大学的优质教育资源，为当地留学生进行高水平高层次的学历学位教育。

中东欧国家拥有较强的生命科学产业和完善的监管体系，重庆应积极与其开展医疗卫生合作和技术交流。一是加强双方医疗平台合作，将"引进来"与"走出去"相结合。一方面，探索中东欧对口国家在重庆市自贸区内设立中外合资、合作医疗机构，引进先进理念、技术和管理模式，并形成可推广经验。对接匈牙利、捷克等国医疗卫生领域的先进经验，对接两江新区大健康产业发展趋势，争取引进中东欧医疗机构在渝设立国际医院、康复中心、养老院等机构。另一方面，鼓励市内有条件的医疗机构和社会资本与中东欧国家医疗机构合作，在境外建立一批高水平医疗机构，吸引境外消费者到国内接受中医药诊疗、中医药养生保健、中医药教育培训等服务，着力推动市内有条件中医医疗机构的"走出去"进程，提升市内医院国际化水平。二是积极发展以医疗旅游为主的医疗服务贸易。以捷克、波兰为代表的中东欧国家有着丰富的医疗旅游资源，"一带一路"建设为重庆医疗服务扩大开放开创了良好机遇。重庆市应加快面向中东欧国家扩展医疗服务的开放通道，为医疗旅游发展创造制度环境。重庆市应放宽对医疗旅游签证的限制条件；建立医疗保险合作机制，把公共医疗保险的地域范围扩大到中东欧国家；建立医疗卫生机构、卫生健康委员会、旅游、商务、公安、外交等多部门参与的医疗服务贸易协同联动机制，实现相关部门之间和政策之间的衔接联动，形成强大合力。搭建医务人员培训平台，系统引入中东欧国家医疗服务体系。重庆市应加大双方医疗机构及高等院校的交往，依托华沙医科大学、卢布林医科大学开展一系列医疗培训项目，学习中东欧国家先进的医疗理念及技术，为重庆市医疗服务行业发展培育一批优质人才。以两江新区为载体，引入波兰、匈牙利、捷克等国优质医疗资源及服务体系，提档升级健康服务体系。

因地制宜结合重庆市康养资源，打造具有重庆特色的医疗服务品牌。整合现有温泉资源并根据不同理疗功能进行分类规划，打造医疗旅游特色产品，发挥旅游产业集群化作用。同时，依托重庆丰富的中药材资源，如石柱黄连、垫江丹皮、巫溪川党、江津陈皮等，积极开发食疗配套产品并结合中医及少数民族特色医疗。这不仅有助于重庆医疗服务品牌的打造，也有利于推动重庆市医疗服务业的发展。

表1-6　重庆市软实力建设与合作项目情况

序号	项目名称	领域
1	中国（西部）国际技术转移中心	科技
2	"一带一路"国际科技论坛	科技
3	"一带一路"国际人才西部培训基地	教育
4	"一带一路"国家工程师实训基地	教育
5	中国（西部）研究生交叉培养平台	教育
6	"一带一路"国家人文艺术交流周	文化
7	"一带一路"旅游行业高峰论坛暨旅游产品博览会	文化
8	中新卫生医疗合作十年计划	卫生
9	中国—东南亚中医理疗培训项目	卫生
10	国际合作纠纷西部仲裁中心	法律

六、相关政策建议

（一）国家层面

1. 统筹建立国内外协调机制

发挥好重庆在推进共建"一带一路"中的带动作用，推动建立国家层面对内对外统一协调机制，推进重庆及西部相关省份与"一带一路"沿线国家的协调与合作。一是统筹解决与沿线国家合作的难题。建立沿线国家基础设施建设协调机制，助推跨国铁路、公路等运输、运载标准设计和有效衔接、统筹，解决跨境运输中政策和标准不对等的问题。建立铁路、海运有效衔接机制，提高跨境运输通关物流效率，全面落实国际货运班列、海运监管互认、信息共享、执法互助。二是加强重庆与西部相关省份的合作。推动落实中欧班列规划和共建西部陆海新通道规划，完善中欧班列、西部陆海新通道运行机制，提高铁路国际集装箱多式联运组织管理水平，加强铁路运量、运价、运力、安全等方面的协调。

2. 协同打造国际物流联盟

支持由重庆市政府牵头建立国际物流合作机制，联合西部相关省份、运营公司、货主以及沿线国家或地区等共同设立国际物流联盟，秘书处常设于重庆。一是统筹建立跨省份、跨部门、跨口岸协调机制，支持重庆联合西部省份，建设多式联运国际枢纽，完善利益分享机制，加强国内海关协调合作，促进区域通关便利化。二是组建区域性国际物流公司，联动沿线西部各省份打造重庆运营中心、运营平台和物流枢纽，加大货物转运优惠政策支持力度。三是加强国际物流品牌宣传和运输管理。争取由国家商务部、全国工商联、中国贸促会和重庆市人民政府共同发起，每年举办国际物流博览会、国际投资暨全球采购会、国际智库论坛。

3. 优化建设内陆开放多层次枢纽平台

争取国家在西部地区布局更多开发开放平台，对标东部发达地区外向型经济政策，完善各类口岸功能，提高进出口货物集散能力，共建"一带一路"。一是国家要支持西部地区开放开发平台的发展，使之享受与东部地区相同政策。结合共建"一带一路"实际需求，支持西部地区落地更多的国家级新区、经开区、高新区以及自主创新示范区。支持西部地区借鉴东部地区物流、金融等领域的开放政策，积极探索创新国际贸易、投融资便利化、金融开放等体制机制。二是支持果园港一类口岸开放，争取设立国家公路一类对外开放口岸。支持果园港完善口岸开放功能，设立国际大宗商品交易中心，推动果园港向集外贸、物流、加工、仓储等多元经济口岸转变。完善重庆公路物流基地功能，通过智博会、西洽会等引导国内企业与东盟企业对接，拓展进出口贸易、转口贸易等业务覆盖范围。三是支持建设重庆内陆自由贸易港，学习借鉴中国香港特别行政区、新加坡等国际自由贸易港建设经验，启动果园内陆自由贸易港区建设，有效推进"境内关外"制度先行先试。

4. 构建口岸开放和国际、区域合作新机制

争取国家支持，围绕口岸开放政策创新，不断创新国际、区域合作机制，在更大领域、更深层次、更高水平拓展对外贸易的新空间、新模式、新业态。一是争取放开公路、铁路、航空、水运等内陆一类口岸设置的国家限制性条

件，增加重庆各类指定口岸、转运口岸的数量并扩大其业务范围，减少开放口岸设立限制。支持在物流基地建设具有海关、检验检疫等功能的铁路口岸等。二是改革现行中铁联营统筹机制，建议创新铁路统营、统运管理体制，将货物编组功能下放到重庆、阿拉山口等主要节点城市和口岸，从体制上保障这些城市和口岸的集货功能作用。三是推动国际和区域合作机制加快创新，制定统一的通关制度，出台系统性政策，加强沿线国家海关国际合作，推进信息互换、监管互认、执法互助的合作机制创新，提升通关便利化水平。

5. 争取国家给予更多政策支持

重点围绕物流、产业、人文等领域，积极对接国家规划及政策，争取给予参与共建"一带一路"的地方政府、国内企业更大的政策、资金、税费支持。一是设立"一带一路"与长江经济带融合发展示范区。发挥重庆承东启西、连接南北的独特区位优势，依托西部陆海新通道，争取国家支持设立"一带一路"与长江经济带融合发展示范区，把重庆建成丝绸之路经济带的重要战略支点、长江经济带的西部中心枢纽、海上丝绸之路的产业腹地。二是发行特别国债支持重庆等西部地区铁路、公路、水运、航空等重大基础设施建设，争取以国家政策支持推动西部陆海新通道、中欧班列（重庆）沿线铁路、港口等基础设施提档升级。三是争取亚洲基础设施投资银行、丝路基金、国家政策性银行、中央财政资金及地方财政、社会资本共同出资设立产业基金，支持面向南亚、东南亚、中东、非洲等区域的产业合作、对外投资等。四是设立财税专项补助资金，对航空物流、国际航线、铁路运费、质押融资、货物保费等给予专项资金补贴，降低物流价格，提高通关便利化水平。五是加强中央税费减免优惠，给予"公、铁、水、空"转口、集运类物流企业增值税财政补助。六是制定针对性的产业政策，积极探索与"一带一路"沿线国家共建工业园区等形式，推动其汽车、电子、装备制造等优势产业"走出去"，拓展国际产能合作。七是积极向教育部争取世界名校选址重庆，支持重庆组建中外合作办学研究平台，普通高等教育强化以英美为主的合作办学，职业教育强化以德澳为主的合作办学。

（二）重庆层面

1. 直面外贸物流诉求，尽快推出政策优化方案

随着重庆融入"一带一路"的广度和深度进一步拓展，重庆与"一带一路"沿线国家（地区）的外贸物流和联运物流，持续出现新情况和新问题。作为重庆地方政府部门，下一阶段，应顺应国内外最新变化，及时制定新解决方案，助力重庆在持续降低物流成本、提升物流效率方面取得新的突破。一是直面外贸清关的物流成本问题，推出降低外贸成本的专项扶持政策。适应国家最新海关清关要求，针对重庆企业产生的额外清关成本，出台专项重庆外贸运行支持政策，设立专项产业发展基金，产生相应费用的海关与重庆基金进行季度结算，降低因重庆身处长江上游产生的附加外贸物流成本。二是针对多式联运的物流成本问题，推出专项转运费用支持政策。针对重庆自身"铁空水"联运硬件、软件衔接不畅导致的成本增加问题，制定专项支持政策，降低物流成本。

2. 针对人才和资金短板，提速出台优化改进政策

直面内陆地区人才、金融集聚短板，积极效仿沿海发达地区政策做法，适应重庆融入"一带一路"发展诉求，提速出台人才、金融系列扶持优化政策。一是针对人才集聚短板，主动改变政策措施制约难点。如针对人才国际交流短板，汇集院校、研究机构意见，梳理人才国际交流审批流程，解除各类审批制约政策环节，畅通高级人才沟通交流渠道。二是针对金融要素集聚制约，以双向流动为重点，探索金融开放创新的措施亮点。积极利用自贸区和中新示范项目政策叠加优势，制定专项国际融资支持政策，允许"一带一路"沿线国家（地区）在重庆利用相关政策，获取更多外国债券基金资金支持。研究设立重庆国际产能合作引导基金，推动重庆与"一带一路"沿线国家地区双向投资。

3. 进一步对接国家政策，打造新的行政效能优势

以解决开放制约问题为出发点，积极落实国家相关开放改革创新政策，争取以更高效的落地措施，打造更多集聚优势。一是及时跟踪国家部委出台的相关政策。持续出台对接产业、贸易、物流及机制优化的落地方案和对接措施，持续打造内陆物流集散辐射的成本优势和效率优势。二是主动跟进"一带一路"发展步伐，及时出台重庆与"一带一路"沿线国家和城市的开放合作发展工作方案。及时发布重庆与"一带一路"沿线国家和城市的合作发展指导意见和重大项目推进时间表。三是进一步明晰部门职责和考核评估工作。制定市级各行政部门的开放服务职能工作手册，并对社会各界公开。建立"一带一路"行政服务意见的专项反馈渠道、整改信息回复平台和行政追责机制。建立"一带一路"行政服务效能定期评估机制。

专题一

重庆融入"一带一路"内陆国际物流枢纽建设研究

一、重庆建设内陆国际物流枢纽的形势与要求

（一）重庆融入"一带一路"的内涵和必要性

1. 重庆融入"一带一路"的内涵

（1）"一带一路"的内涵及合作重点

"一带一路"倡议旨在积极发展与沿线国家的经济合作伙伴关系，建立新型区域合作机制，以推动政策沟通、设施联通、贸易畅通、资金融通和民心相通为重点，共同打造政治互信、经济融合、文化包容的利益共同体、命运共同体和责任共同体。"一带一路"的实施，对于促进我国全方位对外开放具有重要意义。

（2）重庆融入"一带一路"的重点和内涵

重庆融入"一带一路"要依托自身发展优势，紧密围绕"一带一路"愿景和合作重点，实现与沿线地区在基础设施、对外贸易、人文教育等方面的融通发展。因此，重庆要以推动基础设施建设为抓手，以构建内陆国际物流枢纽为重点，将自身发展与国家战略的实施深度融合。具体来讲，重庆融入"一带一路"的内涵是：

把脉"一带一路"建设要求，统筹国际国内两个市场，依托重庆"两带"结合部的区位优势和国际物流产业特色优势，将重庆建设成为面向欧亚物流的辐射中心和国际物流的内陆高地，打造具有现代物流设施、完备物流产业、高效物流服务、一流国际影响的内陆国际物流枢纽，促进与沿线国家多领域的融通发展。

2. 重庆融入"一带一路"的必要性

（1）重庆的战略定位要求融入"一带一路"

2016 年，习近平总书记视察重庆时提出，重庆是西部大开发的重要战略支点，"一带一路"和长江经济带的联结点的定位，明确了内陆开放高地、山清水秀美丽之地的建设目标；2018 年，全国两会期间总书记参加重庆代表团

会议审议时，提出了努力推动高质量发展、创造高品质生活的发展目标；2019年，习总书记再次赴重庆视察指导，提出重庆要努力在推进新时代西部大开发中发挥支撑作用、在推进共建"一带一路"中发挥带动作用、在推进长江经济带绿色发展中发挥示范作用的殷切期望。习近平总书记多次对重庆发展作出指示，先后提出的"两点""两地""两高""三个作用"，充分阐述了重庆战略定位的具体内涵。

深度融入"一带一路"是重庆战略定位的应有之义。"两点"的战略定位，不仅体现了重庆的战略区位优势，同时赋予了重庆更大的使命和责任，要求重庆充分发挥战略联结点的区位优势，深度融入"一带一路"建设和长江经济带发展，加快形成陆海内外联动、东西双向互济的新格局。发挥"三个作用"的要求，则是重庆面临的重大发展机遇，要求通过融入"一带一路"建设，构建内陆开放高地，形成新的经济增长点，在服务国家对外开放的同时辐射和带动西南、西北地区经济社会发展，从而努力在推进新时代西部大开发形成新格局中贡献重庆力量，不辜负总书记的嘱托与希望。

（2）经济社会高质量发展要求重庆融入"一带一路"

2017年，党的十九大提出我国经济已由高速增长阶段转向高质量发展阶段；2018年政府工作报告首次提出要进一步拓展开放范围和层次，完善开放结构布局和体制机制，以高水平开放推动高质量发展；2019年政府工作报告中强调要坚持推动高质量发展，坚持以供给侧结构性改革为主线，坚持深化市场化改革、扩大高水平开放。

重庆是传统老工业基地，在我国经济由高速发展转向高质量发展的阶段，逐渐暴露出产业结构不合理、创新能力不强、竞争力不足等问题，亟须加大供给侧结构性改革力度，加快产业转型升级，增强经济活力，提升发展质量。对接经济高质量发展的要求，需要重庆加快融入"一带一路"，充分发挥原有区位、经济、产业、外贸及交通基础设施优势，加强与"一带一路"沿线国家交流合作，拓展对外开放范围，为地区注入发展新活力。同时，经济社会的高质量发展也应当顺应人民期盼，服务人民生活。重庆融入"一带一路"，搭建开放的平台、促进投资贸易的便利化、增进与沿线国家经济文化交流，最终的落脚点都在于满足人民对美好生活的需要，提升人民的幸福感和获得感。由此可见，融入"一带一路"是重庆推动经济社会高质量发展的必然要求。

（二）重庆融入"一带一路"对建设内陆国际物流枢纽的新要求

1. 推动对外贸易通道建设，拓展对外贸易交流

目前，重庆已依托中欧（中亚）班列及多式联运，开辟了"渝新欧""渝满俄""渝甬""渝黔桂新"等 4 个方向的对外贸易通道；依托江北国际机场开通了空中贸易通道。贸易通道开通以来货运量持续增加、货物品类不断丰富，为重庆的经贸发展和对外开放做出了突出贡献。然而，重庆对外贸易通道的建设和发展，仍与自身战略定位存在差距，对服务"一带一路"的支撑作用有待进一步提高。

在"一带一路"倡议中，贸易畅通是"五通"的核心内容之一，随着战略的不断推进，需要进一步深化全方位经贸合作，推动贸易畅通向高质量发展。对外贸易通道畅通是实现贸易畅通的重要前提和关键环节，因此，重庆融入和服务"一带一路"，构建内陆国际物流枢纽，需要不断加强对外贸易通道建设，拓展外贸交流覆盖范围，有效发挥内陆开放高地的重要作用。

2. 完善交通基础设施，促进互联互通

物流枢纽是集中实现货物集散、存储、分拨、转运等多种功能的物流设施群和物流活动组织中心，完善的交通基础设施是构建物流枢纽的先决条件，其中，各种交通方式间的互联互通决定着物流枢纽的效率和发展水平，构建内陆国际物流枢纽则对基础设施有着更高要求。国际知名的内陆物流枢纽普遍依托于交通基础设施完善、多式联运发展成熟、物流效率高的内陆城市，如美国的堪萨斯、西班牙的马德里等。

深度融入和服务"一带一路"建设，要求重庆加快构建内陆国际物流枢纽，形成国际、国内货物集散、分拨、转运的关键节点，提供更高效便捷的

物流服务,进一步促进我国与沿线国家的经贸交流。对接"一带一路"建设要求,重庆需要立足于自身发展基础,进一步补强交通基础设施短板,促进公、铁、水、航空等方式的互联互通,实现各种运输方式在重庆枢纽内的无缝衔接,为大规模开展国内国际多式联运创造有利条件。

3. 强化创新发展,提高物流效率

从国家的角度来看,党的十九大提出,创新是引领发展的第一动力,是建设现代化经济体系的战略支撑。在经济由高速增长转向高质量发展的这一阶段,我国经济将着力形成质量、效率和动力的"三大变革",需要各个行业以供给侧结构性改革为主线,增强创新力和竞争力。作为生产性服务业,效率效益是物流业追求的目标,因此,顺应发展趋势,提高创新能力,是实现物流行业高质量发展的必由之路。

从重庆的角度来看,融入"一带一路",构建具有竞争力的内陆国际物流枢纽,需要以加快与沿线国家的经贸交流为依托,以高效便捷的跨境运输服务为抓手。因此,结合国家和行业的发展要求,重庆构建内陆国际物流枢纽需要进一步提高创新发展能力,加强物流管理模式、通关通检体制机制等方面的创新,并强化信息技术的应用,有效改善物流集散、通关效率较低的问题,为重庆与"一带一路"沿线国家之间提供高效的物流服务。

4. 提升服务保障水平,增强资金、人才吸引力

随着运输需求的升级,未来国际物流枢纽的发展方向将是提供一站式、全方位服务,并与信息、商业、金融等产业融合发展。从国际经验来看,成功的内陆国际物流枢纽普遍能够通过提供海关清关、保税区、商业中心、长期储存、集装箱拼拆箱、办公、金融增值服务实现集聚效应的增强,从而对城市经济社会发展产生促进作用。

重庆融入"一带一路",不仅需要推动设施联通和贸易畅通,还需要在资金融通和民心相通上取得成效,深化与沿线国家的金融和人才交流合作,这就要求抓住内陆国际物流枢纽建设的契机,增强对外来资金和人才的吸引和集聚能

力。目前,重庆打造的"1+3+3"物流枢纽体系虽然具备商贸服务、生产服务、口岸服务、保税服务等功能,但与服务功能完备的内陆国际物流枢纽相比仍存在一定差距,需要进一步提升综合保障能力,强化与上下游及周边产业的融合发展,实现物流、商流、资金流、信息流和人才流的集聚发展。

二、国内外国际物流枢纽发展的经验借鉴

(一)国际物流枢纽的内涵

1. 物流枢纽的定义与特征

"物流枢纽"的实体结构是依托"运输枢纽"形成与发展起来的,同样,"物流枢纽"概念也是由"运输枢纽"概念扩展和延伸而来的。

在运输实践活动发展过程中,逐步形成了"运输枢纽"的概念。在铁路、公路、水路、航空等各种运输方式发展过程中,首先提出并形成的是铁路、公路、水运、航空等不同运输方式的运输枢纽概念;因为每种方式的枢纽设施和服务功能都包括旅客运输、货物运输两大部分,所以这些方式的交通运输枢纽指的是由相应的客运枢纽和货运枢纽组成的设施群的整体。

在综合运输形成和发展的过程中,又形成了"综合交通运输枢纽"的概念(包括"综合客运枢纽"和"综合货运枢纽"的子概念),可以加强各种运输方式的有机衔接和优化整合,从而发挥多种运输方式的组合效率。随着社会经济发展的需要,"物流枢纽"的概念应运而生。

由于交通运输活动在物流系统中的特殊地位和作用,物流活动可以看作是运输活动向其前后两端的一种扩展和延伸,因此,物流的概念也可视为运输的概念的一种扩展和延伸。在"综合运输枢纽"(货运枢纽)概念的基础上,我们将其空间范围和服务功能向物流领域进行扩展延伸,就形成"物流枢纽"概念。

(1)物流枢纽的定义

2018年12月国家发展改革委、交通运输部联合印发了《国家物流枢纽布

局和建设规划》（发改经贸〔2018〕1886号），明确指出："物流枢纽是集中实现货物集散、存储、分拨、转运等多种功能的物流设施群和物流活动组织中心。国家物流枢纽是物流体系的核心基础设施，是辐射区域更广、集聚效应更强、服务功能更优、运行效率更高的综合性物流枢纽，在全国物流网络中发挥关键节点、重要平台和骨干枢纽的作用。"

（2）物流枢纽的特点

空间布局。物流枢纽通常位于物流中心城市，个别物流枢纽也可位于重要物流节点城市；依托综合运输（货运）枢纽，围绕枢纽机场、铁路路网编组站、港口、公路运输主枢纽，建设发展现代物流园区并配置物流中心，通过统筹规划和资源整合，实现物流资源在空间上的合理布局和优化配置。

组成结构。物流枢纽是由多种运输物流设施组合而成的设施群，主要包括两类设施：一类是货物运输枢纽设施，包括铁路编组站、公路枢纽货运站、航空港（机场）、主要枢纽货运站、港口以及这些设施间的运输线路；另一类是依托货物运输枢纽设施建设发展起来的承担各种节点活动功能的设施，以物流园区和物流中心为主的物流网络节点设施。

运行载体。实现物流枢纽主要服务功能通常以枢纽相互间组织的直达班列、班轮运输为主要载体，主要包括铁路直达班列、民航直达航班、公路直达班线、水运直达班轮等，以实现高效率、低成本、大规模的物流通道运输。

规模。物流枢纽包括一个或多个物流园区、货物运输枢纽、专业的物流中心以及枢纽间相互联络线路等多种物流设施，在其载体城市范围内空间分布广泛，设施设备数量及物流作业规模庞大，其高效的运作管理有赖于采用以现代信息技术为主的现代管理技术和建立有效的协同运行机制。

作用。在大区域间物流活动的合理组织方面，物流枢纽发挥骨干和主导作用。在经济区域一体化、市场国际化和经济全球化的背景下，规划建设可持续发展、合理高效的大型物流枢纽，对促进和保证国家之间、区域之间的经济贸易发展，适应和满足全社会物资流通的需求具有重要作用。

2. 内陆国际物流枢纽的内涵

与普通的物流枢纽相比，国际物流枢纽是指主要承担跨境货物存储、转运、集散等功能的物流枢纽，而内陆国际物流枢纽则是特指内陆地区的国际物流枢纽，目前与之相近的概念主要有"国际陆港"和"国际内陆枢纽"。

（1）国际陆港

顾名思义，陆港主要是建立在内陆无水的地方，与海港定义不同。国际陆港形成具有特色的集装箱中心站，通过自身的发展吸引当地及其他城市的货源，国际陆港的运输方式主要是航空、铁路、公路等交通方式，而且在最短时间内完成出口贸易活动，是沿海港口中转业务的连接区域。

（2）国际内陆枢纽

国际内陆枢纽是指位于内陆地区的，集铁路、公路、航空、信息等多种枢纽为一体的，参与且协同配合经济全球活动的国际性综合枢纽。国际内陆枢纽具体是指在远离边疆和沿海的内陆地区，集铁路枢纽、航空枢纽、信息枢纽、公路枢纽等为一体的综合枢纽，加之立体化的交通运输网、完善的交通运输体系，在国内外的经济活动中协同、配合，共同构成的国际的内陆枢纽，形成辐射和集聚效应并影响要素资源快速流动。同时，国际内陆枢纽具有作为国际门户的重要功能，是参与国际经济活动的内陆地区的重要支点。国际内陆枢纽集聚国内国际的货流、资金流、客流、商流、信息流等要素资源，并依托自身所具备的服务平台和载体、信息化技术，使资源要素的集聚协调融合发展，形成显著的协同化、融合化、规模化、集群化的发展效应，带动区域经济可持续地、快速地、高质量地发展。

（3）内陆国际物流枢纽的内涵

综上所述，内陆国际物流枢纽可以理解为是具有物流枢纽地位的内陆城市，是物流、信息流、资金流的重要转换点，是国际物流网络上的重要节点。内陆国际物流枢纽城市的物流业规模比较大，是分拣包装加工中心、存储中心、物质再交换中心、物流配套服务基地、物流信息中心，对城市产业结构的调整和经济的发展有极大的推动作用。

成为内陆国际物流枢纽，应具备以下内涵：

一是具有优越的地理环境。国际物流枢纽首先一定是处在区域性经济中心城市，经济中心城市是一定区域内政治、经济、交通、生活、文化的中心，是该区域经济增长的源泉，是区域经济网络中的纽带，经济的聚集和辐射作用具有主导性，从而导致大量物流需求的产生，为整个区域提供服务。其次，国际物流枢纽一定是处在区域性交通运输枢纽的城市。物流过程其他环节的活动，如装卸搬运、包装、物流信息情报等，都是围绕着运输和储存而进行的，物流系统的两大支柱是运输和储存，发达的交通运输网络和交通运输条件的便捷性是国际物流枢纽建设的基础。

二是具有多种交通方式联通。便捷的交通条件，是物流运输良好发展的前提；而多种交通方式相互连接，通过枢纽实现货物在不同运输方式之间的转换，则是物流枢纽形成的必要条件。因此国际物流枢纽必须依托于运输枢纽城市而存在，衔接四通八达的公路、铁路、水运、航空等交通网络。对于内陆国际物流枢纽而言，应该至少具备铁路和公路两种交通方式联通，且在枢纽内部各种交通方式彼此之间实现便捷联通，保障物流运输的高效性。

三是具有良好的物流产业发展环境。物流业具有跨行业和跨部门特征，只有在良好的物流产业发展环境下，现代物流业发展才能健康。因此，打造国际物流枢纽，必须要克服地区化和经济利益部门化的弊端，提高物流业机制和管理体制的协调能力。物流业涉及公安、内外经贸、税务、交通运输、海关、城市管理、商品检验检疫等多个部门，这些部门的制度体系、管理方式和管理职能等存在很大不同，在实施对物流业管理的过程中，因管理机制体制的问题，造成执法的宽严尺度不一、管理的差异性大、管理的环节多，需要提高管理效率、加强协调。所以说，物流产业环境良好是促进国际物流枢纽建设的保障。

四是具有充足的国际物流需求。国际物流枢纽存在的最大前提，就是具有充足的国际物流需求，而不仅仅是国内物流需求。国际物流需求往往有两个来源，一是枢纽城市本地的需求，二是通过枢纽城市向其他地区转运的需求。因此要建设发展国际物流枢纽，必须强化枢纽城市自身产业，以产业发展促进国际物流需求增长，从而保障国际物流枢纽的发展；同时还需要优化交通网络，扩大枢纽城市辐射范围，服务周边地区国际物流需求，壮大国际物流枢纽。

五是具有发达的现代服务业支持。现代服务业在促进城市自身经济发展，促进知识技术传播，发挥中心城市的辐射能力，促进资金流、物流、信息流的合理流动，提高商品实物价值作用等方面具有重要作用。国际物流枢纽的特点在于物流巨大，不仅涉及巨大的信息流、资金流，还必然与物流相配套的铁路、港口、公路、船舶等硬件设施以及贸易、仓储、货运等物流企业有关。因此国际物流枢纽建设的必然要求是具有发达的城市现代服务业支持。例如，金融服务体系为国际化程度高的现代物流枢纽提供多样化的金融服务，应该具有多样化的融资手段和强大的融资功能以保证物流的畅通，保证强大的金融创新能力和稳健的管理能力，具有充足的国际金融和国内金融人才。

六是具有先进的信息系统支持。现代物流以信息技术为手段，以信息资源的集成为前提，所以区别于传统意义的运输与仓储。现代物流扩大到信息技术、现代管理和以网络为支撑的综合物流服务，提供的已不只是传统的服务，它除了有传统的储存功能、装卸搬运功能、运输功能、流通加工功能、包装功能、物流信息处理功能、配送功能外，还添加了许多增值性服务，包括需求预测功能、物流教育与培训功能、结算功能、物流系统设计咨询功能、共同配送功能、订单处理功能等，这些功能都需要庞大的信息系统网络的支持。因此，先进的信息技术水平也是建设国际物流枢纽的关键之一。

（二）国内外国际物流枢纽发展概况

1. 国外国际物流枢纽发展概况

（1）芝加哥国际陆港

芝加哥港口是美国最大的港口之一，虽然它不靠江海，但其凭着"不靠海不沿边也能发展"的理想信念，专注于道路、铁路、港口及产业地等物流基础设施的建设及运营，发展成为现代陆港的一朵奇葩。芝加哥作为一个内陆城市，凭借陆港的打造，竟然成功开拓成为国际都市。借助便利的水上交通，芝加哥陆港成为全球第五大集装箱陆港，被称为"美国的动脉"，是美国甚至世界最大的空运中心、铁路枢纽。

芝加哥陆港的发展经历了打造水运系统，完善城市基础建设，开展产业转型、大力引入投资等 3 个阶段。在第三阶段，芝加哥通过税收优惠、解决土地等政策措施，助力轻工业印刷、食品、金属加工等的发展。此外，芝加哥通过大力引进投资，在高新产业软件、生物制药等方面的发展也很迅猛。在发展新兴产业的同时，商业贸易、金融、旅游等第三产业发展与新兴产业相互交融。

（2）孟菲斯国际货运中心

孟菲斯地理位置优越，紧邻密西西比河，是美国最为重要的内河枢纽港口之一，处于美国内陆地理中心区域，2 条纵贯的州际公路、辐射周边的 7 条高速公路以及 5 条一级铁路和 6 个铁路码头在此交会，形成了承东启西，沟通南北的陆上交通网络。

孟菲斯的快速发展，除了加快经济转型、有效利用自身区位优势之外，还和经验丰富的城市服务管理机构、开阔的视角密不可分。孟菲斯地方政府在财政上给予固定年度的税收减免，加快完善机场及周边地区的基础设施配套服务，土地政策上预留机场周边大片土地供联邦快递未来发展。

（3）堪萨斯国际陆港

堪萨斯是密苏里州的第二大城市，20 世纪后，一度成为中西部的工商业中心。

形成建设期。交通物流的发达孕育了堪萨斯陆港，5 条重要铁路线途经堪萨斯，3 条州际高速公路交会于此，同时这里还是内河、航空运输发达的交通节点。

运营发展期。在运营上，堪萨斯内陆型物流中心的特征在于采取了公私合营的方式，结合了政府机制和企业支持的运营方式。这种方式能够助力陆港的货物通关，并提升供应链效率。

（4）马德里国际物流中心

马德里地处伊比利亚半岛中心，是西班牙内陆重要的物流中心城市，具有复合型的物流功能，连接伊比利亚半岛内陆地区与其他欧洲国家，乃至全球各地的端点。

马德里作为内陆城市，缺乏天然的海港，但其通过发达的公路、铁路实现无水港和海港的无缝连接，积极打造成为内陆无水港。无水港布局在铁路货站一侧，也紧邻着航空港区，保证海铁联运与航空运输的高效对接。马德里是整个伊比利亚半岛高速公路网络的枢纽，其与主要城市的联通均由良好的高速铁路连接。此外，马德里巴拉哈斯机场是南欧地区最重要的航空枢纽之一，并扮演着欧洲与拉丁美洲航空运输连接点的角色。

（5）达拉斯国际内陆港

达拉斯是全美重要的航空中心，位于数条重要州际高速公路和铁路的交会处，拥有2座商用机场和1座通用航空机场。达拉斯还是美国重要的工商业中心，目前有近3000家工厂。

便利的交通和发达的商贸促进了达拉斯国际内陆港的发展。达拉斯国际内陆港是多式联运分拨中心、物流中心，采用公私合营的运营模式，政府对达拉斯内陆港的支持力度较大，达拉斯内陆港运营后，大大地促进了美国南部地区的就业、投资的增长，显著促进了社会的可持续发展，同时还增加了地方政府的税收。

2. 国内国际物流枢纽发展概况

（1）西安国际港务区

西安陆港位于西安市东北部，2008年6月正式建成，伴随综合保税区、公路及铁路集装箱中转站工程项目而成立，与天津港、大连港等周边口岸形成了网络链合作关系。

"五定班列"实现了西安与青岛港、大连港、连云港、日照港的联通，是西安陆港集装箱运输功能中的独特战略优势，是西安陆港与海港、口岸联通的物流大通道，为西安对外贸易中的货物运转提供了支持。

（2）郑州国际物流中心

郑州处于中国内陆腹地，交通便利，促使其成为中国商品集散中心之一，发展成为国内陆路交通及商品的集疏网络中心，郑州的国际航空货运集疏网络逐步形成。新郑国际机场频繁加密国内国际航线，横跨欧、亚、美二大经济区域，覆盖全球主要经济体的枢纽网络布局基本形成。

郑州国际铁路货运集疏网络中心的构建初具规模。中欧班列实现每周"八去八回"的常态化运营，途经线路覆盖中亚、俄罗斯及欧盟地区的20多个国家120多个城市。郑州向东开通了直达韩国、日本等东南亚国家（地区）的"陆海联运"国际班列；向西南开通途经广西防城港的桂郑欧班列，逐步形成辐射东中西、联通境内外的国际物流通道网络。

郑州的口岸体系建设也取得巨大进展。郑州投用了进口肉类、水果、食用水生物、冰鲜水产品、汽车整车、澳洲活牛、国际邮件经转等7个指定口岸。郑州成为全国重要的进口鲜活产品集散地及功能性口岸数量最多的内陆城市。

（三）经验借鉴

通过分析典型案例可以看出，国际物流枢纽城市自身良好的外向型经济基础，以及腹地经济发展带来的充足外贸货源，是国际物流枢纽发展的前提条件，而经济发展快、贸易需求大是刺激国际物流枢纽形成的根本原因。因此，经济贸易的快速发展促进了内陆国际物流枢纽的建立。另外，内陆国际物流枢纽也只有基于经济贸易基础，才能够发挥积极作用、获得良好经济社会效益。

1. 构建完善的综合交通运输设施和信息平台

发展内陆国际物流枢纽的生命线，是构建完善的综合交通运输设施条件，并以高效、经济的方式实现集装箱多式联运。一般来说，交通区位优势是内陆国际物流枢纽发展的必备条件。内陆国际物流枢纽多处于地理中心，建立内陆国际物流枢纽是为了提供经济高效的物流海关服务，而交通区位的优越环境是提供无缝衔接、便捷高效的多式联运的基础。除了交通区位条件以外，良好的交通基础设施也是决定运输成本的要素。只有具备良好的交通基础设施、交通区位，内陆国际物流枢纽才能实现降低物流成本、达到规模经济效益、方便货物进出口的愿景，健康高效地运营。

此外，加快现代物流信息平台的建设，发展专业化传统仓储企业、现代物流企业，实现资源互补和共享，也是运营的关键经验。通过建立电子口岸信息系统，将检验检疫、海关、货物代理等部门连为一体，以实现标准化电子口岸的建设，从而实现内陆国际物流枢纽内的保税物流中心、周边企业的信息共享。

2. 发挥多式联运优势

加大开发内河运输，充分发挥多式联运的中、远距离运输优势，铁路、公路、航空、水运系统的联合运作都是内陆国际物流枢纽运营的关键经验。我国的多式联运优势在于，近年来，铁路、公路、海运多种运输方式快速发展，通过整合海运、铁路、公路等运输通道，有效构建内通外联的高效多式联运体系，是促进内陆国际物流枢纽发展的重要措施。运输方式以及干支线运输之间的高效转换，能够提高物流枢纽与通道内交通线路的衔接水平和联通效率。

3. 以市场需求为导向，做好运营管理和服务

做好服务和运营管理，以市场需求为导向因地制宜设置物流枢纽功能，是内陆国际物流枢纽发展的内在决定因素。内陆国际物流枢纽不仅作为一个集装箱多式联运枢纽，能存储、转运、集散、保管货物，而且具备对货物检查、报关、检疫的功能。

完善的口岸物流运作系统是国外内陆国际物流枢纽发展的关键经验。我国在筹建内陆国际物流枢纽时，政府可对内陆国际物流枢纽内部的货物加工、仓储、报关等各服务业务提供优惠措施，利用内陆国际物流枢纽的海关、检

验检疫服务与海港形成 "一次查验、一次通关、一次放行" 大通关模式，可完善内陆国际物流枢纽的高效流转运作。

4. 发展进出口贸易，合理规划资源

内陆国际物流枢纽必须基于成熟的外向型经济发展而形成，以市场需求为基础定位枢纽功能，是内陆国际物流枢纽成功运营的决定因素。因此积极推动内陆城市的进出口贸易和外向型经济是内陆国际物流枢纽发展的首要前提。

通过利用内陆地区的资源和成本优势，与大型国际产业、企业建立联系，合理规划腹地资源的利用，为内陆国际物流枢纽营造良好的发展环境。同时，政府需要出台政策刺激、推动内陆国际物流枢纽发展，监督行业管制，规范管理体制，并且颁布相关的法律、政策、法规进行指导和约束。

三、重庆建设内陆国际物流枢纽 SWOT 分析

（一）优势

1. 区位优势显著

（1）战略区位优势

重庆作为我国西部重镇，既是西部大开发的重要战略支点，也是 "一带一路" 和长江经济带的联结点，在国家区域发展和对外开放格局中具有独特而重要的作用，在构建内陆国际物流枢纽中具有显著的战略区位优势。

西部大开发战略实施以来，中央不断在建设资金投入、建设项目安排、税收、土地使用等各方面对广大西部地区给予相应的政策倾斜。构建内陆国际物流枢纽，需要国家层面的大力支持，重庆作为我国西南地区唯一的直辖市，在西部大开发战略中具有举足轻重的作用，在内陆国际物流枢纽的建设中具有战略优势。

"一带一路" 倡议的提出，为西部地区省市提供了重大发展机遇，为加快基础设施建设、扩大对外开放、促进经济产业发展创造了良好的条件。重庆不仅在 "一带一路" 建设中具有重要作用，也是长江经济带的经济中心和金

融中心,联结了两大国家战略和倡议,在构建统筹国内国外两个市场的内陆国际物流枢纽中具有重要战略区位优势。

(2)交通区位优势

重庆位于我国中部和西部地区接合部,地处广大华北、华东地区与东南亚各国陆路交流的交通要道,是新疆、青海、甘肃等西北地区南下入海的最近径路,具有较为完善的交通基础设施,在构建内陆国际物流枢纽中具有显著的交通区位优势。

铁路方面。重庆位于国家"八纵八横"高速铁路主通道京昆通道、包(银)海通道、兰(西)广通道、沿江通道、厦渝通道的交会处,是我国西南地区重要的特大型铁路枢纽。目前重庆全市形成"一枢纽十干线"铁路网,运营里程2371千米,其中高铁492千米。

既有重庆枢纽接成渝、川黔、襄渝、遂渝、渝怀、渝利、成渝客专、郑渝高铁重庆至万州段、兰渝线、渝贵线等10条干线铁路;重庆北、重庆及重庆西为客运站;重庆枢纽既有货运站为"1+8":团结村集装箱中心站,北碚、磨心坡、白市驿、黄磏、珞璜、小岚垭、鱼嘴和唐家沱站。兴隆场编组站为枢纽唯一编组站,规模为双向"三级六场"。

重庆枢纽2030年规划有渝昆高铁、渝湘高铁、渝西高铁、渝贵高铁、重庆至万州城际、重庆至大足城际、重庆至潼南城际、涪柳铁路引入,届时重庆枢纽将形成衔接18条铁路干线的大型环形铁路枢纽。

公路方面。截至2017年底,重庆市公路线路总里程达到14.8万千米,其中等级公路12.3万千米,包含国道8054千米,省道10071千米;高速公路通车里程3023千米,初步形成"三环十二射多联线"高速公路网(见图2-1)。

水运方面。截至2018年底,重庆市水路"一干两支"通江达海航道体系基本建成,内河航道总里程4472千米,其中等级航道1917千米,生产性码头泊位达到664个,全市港口货物和集装箱吞吐能力分别达到2.1亿吨、480万标准箱。

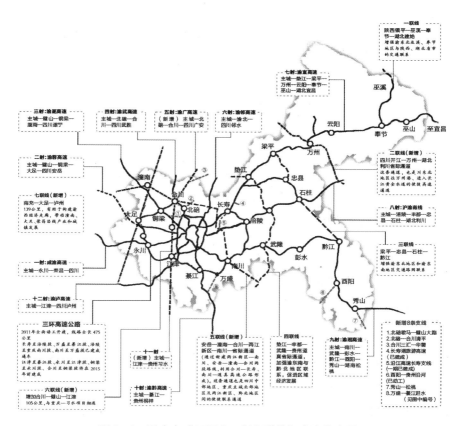

图 2 - 1　重庆市"三环十二射多联线"高速公路网

目前重庆市正在着力打造"1+3+9"港口群,"1"指龙头示范港——果园枢纽港,"3"指江津珞璜、涪陵龙头、万州新田3个"铁公水"联运枢纽港,"9"指主城寸滩、永川朱沱、渝北洛碛、长寿胡家坪、丰都水天坪、忠县新生、奉节夔门、合川渭沱、武隆白马等9个专业化重点港口(见图2-2)。预计2020年,重庆市将基本形成"四枢纽(1+3)九重点"规模化、专业化港口群,货物年吞吐能力达到2.2亿吨,集装箱年吞吐能力达到500万标准箱。

航空方面。重庆市共有民用机场三个,分别是重庆江北国际机场、万州五桥机场、黔江武陵山机场。其中,重庆江北国际机场是我国八大区域枢纽机场之一,现有通航城市205个,国际(地区)63个,国内142个,航线总数331条。国际(地区)航线84条,通航五大洲27个国家63座城市,航线

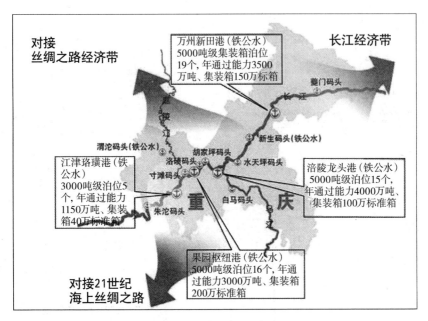

图 2 - 2　重庆市港口群布局

网络在全国民航处于中上游水平。其中，江北机场国际（地区）货运通航点
13 个，航线 14 条；覆盖芝加哥、法兰克福、阿姆斯特丹、悉尼、莫斯科、香
港等全球主要物流分拨点，国际航空枢纽雏形基本显现。江北机场现"一带
一路"通航国家有阿联酋、埃及、俄罗斯、菲律宾、韩国、柬埔寨、卡塔尔、
马尔代夫、马来西亚、泰国、新加坡、新西兰、印度尼西亚、越南等 14 个，
通航城市 36 个，"一带一路"客运航线 42 条，货运航线 6 条。

显著的区位优势和较完善的交通基础设施，将为重庆构建内陆国际物流
枢纽提供良好的发展基础。

2. 产业特点独特

重庆是国家重要的现代制造业基地，形成了国内最大汽车产业集群和全球
最大电子信息产业集群，是整车及零部件、电子产品等通过中欧班列出口运输
的重要货源地。同时，形成了以智能终端、集成电路、互联网大数据为主的智
能产业和以跨境电子商务、平行进口汽车、服务贸易为代表的"制造 + 贸易"
的新业态，对融入"一带一路"建设，构建内陆开放平台具有积极意义。

近年来，重庆工业规模不断壮大。2018 年，全市规模以上工业企业实现产值 20238 亿元，较上年增长 2.9%；实现全部工业增加值 5998 亿元，增长 1.1%；完成工业投资 2506 亿元，增长 7.3%。同时，产业结构持续优化，构建了电子、汽车"双轮牵引"，装备、材料、化医、消费品、能源"多点支撑"的产业体系。电子产业快速集聚，2018 年规模以上工业企业实现产值 5285 亿元，占全市工业比重 26.1%，生产笔记本电脑 5730 万台，占全球 34.9%，生产手机 1.9 亿台，占全球 11.4%。汽车产业不断壮大，2018 年规模以上工业企业实现产值 3671 亿元，占全市工业比重 18.1%，生产汽车 203 万辆，占全国 7.3%。

重庆的产业为其对外贸易的发展起到了重要的支撑和促进作用。据统计，2018 年重庆高新技术产品出口 2314.9 亿元，增长 21.4%，占同期重庆出口总额的 68.2%；集成电路、存储部件进口分别为 511.4 亿元、209.4 亿元，分别增长 13.1%、8.6%，两类商品占同期重庆进口总值的 39.4%；平板电脑和微型电脑两种重庆传统电子信息产品出口分别增加 85.6% 和 19.7%，同时，中央处理器部件、智能穿戴设备、打印机、手机以及自动数据处理设备的零件等新兴电子信息产品出口也都增势良好。

独特的产业基础和外贸特点，将为重庆构建内陆国际物流枢纽创造良好条件。

3. 国际物流具备先发优势

重庆国际物流运输开展较早，是我国首个开行中欧班列的城市。自 2011 年起，重庆先后开通了"渝新欧""渝满俄""渝黔桂新""渝甬"等国际陆路运输通道，依托团结村铁路集装箱中心站建立了内陆保税国际物流园，港口、空港货物吞吐量保持持续增长，这些国际物流发展经验对于构建内陆国际物流枢纽具有重要意义。

国际班列开行方面。从 2009 年开始，惠普、宏碁、华硕"笔记本电脑出口制造基地"先后落户重庆，其后富士康等六家台湾代工企业及 300 多家零部件企业落户重庆，到 2011 年，重庆已形成笔记本电脑产业集群，年生产笔记本电脑 2500 万台，主要销往国外，其中一半以上销往欧洲。大规模的销量需要一个畅通的、成本较低的物流通道，原有的运往欧洲的 IT 产品 60%～70% 通过海运，其余部分通过空运，运输成本偏高，导致产品市场竞争力下降。

为解决重庆市 IT 产业发展瓶颈，早在 2010 年 8 月，重庆市政府就向海关总署、铁道部提出开行重庆至欧洲铁路大通道五定班列的请求。海关总署以及铁道部领导表示积极支持。2010 年 10 月，重庆市政府与铁道部进行了"渝新欧"五定班列国内段试运行，2011 年 1 月 28 日，重庆市政府与力帆公司联合进行了"渝新欧"首次部分国际段测试，成功地实现了不同国家的便捷通关测试。

2011 年 3 月 19 日，首班"渝新欧"专列满载重庆制造的电子产品从重庆铁路西站出发，国内段经过达州、安康、西安、兰州、乌鲁木齐和阿拉山口，国际段经过哈萨克斯坦、俄罗斯、白俄罗斯、波兰，最后到达目的地德国杜伊斯堡。该次运行专列经过 6 个国家，行驶 11179 千米，耗时 16 天，实现了"渝新欧"国际班列的全线开行。这也是中国首列中欧国际班列，为我国国际铁路运输起到了良好的示范作用，此后各地都陆续开行了中欧国际班列。

2013 年 2 月底，首趟"渝新欧"回程班列（长安福特专列）于德国的杜伊斯堡发出，3 月 18 日抵渝，这是重庆市开通"渝新欧"国际铁路联运大通道两年后的首趟回程货班列。2013 年 10 月，"渝新欧"班列实现每周一班高峰时一周三班的常态运行，并解决了电子产品冬季运输问题。2017 年 3 月 23 日，"渝新欧"班列开行 6 年后突破 1000 列，成为中国首个突破千列的中欧班列。

"渝新欧"国际班列的开行，打破了中国传统以东部沿海城市为重点的对外贸易格局，加快实现了亚欧铁路一体化建设，搭建起了与沿途国家的经济联系和文化交往桥梁。对于重庆而言，"渝新欧"班列改变了重庆内向型经济结构，对于重庆发展世界性产业集群、成为内陆地区的开放高地功不可没。

现在"渝新欧"班列的货源已不局限于重庆，重庆货源约占 30%，其他地区约占 70%；"渝新欧"班列具有强大的集货功能，重庆也因此成为辐射周边的转口贸易高地。可以说"渝新欧"班列是中欧班列的"开路先锋"和"领头羊"，是中欧班列中开行数量最多、服务质量最好、国际认可度和影响力最大的，已成为中欧班列的代表和重要品牌，具有良好的示范作用。

2018 年中欧班列（重庆）增开了重庆—明斯克、重庆—汉堡等十几条线路，成为我国进出境口岸最多、开行路线最丰富、通道体系最完善的国际货运班列。2018 年，中欧班列（重庆）开行 1475 列，实现了数量与质量"双高"增长，外地箱量已占总去程箱量的 60%，运输重箱量同比增长 60% 以上。截至 2019 年 3 月底，中欧班列（重庆）共开行 3469 班（去程 1905 班，回程 1564 班），约占全国中欧班列开行总数的 1/4，目前去回程开行频率保持在 25～30 班/周。2018 年，"渝满俄"北向通道共开行 230 列，助推了重庆汽车产业和电子信息等产业发展，也为国内带来了高质的木材、工业纸浆、石棉、粮油等大宗产品，实现了产业的双向互动（见表 2-1）。

表 2-1　2011—2018 年中欧班列（重庆）开行情况

年份			2011	2012	2013	2014	2015	2016	2017	2018
中欧班列（重庆）		列车数（列）	17	41	45	130	257	433	671	1475
	其中	发送列数	17	41	44	108	156	279	405	741
		回程列数	0	0	1	22	101	154	266	734
		集装箱数（个标准箱）	0	1978	3414	10542	21986	36426	58444	121118
	其中	发送箱数	0	1978	3332	8738	13658	23586	35390	60816
		回程箱数	0	0	82	1804	8328	12840	23054	60302
渝满俄班列		列车数（列）						1	29	230
	其中	发送列数						1	12	98
		回程列数						0	17	132
		集装箱数（个标准箱）						44	1216	17422
	其中	发送箱数						44	431	7878
		回程箱数						0	785	10296

2018 年，陆海新通道共开行 609 列，到发 31198 个标准箱，外贸货物货

值累计约 3.1 亿美元,内贸货物货值累计约 16.5 亿元人民币;与西部省市共建"一带一路",与广西、贵州、甘肃等省市签署共建陆海新通道合资合作框架协议,以重庆为运营中心,确定了"统一品牌、统一规则、统一运作"的运营管理体系(见表 2-2)。

表 2-2 2017—2018 年陆海新通道班列开行情况

年份			2017	2018
陆海新通道	列车数(列)		48	609
	其中	发送列数	30	307
		回程列数	18	302
	集装箱数(个标准箱)		2196	31198
	其中	发送箱数	1354	15664
		回程箱数	842	15534

港口货物吞吐情况。2008—2018 年,重庆市港口吞吐量一直保持着稳步增长。从进出港情况来看,进港货物居多,近五年来始终保持着进港货物比出港货物多 3000 万吨左右的水平(见图 2-3、表 2-3)。

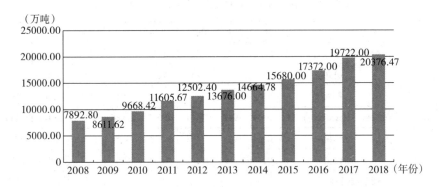

图 2-3 2008—2018 年重庆市港口货物吞吐量

表 2-3 2008—2017 年重庆市港口货物吞吐量及进出港情况

年份	港口吞吐量(万吨)	进港(万吨)	出港(万吨)
2008	7892.80	4349.38	3543.42
2009	8611.62	4833.29	3778.33

年份	港口吞吐量（万吨）	进港（万吨）	出港（万吨）
2010	9668.42	5682.24	3986.18
2011	11605.67	7338.72	4266.95
2012	12502.40	7670.01	4832.39
2013	13676.00	8618.55	5057.34
2014	14664.78	8946.76	5718.03
2015	15680.00	9499.00	6181.00
2016	17372.00	10037.00	7335.00
2017	19722.00	11935.00	7787.00

2016 年重庆市主要港口码头集装箱吞吐量达到 1234 万吨，占 2016 年重庆市港口货物吞吐量的 7.10%；2017 年重庆市主要港口码头集装箱吞吐量达到 1536 万吨，同比增长 24.46%，占 2017 年重庆市港口货物吞吐量的 7.78%（见表 2 - 4）。

从国内、国际吞吐情况来看，在重量上，国际集装箱约占四成，国内集装箱约占六成；在数量（TEU）上，国际集装箱与国内集装箱基本持平。

表 2 - 4　2016—2017 年重庆市主要港口码头集装箱国内、国际吞吐情况

指标		2016 年	占比（%）	2017 年	占比（%）	增幅（%）
集装箱吞吐量（吨）		12340156		15358739		24.46
其中	国际集装箱	4731847	38.35	5859671	38.15	23.83
	国内集装箱	7608309	61.65	9499068	61.85	24.85
集装箱吞吐量（TEU）		968712		1131642		16.82
其中	国际集装箱	465917	48.10	544604	48.13	16.89
	国内集装箱	502795	51.90	587038	51.87	16.75

空港货物吞吐情况。重庆市开办货运业务的机场主要有重庆江北机场、万州五桥机场、黔江武陵山机场，其中重庆江北机场为主要货邮集散地。2018 年江北机场完成货邮吞吐量 38.2 万吨，在国内主要机场中排名第 10 位，其中国际货量 14.7 万吨，国际货量位居西部第一（成都 2018 年国际货量 13.3 万吨）。

近十年来重庆市主要机场货邮吞吐量逐年增长，年均增长率达到8.29%。十年之间从18.76万吨增长到38.44万吨，实现翻番（见表2-5）。

表2-5 2009—2018年重庆市主要机场货邮吞吐量

单位：吨

年份	重庆市合计	重庆江北机场	万州五桥机场	黔江武陵山机场
2009	187629.78	186005.91	1623.87	
2010	197764.72	195686.65	2078.08	
2011	239573.10	237572.52	2000.58	
2012	270433.24	268642.35	1741.15	49.73
2013	282000.27	280149.81	1791.02	59.45
2014	304692.78	302335.81	2281.06	75.91
2015	321371.01	318781.50	2475.35	114.16
2016	363416.69	361090.96	2247.40	78.34
2017	368900.57	366278.34	2501.72	120.52
2018	384372.65	382160.78	2048.43	163.44

4. 开放口岸条件良好

重庆是中国内陆地区唯一具有水、空、铁开放口岸的省级行政区，丰富的口岸功能和快捷的通关流程，为重庆构建内陆国际物流枢纽创造了良好条件。

重庆现有一类口岸4个，其中江北国际机场航空口岸、水运口岸寸滩港区为正式开放，重庆铁路口岸、万州机场为临时开放；二类口岸3个，即万州水运口岸、涪陵水运口岸和上清寺邮件互换中心。

重庆市拥有进口汽车整车、肉类、水果、冰鲜水产品、食用水生动物、粮食、活牛、药品等九类进口特殊商品指定口岸功能。重庆江北国际机场具备口岸落地签证签注、5年期台胞证换发、过境72小时免签证、保税航油、离境退税、进出境免税商店等6项特殊功能。2018年，重庆果园港获批外贸集装箱启运港退税政策。同年，原国家质检总局同意水陆运输方式共用两路寸滩保税港区进口肉类冷链查验和存储设施，肉类口岸功能成功延伸到铁路口岸。

重庆国际贸易"单一窗口"于 2017 年 2 月正式启动，2017 年 10 月 31 日正式上线，建设了 45 项功能，包括 12 项中央标准应用及 33 项地方特色功能。实现了"四通"目标（申报直通、系统联通、信息互通、业务畅通），形成了"六个一"特色（一次提交、一口申报、一次查验、一次放行、一键跟踪、一网服务）。截至 2018 年底，重庆"单一窗口"服务近 2 万家外贸相关企业，累计申报量 183 万票（其中外地报关单 51 万票），报关单量位居全国前列、中西部第一。"单一窗口"已经成为重庆市货物贸易报关业务申报的主渠道，也成为吸引外地流量、服务实体经济、拓展对外服务的重要平台。

多措并举压缩了整体通关时间。截至 2018 年底，重庆口岸出口整体通关时间为 0.94 小时，压缩比 93.81%；进口整体通关时间为 82.6 小时，压缩比 65.49%，圆满完成了 2018 年整体通关时间压缩 1/3 的目标任务。实行 7×24 小时通关常态化保障。基本实现航空口岸生鲜货物 1 小时提离，客机腹舱载货 90 分钟提离，全货机货物 3 小时提离。精简单证，提高口岸申报服务效能。水、空、铁口岸收费项目从 120 项下降到 70 项，集装箱进出口合规性成本降低 954 元。

（二）劣势

1. 基础设施建设不完善

一是交通基础建设运能不足。干线铁路建设相对滞后，制约通道能力提升，既有成渝线、渝怀线、川黔线、襄渝线等干线铁路客货混行、运能趋近饱和，无法满足中长距离货物运输需求。成都、重庆等地进出城高速公路通道普遍运输能力不足，西部省份之间如重庆、兰州、西安的省际通道还有断头路，高速公路省际主线收费站常态化拥堵严重。三峡船闸拥堵常态化，通过能力制约长江水运的持续发展，成为制约水运发展的老大难问题。

二是陆海新通道需要加强顶层规划。国家层面相关规划暂未出台，缺乏省际协调机制，市级层面推动相关工作仍需进一步明确。通道运营平台公司缺乏统筹，各个平台层级不一，功能不齐，专业化、市场化程度不高。基础设施短板制约发展。公路、铁路、场站、港口等基础设施建设,智能化、标准化的物流信息平台建设都急需加快推进。

三是航空货运体系有待完善。航空物流体系尚未建立,货源单一、货量波动较大、进出不平衡等导致货运航空在渝运营成本较高,无基地公司支撑、无大型国际航空物流企业总部入驻等导致航网辐射能力较弱,航权时刻紧张、国际货站面积不足等资源问题导致保障能力遭遇瓶颈。

2. 多式联运衔接不畅

一是物流枢纽间互联互通不足。多式联运枢纽的基础设施布局普遍存在前瞻性、系统性规划不足,各种运输方式之间仍未完全实现无缝衔接,客观上造成了多式联运发展滞后,货物转运集散分拨效率不高。各物流枢纽的衔接方式主要为公路转运,公路交通拥堵直接导致衔接不畅。

二是物流枢纽的对外开放程度不够高。重庆目前虽然拥有了水、空、铁开放口岸,但口岸功能分布不尽合理。如铁路口岸不具备进口水果、进境粮食等特殊商品监管功能,进口特殊商品受限;果园港作为长江上游的枢纽港,目前还没有获批扩大开放,还不能享受进口整车口岸政策,不能很好地发挥枢纽作用。

三是多式联运组织模式探索起步、效果不佳。标准化水平不高、经营主体较少。集装箱载货量占进出口货物运输的比重偏低,各种运输方式在市场组织、业务管理以及票据单证、定价计费、保险理赔等方面的规则不一致,制约"一单制"大规模推行。

3. 服务保障能力不强

一是重庆市物流行业物流服务功能单一,物流专业化水平较低。企业物流多以传统运输、仓储、货运代理为主,自有物流占较大比重,第三方物流、第四方物流发展不足,在全市近7000家物流公司中,大多是民营的小型物流公司,由于本身实力的限制,无法提供高标准的服务以及现代化管理方式,使用的传统物流管理方式对物流效率、用户体验等影响很大,高端需求、特色需求满足率不高。

二是物流专业人才缺乏。重庆物流业普遍存在专业水平低、专业人才缺乏的问题。大多数物流从业人员都缺少专业的物流技术教育背景，影响了重庆物流行业的服务保障与综合能力。

4. 先进技术应用水平不高

一是传统交易模式仍然占据主导地位，物流公共信息平台建设亟待整合完善，与市场的需求和行业的痛点结合不紧密，造成平台使用率不高。

二是不同平台之间彼此数据互联共享通道未完全建立，造成"数据孤岛"现象普遍存在，数据价值得不到深入挖掘。

三是缺乏统一标准，业务规范体系、技术标准规范体系、数据质量标准体系、数据安全保障体系的标准都不统一，支撑信息平台的物流信息化基础较弱，信息资源开发和信息技术应用水平都还不高。

四是现代物流装备技术应用水平有待提高，自动化立体仓储较少，人工搬运普遍存在。

5. 开放合作平台作用发挥不够

一是保税制度的欠缺，自贸区法律定位不明确，法律监管体系不完善，缺乏统一的立法，众多的法律法规相互重叠、冲突，导致适用上存在很大问题，各部门在对自贸区管理的认识方面存在很大差异，导致各部门政策冲突，职权分配关系不明确，管理低效。

二是产业投资资金利用率不高，且利用率存在下降压力。目前电子产品制造业和汽车制造业的资金使用是有效的，但汽车制造业资金使用效率稍低，汽车制造业在经历前期的高速发展后，规模增长速度已逐步放缓，应注重对其新技术、新产业模式的信贷支持，培育新增长点，帮助保持产业发展增速。

（三）机遇

1. 国际合作广泛开展

纵观世界发展趋势，各个国家的经济、政治、文化始终朝着融合的方向发展。20 世纪 90 年代后，全球化进程不断加快，使国家之间的联系日趋紧密。当前，随着科技的迅猛发展和社会分工的精细化，国家间相互依存程度不断提高，直接推动了各国经济贸易的交流合作；同时，为了解决气候变化等突出的全球化问题，也需要各国在人才、资金、技术等领域加强协作，以促进人类文明不断进步。

未来，经济全球化仍是发展主流，国际交流的活跃，为重庆融入"一带一路"内陆国际物流枢纽的建设提供了绝佳的外部条件。一方面，货运需求是物流发展的基础，经贸交流的日益频繁，将使"一带一路"沿线国家的货运需求持续增长，为中欧班列开行数量的增加和开行范围的扩大带来了难得的机遇；另一方面，国际合作的开展，必然带来资金、人才、信息的交流，为重庆打造物流、人流、资金流、信息流聚集的内陆国际物流枢纽创造了客观条件。

从"一带一路"沿线国家需求来看，中国是"一带一路"主要贸易国家的重要进出口市场，从中国进口的商品主要有自动数据处理设备及其部件、电话机、集成电路等；出口中国的商品主要有矿物燃料、石油原油、电话机、电气设备等。未来我国与"一带一路"沿线国家之间贸易、产能、交通基础设施等方面的合作会更加紧密，沿线国家在矿产、能源、钢铁、建材、汽摩、交通装备、通信设施等方面需求会进一步增长，重庆应发挥在矿产开采、钢铁冶炼、建材生产、汽摩制造、装备制造等方面的产品和技术优势，积极开展合作并把握因此产生的物流需求机遇，努力打造内陆国际物流枢纽。

2. 国家战略持续推进

近年来，国家提出了"一带一路"倡议、长江经济带建设战略、西部大开发战略、新型城镇化建设等一系列倡议和战略。随着国家战略的稳步推进，重庆的战略地位不断提升，成为西部大开发的战略支点、"一带一路"和长江经济带的联结点，为进一步强化区位优势，发挥枢纽功能，构建内陆国际物流枢纽提供了难得机遇。

"一带一路"的实施翻开了我国对外开放的新篇章，随着向西开放步伐的加快，广大西部地区逐渐由开放末梢转变为开放前沿，为提高对外开放水平，增进与沿线国家的交流带来了新的机遇。长江经济带的建设和西部大开发战略的实施，强化了重庆与东、中、西部的联系，对于促进重庆与相关省市的产业配套、基础设施互联互通、资源要素流动等具有重要意义。新型城镇化建设，为重庆这一全国最大直辖市的城乡一体化协调发展提供了动力。通过以上国家战略的推进，将有效促进重庆交通基础设施的完善、辐射带动作用的增强以及经济文化软实力的提升，为内陆国际物流枢纽奠定良好的发展基础。

3. 各方政策大力支持

为推动战略的实施，国家和地方均出台了一系列支持政策，不仅为重庆融入"一带一路"，发挥西部大开发战略支点作用创造了有利环境，也为重庆物流业快速发展提供了支撑。

在税收方面，国家对于西部地区产业发展提出了相应税收优惠政策，对于提高西部地区承接东、中部和国外产业转移的吸引力具有重要作用。其中，重庆有包括仓储、运输、装卸、配送在内的 32 项产业被纳入《西部地区鼓励类产业目录（2014）》，将有力推动相关产业的发展。在物流发展方面，国务院办公厅发布了《关于促进物流业健康发展政策措施的意见》，提出加大对物流业的土地政策支持力度、加大对物流业的投入等，对重庆构建物流枢纽提供了有力支撑；国家发展改革委和交通运输部发布的《国家物流枢纽布局和建设规划》也为重庆物流枢纽的建设提供了指导和依据；国家发展改革委和交通运输部联合发布的《关于做好 2019 年国家物流枢纽建设工作的通知》提出建设重庆港口型国家物流枢纽。在贸易便利化和国际合作方面，重庆自贸试验区建设已推出大量支持政策和配套措施，中国—新加坡互联互通合作示范项目已争取到国家部委 60 余条政策支持，为重庆与"一带一路"沿线国家各领域的交流创造了良好条件。由此可见，一系列政策的支持，将为重庆构建内陆国际物流枢纽提供良好机遇。

（四）挑战

1. 外部环境不断变化

从国际环境来看，全球化进程在释放和平、发展、合作、共赢的时代红利的同时，也累积和深化了各种时代矛盾和潜在危机。随着各国特别是大国之间力量对比的不断变化，国际政治、贸易环境呈现复杂多变的特点，地区之间的贸易投资竞争更加激烈，出口的贸易壁垒和摩擦持续增多，使世界经济发展的不确定性逐步加大。而近年来我国经济实力不断增强、国际地位和话语权不断提高，有些国家担心中国会走"国强必霸"的路子，提出了所谓的"中国威胁论"，这对我国应对复杂形势，增强推行"一带一路"的战略定力提出了新的挑战。国际环境的变化，将对我国与"一带一路"沿线国家的各领域交流造成较大影响，而重庆内陆国际物流枢纽的建设需要以国家战略环境的稳定为基础，因此，内陆国际物流枢纽的建设将面临一定阻力。

从我国自身来看，面对当前经济指标回落，消费疲软、工业生产刷新全年新低、投资低位徘徊、外贸数据大幅回落的现实，2018 年中央经济工作会议对经济形势作出了比以往更为严峻的描述，明确了我国经济运行稳中有变、变中有忧，外部环境复杂严峻，经济面临下行压力。在此发展环境下，重庆面临着生产经营活动降温、工业投资减少、消费者需求增速下降的趋势，进出口贸易将受到一定阻碍，不利于物流业的发展。经济环境变化成为重庆构建内陆国际物流枢纽需要面对的挑战。

2. 相关地区存在竞争

经济全球化的不断发展和"一带一路"倡议的提出，为国内众多内陆省份提供了良好的发展机遇，积极融入和服务"一带一路"成为沿线城市经济社会的重要发展方向。为拓展与"一带一路"沿线国家的经济贸易交流，成都、郑州、西安、武汉、苏州、广州等城市在重庆之后积极发展中欧（中亚）班列等跨境运输业务。

在全国各地积极融入"一带一路"，促进我国与亚欧各国之间的经贸往来、拉动区域经济发展的同时，也应看到在"一带一路"的实施中，我国各地存在着一定的竞争关系。中欧（中亚）班列业务的发展，为相关城市构建国际物流枢纽创造了基础条件，目前已有部分城市与重庆同时开展了国际物流枢纽规划建设的研究。例如，成都编制了"两港三网"建设发展规划，提出打造立体式综合型国际化物流枢纽；西安印发了《大西安现代物流业发展规划（2018—2021年）》，提出打造辐射"一带一路"的国际物流枢纽；郑州印发了《郑州国际物流中心战略规划（2010—2030年）》，提出将郑州打造为现代国际物流中心，并已完成初步建设。由此可见，重庆在内陆国际物流枢纽的建设中面临着与国内其他城市的竞争。

（五）重庆建设内陆国际物流枢纽策略

重庆构建内陆国际物流枢纽所面对的外部环境复杂多变，从总体来看，重庆融入"一带一路"内陆国际物流枢纽的建设处于宝贵的发展机遇期，同时也面临一些风险与挑战，综合分析机遇大于挑战。经过近些年的发展，重庆已积累了良好的发展基础，并拥有诸多显著优势，但与发展内陆国际物流枢纽的要求相比依然存在劣势和不足。重庆内陆国际物流枢纽建设的内部条件和外部环境如表2-6所示。

表2-6 重庆构建内陆国际物流枢纽的内部条件和外部环境

	优势——S	劣势——W
内部条件	（1）区位优势显著 （2）产业特点独特 （3）国际物流具备先发优势 （4）开放口岸条件良好	（1）基础设施建设不完善 （2）多式联运衔接不畅 （3）服务保障能力不强 （4）先进技术应用水平不高 （5）开放合作平台作用发挥不够

	机遇——O	挑战——T
外部环境	(1) 国际合作广泛开展 (2) 国家战略持续推进 (3) 各方政策大力支持	(1) 外部环境不断变化 (2) 相关地区存在竞争

在内部条件和外部环境分析的基础上，利用 SWOT 分析法，针对不同情境分别提出重庆内陆国际物流枢纽发展策略如下。

1. SO 策略——增长型策略

以优化和完善贸易通道为重点，进一步拓展与"一带一路"沿线国家的经贸交流，充分发挥重庆内陆开放高地的作用；以自身电子产品、商品汽车等产业优势为支撑，不断优化中欧班列的开行，扩大班列开行范围和货运量；进一步促进通关便利化，积极争取相关政策，为提高跨境运输效率提供支撑。

2. ST 策略——多元化策略

积极发挥重庆开展国际物流的先发优势，进一步巩固既有班列的常态化运输，不断提高服务质量，开拓海外市场；以完善口岸和物流园区功能，增强综合服务保障能力为重点，提高重庆对人才和资金的集聚能力；大力推动与"一带一路"沿线国家的经贸交流，积极拓展合作领域，提升重庆的国际影响力。

3. WO 策略——扭转型策略

进一步加强基础设施建设，打通各种交通方式的能力瓶颈，补强多式联运发展短板，优化联运组织模式，形成能力匹配、协调配合的综合交通运输网络；以提高先进技术的应用水平为重点，打造数据共享、标准统一的信息平台，不断提高物流效率和服务水平；加强相关政策和制度的完善，提升管理水平和保障能力，确保开放平台作用的有效发挥。

4. WT 策略——防御性策略

紧密关注国际国内形势变化，对进出口货运需求进行深入的研究和合理的预测；充分吸取国外内陆国际物流枢纽建设的良好经验，并立足于自身特点进行规划建设，与国内其他城市寻求差异化发展。

四、重庆建设内陆国际物流枢纽的战略思路

（一）指导思想

全面贯彻党的十九大会议精神，深入贯彻习近平新时代中国特色社会主义思想、习近平总书记系列重要讲话，特别是考察重庆时的重要讲话精神，贯彻落实新发展理念，按照"五位一体"总体布局和"四个全面"战略布局，紧紧抓住西部大开发、"一带一路"、长江经济带等国家重大战略稳步推进的历史机遇，牢牢把握重庆"两点""两地""两高""三个作用"的重要定位，全面对接国家战略实施和经济社会高质量发展的现实要求，充分发挥自身优势，积极应对困难与挑战，努力克服劣势与不足，着力完善对外国际物流通道和物流节点建设，补强基础设施短板，提高服务效率和服务品质，形成通道顺畅、功能完善、技术先进、具有影响力的内陆国际物流枢纽，为重庆深度融入"一带一路"，充分发挥内陆开放高地作用提供有力支撑。

（二）基本原则

统筹协调，完善配套。统筹协调各相关地区、相关部门，加强顶层设计，聚焦枢纽物流功能，大力推动对外贸易通道及内部物流基础设施建设；统筹协调铁、公、水、空等多种交通方式，优化运输组织模式，促进数据共享和信息平台建设，大力开展多式联运，充分发挥比较优势和组合效率。

因地制宜，突出特色。充分发挥重庆战略区位优势显著、产业发展基础扎实、集多种交通方式于一体的自身独特优势，合理布局物流通道和物流节点，促进物流业与当地产业的协调联动发展，实现国内市场与国外市场共同繁荣，打造独具重庆特色的内陆国际物流枢纽品牌。

创新引领，激发活力。把提高物流枢纽的服务效率和服务品质作为出发点和落脚点，以创新为重要驱动，全方位、多角度发力，积极探索新型物流

管理体制机制和运输组织模式，进一步发挥现代信息技术的作用，切实提高重庆内陆国际物流枢纽的市场竞争力。

开放包容，共享发展。突出重庆内陆开放高地的定位，践行开放包容、互助共赢的发展理念，紧密围绕"一带一路"建设要求，敞开大门建枢纽，以丰富的枢纽功能和完善的服务保障广泛吸引国际、国内的企业、资金和人才，进一步提高开放水平，为国家战略的实施提供有力支撑。

（三）战略思路

基于 SWOT 分析，根据指导思想和基本原则，重庆融入"一带一路"内陆国际物流枢纽建设的战略思路是：以设施建设为突破口，强化枢纽物流设施设备建设，打通国际陆路物流通道，提高沿江水运能力和效率，畅通东向长江黄金水道和铁海联运通道；以技术创新为驱动力，提升枢纽国际物流效率；以物流便利化为重点，充分利用现代科技手段，提高枢纽国际物流管理和服务水平；以电子、汽车等特色产业集群为支撑，以战略性新兴产业为补充，强化国际物流产业供应链体系。

（四）发展目标

立足自身优势，对标国际先进，将重庆打造成为对外通道畅通、内部便捷联通、创新驱动引领、科学技术支撑的一流内陆国际物流枢纽。

1. 对外通道畅通

以对外通道建设为突破口，以对外贸易需求为导向，充分发挥电子、汽车等特色产业集群的支撑作用，构建面向欧洲、南亚、东南亚的对外通道网络，进一步强化西向和南向国际通道建设，形成能力适应、高效便捷的陆路国际物流贸易通道，同时畅通东向长江黄金水道和铁海联运通道。

2. 内部便捷联通

以补强基础设施短板为切入点，以统筹规划建设为重点，推动多种交通方式间的互联互通和无缝衔接，建立开展多式联运的物理基础，加强与上下游企业的基础设施沟通，进一步强化物流枢纽功能，实现国际物流服务水平的有效提高。

3. 创新驱动引领

以强化创新为重要驱动力，以服务便利化、多样化为重点，不断创新物流管理和监管模式、运输组织模式、招商引资模式和物流金融发展模式，提供全方位、高效率的物流运输服务和多种增值服务，形成具有国际竞争力的内陆国际物流枢纽。

4. 科学技术支撑

以现代科学技术手段为支撑，以强化信息沟通和智能口岸建设为重点，通过加强互联网、大数据、云计算等现代化技术的应用，构建智能化公共信息平台，打造智能化口岸服务体系，实现内陆国际物流枢纽的高效化、信息化、智能化发展。

五、重庆内陆国际物流枢纽基础设施布局研究

（一）物流通道布局研究

1. 重庆对外物流通道发展情况

（1）西向——"渝新欧"班列

"渝新欧"班列从重庆出发，由新疆出境，进入哈萨克斯坦、俄罗斯、白俄罗斯、波兰，到达德国杜伊斯堡，途经 6 个国家，全程约 11000 千米，运行时间约 13 天。"渝新欧"班列 2011 年 1 月 28 日首班开行，是我国中欧班列的开创者、引领者。截至 2018 年底，"渝新欧"班列累计开行超过 3000班，已成为中欧班列中开行时间最早、数量最多、运输货值最大、辐射范围最广、带动产业最强的班列。

（2）南向——陆海新通道

陆海新通道纵贯我国西部地区腹地，北接"丝绸之路经济带"，南连"21世纪海上丝绸之路"和东南亚地区，中间衔接长江经济带，是我国国土空间开发最重要的南北轴线之一。2019 年 1 月 7 日，渝、黔、桂、陇、青、新、

滇、宁西部 8 个省（自治区、直辖市）在渝签署共建"陆海新通道"合作协议，并形成了省级政府层面、部门层面（海关、铁路、银行）、企业层面"1+3+1"的推进工作机制。"渝黔桂新"铁海联运班列从重庆出发，以铁路运输方式至广西钦州港，再衔接海运至中国香港特别行政区、新加坡等港口，进而联通国际海运网。其中铁路运输距离 1400 千米，平均运行时间在 40 小时以内，比经长江水运出海节约 10 天以上。截至 2018 年底，累计开行 657 班，总箱量约 3 万箱，主要货物为汽摩配件、玻璃纤维、塑料颗粒、纸浆产品等。东盟班车从重庆出发，以公路运输方式经广西、云南沿边口岸出境，已开通东线、东复线、中线、西线、亚欧线以及重庆—新加坡线 6 条线路，可通往越南、老挝、泰国、柬埔寨、缅甸、新加坡等国。重庆—东盟公路班车运送的货物主要来自中国西北、中国西南、中国华南、东南亚和欧洲等国家及地区。截至 2019 年第一季度，东盟班车共计发车 846 车次，总重约 7400 吨，总货值约 8.2 亿元。2019 年第一季度发车 185 车次（平均每天开行约 2 班），同比增长约 105%，总重约 1800 吨，同比增长约 350%，总货值约 8800 万元，同比增长约 80%。国际铁路联运班列由重庆发出，途经广西南宁，再由凭祥口岸出境，直达越南河内，深入中南半岛内陆腹地，远期可通过泛亚铁路直达泰国曼谷、老挝、新加坡等，与中南半岛经济走廊深入结合。货源主要是机器设备、电子产品、水果、农副产品。截至 2018 年底，已开行 55 班（去程 6 班，回程 49 班）。

（3）北向——"渝满俄"班列

"渝满俄"班列从重庆出发，经内蒙古满洲里（或二连浩特）口岸出境，经俄罗斯进入中东欧，是中国西部地区与北向蒙古国、俄罗斯等国家重要的通道载体。去程运输时间约为 14 天，回程约为 18 天。该班列开通于 2014 年，2014 年至 2017 年共开行 48 班，均经满洲里口岸出入境。2018 年，"渝满俄"北向通道共开行 230 列，助推了重庆汽车产业和电子信息等产业发展，也为国内带来了高质的木材、工业纸浆、石棉、粮油等大宗产品，实现了产业的双向互动。

（4）东向——长江黄金水道和"渝甬"班列

长江干线航道全长 2838 千米，亿吨大港 14 个，万吨级泊位 581 个。三峡工程蓄水后，长江重庆段 680 千米河道通航条件改善，万吨级船队可从上海直达重庆，年航运量提升 5 倍以上。"渝甬"铁海联运班列于 2018 年 1 月开通，6 月实现天天班，57 小时即可到达宁波，缩短了货物运输时间（重庆到上海水运需 10 ~ 12 天），优化了沿江运输结构，为重庆打造了又一条向东出海物流通道。2018 年 12 月 29 日，"渝甬"班列已运行 143 列，合计到发集装箱标准箱 16686 只，外贸箱占比为 95.4%。

（5）空中物流通道

重庆市形成了以江北国际机场为核心，"一大四小"的机场体系（"一大"指重庆江北国际机场，"四小"是指万州机场、黔江机场、巫山机场、武隆机场）。2018 年，江北机场货邮吞吐量 38.2 万吨，其中国际（地区）货邮吞吐量 14.7 万吨。截至 2018 年底，开通国际及地区航线 82 条，其中"一带一路"沿线国家航线 52 条，占比 63%。已初步构建起覆盖欧、美、亚、澳等全球主要经济政治中心的国际航线网络。

2. 中欧班列物流通道能力适应性分析

中欧、中亚班列经过的主要口岸有绥芬河、满洲里、二连浩特、阿拉山口、霍尔果斯、凭祥、山腰等。其中绥芬河、满洲里、二连浩特、阿拉山口经过"十一五"的扩能改造，口岸过货能力已经提高，加之近年口岸过货量增长缓慢，因此，这些口岸的过货能力能够适应目前运量增长的需要。但由于受气候环境影响，货物到达得不均衡，加之近年中欧班列快速增长，二连浩特、阿拉山口口岸的过货能力不适应的状况将会逐渐显现。霍尔果斯口岸是新建口岸，口岸过货能力基本满足目前一段时间运量增长的需要。在东南亚方向，中越之间的凭祥口岸近年口岸过货量较小，山腰口岸刚开通运营，均不存在能力不适应问题。

绥芬河口岸后方通道的滨绥线作为黑龙江东部的主要外运通路，"十一五"期间对其单线区间增建第二线,并对全线进行配套改造;哈牡客专、沈哈客专、沈大客专的建成,有效缓解后方通道运输能力不足状况。2017年牡绥铁路货流密度上行1057万吨,下行23万吨,通道能力有较大富裕。

满洲里口岸后方通道的滨洲线是七大通道之一——京哈通道的重要组成部分,是东北主要的东西向通路,目前为双线电气化自动闭塞铁路,海拉尔——满洲里之间牵引定数4000吨,输送能力8250万吨,2017年货流密度上行2013万吨,下行181万吨。通道能力有较大富裕。

二连浩特口岸后方通道的集二线,南起京包线的集宁站,北止中蒙边境重镇二连浩特市,全长335.6千米。集二线建设年代较早。目前赛汗塔拉——二连为单线半自动闭塞、内燃牵引,牵引定数为4000吨,年输送能力1230万吨。2017年集宁至二连浩特货流密度上行1128万吨,能力利用率已达95%。不适应未来口岸过货量增长的需要。

阿拉山口口岸后方通道兰新线作为陆桥通道及第二亚欧大陆桥的重要组成部分,目前为复线电气化铁路。奎屯——阿拉山口牵引定数4000万吨,年输送能力3500万吨。2017年奎屯——阿拉山口上行货流密度451万吨,下行637万吨。鉴于近年口岸运量增长放缓,阿拉山口口岸后方通道能力可以满足运量增长需要。

霍尔果斯口岸后方通道精伊霍铁路是一条新建电气化铁路,2010年投入运营。设计预测精伊霍铁路货运量近期(2017年)200万吨,远期(2027年)365万吨;精伊霍铁路承运的铁路近远期进口运量分别为110万吨、195万吨。2017年,霍尔果斯口岸实际进口12万吨,出口150万吨。能力基本满足需要。

虽然目前国内口岸过货能力和后方通道能力基本满足运量增长需要,但受到中哈、中蒙、中俄外方口岸及运输通道能力的限制,会因过货量不均衡到达发送引起口岸拥堵,导致国际联运货运增长的不适应。

3. 通道的战略布局

结合"一带一路"建设,以干线铁路、水运航道、高速公路和空中航线为骨架，构建融合多种交通方式的重庆对外国际物流通道。发挥重庆区位和交通优势，建设东西南北四个方向以及空中物流通道，继续推进西向中欧班列（重庆）国际贸易大通道建设，加强南向陆海新通道建设，畅通东向长江黄金水道和铁海联运通道，拓展北向铁路物流通道，提升空中物流通道，形成辐射欧洲、南亚和东南亚的物流通道新格局。

根据具体通道特点，以硬件建设为主兼顾软件建设，完善各通道基础设施，促进通道多种交通方式融合，提升运输组织和运营管理水平，促进国际物流便利化。

（1）继续推进西向中欧班列（重庆）通道建设

完善中欧班列（重庆）国际贸易大通道基础设施，规划建设渝西高速铁路等项目，增强路网灵活性和释放铁路货运能力，从而进一步畅通中欧班列（重庆）国际铁路大通道，提高重庆连接"丝绸之路经济带"的通行能力和运输效率。重庆市应积极联合铁路企业，在国家的支持下继续密切与沿线国家贸易往来，在班列沿线国家和地区布局区域性物流分拨中心，拓展班列运输品类，提高班列回程数量，更好发挥中欧班列（重庆）通道辐射中亚、欧洲的作用。

（2）加强南向陆海新通道建设

呼吁国家加大对南向陆海新通道基础设施建设投入，提升通道多种交通方式互联互通水平和运输能力。重庆市应大力发展铁海联运业务，完善相关基础设施建设。希望国家和相关省份推动黄桶（贵阳）至百色铁路和泛亚铁路建设，推动威舍至百色铁路、黔桂铁路扩能改造工程，推进钦州港深水航道建设，加强重庆—东盟公路物流大通道建设，进一步畅通陆海新通道，增强连接"海上丝绸之路"通行能力。同时欢迎越南对铁路等运输设施设备进行改造升级，促进互联互通。

（3）畅通东向长江黄金水道和铁海联运通道

积极推动长江航道重庆主城至涪陵段通航提档升级，争取国家加快相关工程建设解决三峡拥堵问题，着力疏解长江水运瓶颈。加快重庆—洋山江海直达船型的研究，提高重庆至洋山的外贸集装箱在上海外高桥港的中转效率。

积极争取落实外贸集装箱专轮、"五定"快班轮等优先通过三峡船闸政策。积极推动开工建设渝湘高铁、沿江高铁等项目，完善通道路网结构，重点推动重庆至上海、武汉、宁波方向沿江班列开行，提升铁路中长距离货运分担率。

（4）拓展北向铁路物流通道

继续加大"渝满俄"班列开行力度，希望国家增强与蒙古国之间的协调，拓展二连浩特、绥芬河口岸出境通路，欢迎蒙古国和俄罗斯铁路对陈旧线路进行升级改造，改善沿线国境站、换装站的场站布局和配套设施设备，促进中俄蒙三方铁路点线能力的匹配衔接。同时推动"渝满俄"班列与南向陆海新通道对接，扩大通道服务范围。

（5）提升空中物流通道

吸引国内外航空物流巨头在重庆建立基地或设立地区性营运总部，积极培育新的国际航线。推动 Fedex、UPS、DHL、中国国际货运航空、中国货运航空、南方航空等企业将重庆江北国际机场作为连接国内中西部和国际市场的门户枢纽，强化机场货运航线网络优势，提升重庆江北国际机场中转集散能力。争取新开和加密重庆至欧美、东盟、日韩、南亚、澳大利亚、非洲客货运航线。加大对国际航空物流的政策支持力度，提高航空运力，降低航空运价，保障航空货源。

（二）物流节点布局研究

1. 国际物流节点发展情况

根据《重庆内陆国际物流分拨中心建设方案》，重庆市力争到 2020 年，打造"1＋3"国际物流分拨中心运营基地，依托物流枢纽、开放口岸、保税港区等基础条件较为齐备、业态发展较为成熟的现有物流枢纽和开放平台，打造 1 个多式联运综合物流分拨基地和 3 个分别具有铁路、航空、公路特色的专业物流分拨基地。

（1）两江多式联运物流分拨基地

该基地主要包括果园港区、鱼嘴货运站和即将启动建设的中新（重庆）

多式联运物流示范基地。

果园港是国家发展改革委、交通运输部和重庆市政府重点打造的第三代现代化内河港口、国家级"铁、公、水"多式联运综合交通枢纽,是"一带一路"和长江经济带国家战略在重庆实现无缝连接的重要支点。果园港按照现代综合物流的要求以及"前港后园"的模式进行规划布局,整个港区规划占地约 4 平方千米,分为集装箱功能区、件散货功能区、滚装功能区、铁路功能区和仓储配套功能区,规划建设 5000 吨级泊位 16 个(其中多用途泊位 10 个,散杂货泊位 3 个,商品汽车滚装泊位 3 个)。港区设计年吞吐能力 3000 万吨,其中集装箱 200 万 TEU,散杂货 1000 万吨,商品滚装 100 万辆,总投资约 105 亿元。

码头建设:目前,果园港前沿 16 个 5000 吨级泊位已全部建成,铁路专用线正式开通,后方仓储功能区已投入使用,初步形成了集装箱 80 万 TEU、件散货 600 万吨、滚装商品车 70 万辆吞吐能力和铁路 1000 万吨通过能力,截至 2018 年底累计完成项目投资约 80 亿元。

配套仓储建设:果园作业区二期扩建工程配套仓储项目位于果园港东北侧(渝怀铁路以北,外环以东),项目建设用地 746 亩,建设约 19 万平方米的仓库以及室外堆场、道路等设施。按统一规划、分期实施的原则进行建设,计划总投资 17.17 亿元。截至 2018 年底,该项目已建成约 12 万平方米仓库、1 万平方米零担仓库及约 6.5 万平方米的室外堆场及道路等设施。

(2)沙坪坝铁路物流分拨基地(重庆西部现代物流园)

重庆国际物流枢纽园区经国家发改委批复筹备,于 2007 年成立,规划面积 35.5 平方千米,依托团结村铁路集装箱中心站和兴隆场特大型铁路编组站设立,定位于国家物流枢纽、内陆开放高地及一类口岸的保税物流园区,是中欧班列(重庆)、中新陆海贸易新通道等多条国际大通道起始站、重庆铁路口岸所在地,是重庆自由贸易区重要组成部分。2018 年,园区企业实现总收入 517 亿元,同比增长 72.3%;进出口总额 15 亿美元,同比增长 40%;"B保"贸易额完成约 4.8 亿美元,同比增长 264%;实现服务贸易额 2.34 亿美元；完成整车进口 1710 辆；实际利用外资 3.56 亿美元，同比增长 73%；实际利用内资 23 亿元。

两大铁路枢纽。团结村铁路集装箱中心站是全国 18 个集装箱中心站之一，作业能力已达到 60 万标准箱/年，远期规划 165 万标准箱/年，2018 年实现作业量 55.4 万标准箱/年，同比增加 2.3%。兴隆场铁路编组站是西南地区规模最大、设施最全、功能最先进的编组站，办理能力可达 2.5 万辆/日，目前日均办理量超 1.1 万辆，同比增加 9.1%。

三大开放平台。区域内包含三大开放平台，即中国（重庆）自由贸易试验区、中新合作示范项目和铁路保税物流中心（B 型），是重庆"1277"国家级开放体系的重要组成部分。

多个功能口岸。目前园区平行进口整车、首次药品进口和生物制品等口岸已投入使用，进境水生动物（小动物）检疫中心预计上半年也将投入使用，动植物种苗、肉类、水果等口岸拓展功能仍在积极推进过程中。

（3）渝北航空物流分拨基地

该基地主要包括重庆江北国际机场、中新航空产业园和两路寸滩保税港空港功能区等，包括保税物流、快件快递业务、航空货物分拨集散、货运代理等多种功能，设计年航空货邮吞吐能力 110 万吨。该航空物流分拨基地的主要市场范围包括重庆全域、川东黔北地区以及东亚东南亚。

园区总体规划占地 9000 亩以上，分为物流园 A、B、C、D、E 五个区域，分期实施规划建设（见图 2-4）。目前，随着机场东区扩建配套货运区工程的竣工，园区物流仓储面积达到 23 万平方米，实现货物年保障能力 110 万吨；园区拥有国际货运站、国内货运站、物流分拨中心、航空货运街、快件中心、联检报关中心、海关监管中心、公共保税仓库、指定口岸等各类设施，入驻国际国内企业 72 家。至 2040 年，园区物流仓储面积将达到 80 万平方米，实现货物年保障能力 300 万吨以上。

重庆机场航空物流园区地处重庆机场规划红线内，与核心操作区融为一体，地理环境优势突出。其中，重庆机场国际航空货运站在两路寸滩保税港区围网范围内,实现了机场与保税港区的无缝衔接。

目前,江北机场拥有进境水果、进口冰鲜水产品、食用水生动物指定口岸,并延伸开展活牛、整车、肉类运输。指定口岸"从无到有",使重庆成为中西部地区拥有指定口岸最全的省市之一。

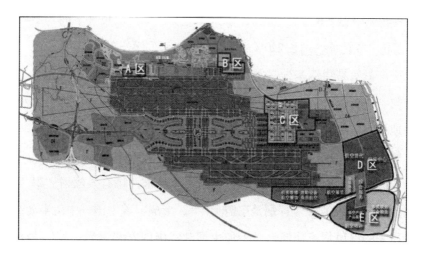

图 2 - 4 重庆市机场航空物流园布局

(4) 巴南公路物流分拨基地

该基地主要包括南彭公路车检场和重庆南彭公路保税物流中心(B 型)以及在建铁路东环线专用货运站场。

重庆公路物流基地于 2009 年 7 月设立,定位为国家级公路物流枢纽、重庆南部商贸物流新城、国际陆海贸易新通道重要节点,被确定为重庆市重点物流园区、重庆市服务贸易特色产业园、重庆市现代物流集聚示范区和中新(重庆)战略性互联互通示范项目交通物流领域集聚示范区。物流基地规划面积约 30 平方千米,重点发展电子商务、专业市场、综合现代物流、国际贸易物流,预计到 2020 年将实现总投资超 500 亿元、年销售收入约 1000 亿元、年税收 10 亿～15 亿元,提供就业岗位 5 万～10 万个。

2015 年 12 月,海关总署、财政部、国家税务总局、国家外汇管理局联合发文,批准设立继团结村铁路保税物流中心(B 型)后重庆第二家保税物流中心——重庆南彭公路保税物流中心（B 型）。重庆公路物流基地东邻渝湘高速，西靠渝黔高速，北接内环高速，南接绕城高速，通过高速公路网络以及城市快速干道均可在半个小时内到达主城任一区；正在建设的铁路东南环线在重庆公路物流基地北面设置客货站场，交通区位优势十分明显。2019 年 1—2 月，南彭公路保税物流中心（B 型）进出口值约 4.7 亿元，同比增长（下同）254%。其中进口货值 2.4 亿元，增长 220%；出口 2.3 亿元，增长 320%。

重庆南彭贸易物流基地是重庆—东盟陆路物流通道起点，同时也是长江经济带与"一带一路"转换的重要枢纽，地理位置、交通和市场条件优越。在该基地设立重庆南彭公路保税物流中心（B 型），可以为东南亚的水果、食物、木材等产品提供保税仓储服务，另外通过开展保税商品展示、跨境电子商务等业务，能够很好满足新兴贸易仓储物流需求，将有效辐射"21 世纪海上丝绸之路"沿线国家（特别是东盟十国），形成覆盖中国—中南半岛经济走廊建设所需的保税物流功能，对于加快推动实施国家"一带一路"和长江经济带战略具有十分重要的意义。

2. 国际物流节点布局

在重庆国际物流通道的布局和建设基础上，综合考虑公路、铁路、水运、航空四种主要交通方式基础设施和相关自然条件分布情况，结合重庆市产业布局和主要物流货物种类，充分利用既有物流设施设备，优化布局重庆市国际物流节点，形成五大国际物流支撑点，同时在国际物流通道沿线的东盟、中亚、南亚、中东欧、西欧等国家以及我国西部、华东、华南等地区设立分拨网点，形成五点支撑、多点协调的国际物流节点体系。

一是两江多式联运国际物流中心，主要包括果园港区、铁路鱼嘴货运站和中新（重庆）多式联运物流示范基地，利用长江经济带和"一带一路"最佳结合点的位置优势，整合水、公、铁等多种运输方式，充分发挥水运优势，将水运适运货物通过公路、铁路集运，发展"江、海""铁、水""公、水"等多式联运业务，提供集装箱、件散货、汽车滚装等的物流、仓储、商贸、交易等服务，针对粮食、煤炭、钢材、矿石等大宗商品运输特点和交易特点，建立相关交易平台和存放场地，配齐交易和流通要素，加快人流、物流、资金流融合，提供完善的现代化支付体系和供应链金融物流服务。将其打造为无缝衔接中欧班列（重庆）国际铁路大通道、"陆海新通道"、长江水道三大骨干国际物流通道的综合型国际多式联运枢纽，建设我国最大的内河"铁公水"多式联运枢纽和外贸口岸，建成果园港铁水联运国家示范工程项目和中新（重庆）互联互通多式联运示范基地。

二是沙坪坝铁路国际物流中心，位于沙坪坝区西永团结村，主要包括团结村铁路集装箱中心站、兴隆场编组站、铁路口岸、铁路保税物流中心，是中欧班列（重庆）的主要承载地，是支撑"一带一路"建设的核心战略极之一，是典型的货运枢纽，同时聚合各类附加物流、商贸及生活服务，能提供口岸和保税功能，应重点发展"铁、海""铁、公"等国际多式联运业务，评估铁路物流基地作业能力、作业功能和运输需求的匹配程度，进一步提高作业效率和作业能力，保证中欧班列（重庆）可持续发展，服务重庆全域、承接中西部地区国际国内铁路物流分拨需求。

三是渝北航空国际物流中心，主要包括重庆江北国际机场、中新航空产业园和两路寸滩保税港空港功能区等，是重庆国际航空运输中心，应依托航空口岸和保税港区，大力发展国际航空运输，开展江北机场第四跑道及 T3B 航站楼前期工作。优化货运操作流程，整合优化通关通检设施，建设生产企业、服务企业和口岸管理部门互联互通的智能化信息平台。建立与其他国际化航空枢纽的协调联动机制，提高国际航空货运服务水平、服务效率。优化国际客货运航线网络，增开国际客货运航线，提高洲际航线和直飞国际航线占比。拓展航空货运网络和以卡车航班为核心的陆空联运业务。提供航空货运快件、生鲜产品等国内外货邮服务。服务重庆全域、承接全球国际航空物流分拨需求。

四是巴南公路国际物流中心（重庆公路物流基地），位于南彭公路物流基地，主要包括南彭公路车检场和重庆南彭公路保税物流中心以及在建铁路东环线专用货运站场，作为西南地区重要的陆路物流配送平台、重庆—东盟公路国际物流港和国际陆海贸易新通道的主要承载地，巴南枢纽应依托铁路东环线、高速公路等发达的基础设施，充分运用公路灵活的运输方式，努力支持好陆海新通道建设，同时充分支撑重庆市内物流微循环，大力提高物流枢纽整体性，将商品贸易、多式联运、产业融合、电子商务、公共服务等功能融合集成，服务重庆全域，承接川南、黔北地区和东盟的物流分拨需求。

五是小岚垭国际物流中心，位于重庆市江津区珞璜工业园，主要包括小南垭铁路货场、猫儿沱港，应依托铁路货场、长江内河水运港口、公路物流设施，凭借铁、公、水三种运输方式同时接入的区位优势和用地条件优良的后发优势，高站位规划部署，大力开展"铁公水"多式联运，力争将小岚垭物流枢纽打造为两江多式联运枢纽江海国际联运的重要补充和中欧班列（重庆）的重要集货地，用更大的力度支持长江经济带和"一带一路"建设。

六、重庆内陆国际物流枢纽高质量发展研究

（一）提升国际物流枢纽质量

1. 完善基础设施配套，增强枢纽内部互通

物流基础设施是物流业务的基础，应在物流节点配套能力充足的场地、库房、装卸设施设备等。同时，重庆市国际物流节点格局较为清晰，分别以水运、公路、铁路、航空等 4 种交通方式为主要对外通道的国际物流节点布局于重庆市东南西北四个方向，为充分利用综合交通体系优势，形成合力，应形成各物流节点互联互通的良好格局。推动铁路东环线、黄茅坪铁路专线、机场支线、进港铁路支线、西部物流园城市快速路等项目建设，利用重庆全市公路物流公司、物流基地、铁路线路，向各节点提供高效便捷可追踪的市内公路物流、铁路小运转列车等服务，力争将西向中欧班列（重庆）国际贸

易大通道、南向陆海新通道、东向长江黄金水道和铁海联运通道、北向铁路物流通道以及空中物流通道在重庆市内部互联互通，从而产生多种模式的国际多式联运新业态和新业务，催生新的物流产品和物流服务，提高分拨配送效率，实现多模式发展。

2. 重视信息技术应用，提高装备智能水平

充分重视物流信息平台建设，顺应物流领域科技与产业发展的新趋势，推进互联网、大数据、云计算、物联网等现代信息技术与物流业发展深度融合，提升物流业信息化、智能化水平。加快标准化进程，加快数据互联互通，提升不同枢纽信息系统的兼容性和开放性，打破物流信息壁垒，推动枢纽内企业、供应链上下游企业信息共享，统一各运输方式电子运单数据接口。加快物流企业信息化建设，通过电子化、数据化方式采集物流交易和物流活动信息，推广应用电子单据、电子合同等数据化物流活动信息载体，引导物流活动数据化。创新国际物流服务模式和口岸海关联检通关模式，全面建成电子口岸，提供物流信息、金融等附加服务。切实加强各类信息系统与市场需求的紧密结合，真正使信息平台有用有效，使物流从业人员主动使用信息化手段工作，深入挖掘物流数据价值。努力实现物流作业自动化或半自动化，研究利用无人机、无人仓、物流机器人、自动分拣机、新能源汽车等智能化、绿色化设施设备，大幅提高物流园区装卸、分拨、包装、配送等流程的效率，提高装备智能化和绿色化水平。

3. 提高物流服务质量，完善口岸功能

提高多式联运效率效益。丰富多式联运产品，重点发展铁水联运、江海联运、水陆联运、陆空联运等多式联运组织模式，加快以铁路物流为核心的现代多式联运产业发展，支持团结村中欧班列（重庆）、渝黔桂新、渝甬、中越（重庆—河内）等铁路联运班列运行；支持果园港多式联运中心深化建设，巩固内陆水运国际枢纽地位；支持航空公司开行地面卡车航班，推动有运营经验的卡车航班公司与机场合作。大力推动多式联运运单、设备、流程的标

准化工作，引导物流企业遵循国际多式联运标准体系，积极争取并配合国家加快制定实施统一标准的多式联运运单、多式联运提单，实现全程"一次委托"、运单"一单到底"、结算"一次收取"。大力发展标准化的多式联运装备体系，建立成熟的标准化托盘共用系统，统一铁路箱与海运箱标准，推广标准化载货工具和快速转运换装设备。制定多式联运服务规则，推广集装箱甩挂、甩箱等运输组织方式。

完善口岸和保税功能。目前作为重庆最大的多式联运枢纽，果园港区还不具备保税功能，限制了两江多式联运枢纽作为国际物流枢纽节点的物流功能，因此应积极争取将两路寸滩保税港区功能延伸至果园港，加快建设保税物流中心，未来视小岚垭物流枢纽的发展情况，也应研究配套相应保税功能。提升口岸开放功能，做强平行进口整车、首次药品进口和生物制品、水生动物（小动物）等口岸业务，在铁路口岸拓展动植物种苗、肉类、水果等口岸功能。推进保税区拓展区、国际邮件互换中心、口岸公共仓等一批服务口岸经济的配套设施，充分发挥各类口岸查验设施作用，促进铁路口岸提质增效。

（二）推动物流产业联动发展

1. 物流产业与重庆发展战略定位协同发展

近年来，重庆抓住国家西部大开发、"一带一路"和"长江经济带"等机遇，坚持走新型工业化道路，主动承接世界和沿海地区产业转移，构建起电子、汽车"双轮牵引"，装备、材料、化医、消费品、能源"多点支撑"的产业体系。未来，重庆紧紧围绕习近平总书记对重庆发挥"三个作用"的要求，结合"两点"定位、"两地""两高"目标，聚焦高质量发展主题，围绕供给侧结构性改革主线，聚力打造重庆产业"升级版"，促进产业高质量发展态势进一步显现。重庆将加快发展先进制造业、改造提升传统产业、科学规划前沿产业，加快形成支柱产业多元、市场活力迸发的现代产业新体系。围绕"一带一路"沿线国家和全球需求，在继续巩固电子、汽车两大支柱产业基础上，重点发展以智能终端、集成电路、互联网大数据为主的智能产业和以跨境电子商务、平行进口汽车、服务贸易为代表的新兴外贸业态。

物流产业与重庆发展战略定位协同发展，实现物流产业与重庆产业特点和发展方向相匹配，同时适应内陆地区物流产业发展要求，为实现重庆产业高质量发展和重庆战略目标提供支撑。

发挥重庆区位和产业优势，构建覆盖铁、公、水、空多种运输方式的国际物流运输体系，提高国际中转物流能力。推进物流规模化、集约化、专业化、信息化、智能化发展，推进物流产业向技术先进、便捷高效、成本可控的方向发展。大力发展国际中转物流、多式联运物流、全程物流、专业物流和绿色仓储。

国际中转物流。重点发展零星、批量、整合、分批、简单加工等集货及送货模式；开展进口分拨、出口拼箱、多国拼箱、延迟转运、大宗物品仓库加工和仓储、期货交割等业务；开展国际中转集拼业务，建设内陆国际中转集拼中心。

多式联运物流。增强仓储物流园区堆存、配送、中转、交易等综合物流功能，推进内河航运与航空、铁路、公路运输的物流网络建设，开展储存、装卸、搬运、包装、流通加工、配送和货物信息跟踪等多式联运物流业务，打造物流配送中心、物流公共信息平台、航空快件中心，构建临港物流产业链。

全程物流。围绕汽车、医药、化工、装备、电子信息、轨道交通等产业，培育一批全程物流企业。根据供应商、生产商、销售商、消费者之间货物流动的规模、流向、时间，提供全程化、全方位的运输、仓储、配送、报关、信息等服务，促进制造业企业实现"零库存""准时制""定制化"生产。推动全程物流企业金融创新，依托货物全程监管手段，开展代收代付、动产质押、仓单质押等物流金融服务。

专业物流和绿色仓储。依托大数据、云计算、物联网等先进信息技术，提升物流业信息化、智能化水平。引导传统仓储、运输、国际货代、快递企业采用现代物流管理理念和技术装备，提升物流企业的专业化、精益化服务能力。提高仓储利用的科学化、集约化水平，实现仓储资源利用最大化，减少仓储成本。

2. 物流产业与自贸区建设联动发展

中国（重庆）自由贸易试验区涵盖两江片区、西永片区和果园港片区。按区域布局划分，两江片区着力打造高端产业、要素集聚区，重点发展高端装备、电子核心部件、云计算、生物医药等新兴产业，并大力发展总部贸易、服务贸易、研发设计等现代服务业，推进金融业开放创新，加快实现创新驱动发展，增强技术、资本、人才等要素资源的集聚；西永片区着力打造加工贸易转型升级示范区，重点发展电子信息、智能装备等制造业及保税物流中转分拨等生产性服务业，优化加工贸易发展模式；果园港片区着力打造多式联运物流转运中心，重点发展国际中转、集拼分拨等服务业，探索先进制造业创新发展。

物流产业与自贸区建设联动发展，实现物流产业与自贸区产业发展方向相匹配，与自贸区产业布局相匹配，从而更好地满足自贸区产业的物流需求，发挥自贸区产业对物流产业发展的支撑作用。

物流产业方面，两江片区依托高端产业和江北机场，重点发展国际中转、专业物流等现代物流业，促进物流与金融、会展、电子商务相结合，推动物流业向专业化、信息化、智能化发展；西永片区依托中欧班列（重庆）和陆海新通道，利用好西部物流园平台，发挥内陆国际铁路物流枢纽优势，重点发展现代物流业，大力开展物流金融，拓展物流供应链，做大做强总部贸易，提升转口贸易物流规模和水平；果园港片区发挥港口优势，重点发展以口岸物流、多式联运物流为主的现代物流，延伸船舶管理、航运代理、航运经纪、航运金融等物流服务（见图 2 – 5）。

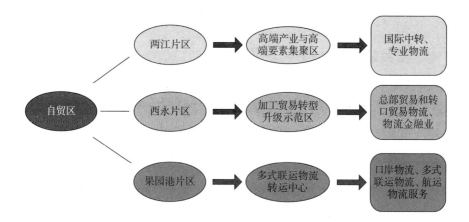

图 2 - 5　自贸区物流发展重点

3. 加强品牌建设

（1）中欧班列品牌建设

中欧班列品牌由中国国家铁路集团有限公司负责建设与管理，是国家支持建设的国际物流知名品牌。重庆市政府和企业要联合中国国家铁路集团有限公司共同推进中欧班列（重庆）品牌建设，提升中欧班列（重庆）发展水平。增加中欧班列（重庆）开行列数，扩大中欧班列（重庆）覆盖国家和地区，丰富班列运输物资品类，提高班列运行效率和效益，提升班列服务品质，实现物流、信息流、资金流的协同运作。同时要突出重庆特色，大力宣传中欧班列始发地的优势，使中欧班列（重庆）品牌效应更加凸显。

（2）国际物流枢纽品牌建设

加大重庆对外开放力度，提升国际合作水平，加强与有关国家、地区和其他省（自治区、直辖市）交流，常态化举办商贸、物流专业展会等活动，创办有影响力的国际物流展会品牌，搭建商贸合作平台，不断提升重庆内陆国际物流枢纽的知名度和美誉度，引导和汇聚全球各界力量共同参与重庆内陆国际物流枢纽建设。强化重庆对外物流通道畅通和枢纽内部连接畅通，提升物流园区和口岸建设水平，提高枢纽物流效率；利用现代科技提高枢纽绿色智能水平，将重庆打造为内陆国际物流枢纽的样板，建成内陆开放创新的高地，使重庆内陆国际物流枢纽品牌享誉全球。

七、相关政策建议

（一）城市总规的调整对国际物流枢纽建设的全盘考虑

国际物流枢纽建设与综合交通规划、产业发展规划、主体功能区规划、土地利用规划、城镇发展规划等关系密切，重庆市政府应加强各专项规划的衔接，保证规划的一致性，在调整城市总体规划时对国际物流枢纽建设进行全盘考虑，争取将国际物流枢纽建设新增和调整项目纳入城市总规修编。为保障国际物流枢纽建设，在城市总规中应充分考虑物流基础设施发展要求，预留铁路、公路、机场、港口场站用地和通道线位资源，注重物流枢纽建设与城市总体功能布局相适应，与城市基础设施良好衔接配套，为城市发展提供便捷的物流环境，实现物流衔接"无缝化"、物流服务"一体化"。

另外，为顺利落实国际物流枢纽建设方案，应加强规划项目与既有、在建项目的衔接。规划项目应充分预留相关规划通道和场站设施，尽快开展相关规划项目的前期研究；在建项目需要进行设计变更的，应尽快协调各相关部门，确保与其他规划空间布局协调、时序安排统一。

（二）物流产业做大做强和对外开放需要地方政府的引导支持

一是减税降费促进物流业做大做强。全面落实国家税收优惠政策，加强统筹协调，增强政企合力，全面落实物流业税收抵扣政策。加大地方政策对物流业发展的支持力度，对新能源货运车辆购置给予财政补贴和通行便利，扶持绿色物流发展。全面清理行政管理收费，推进收费管理制度化、科学化。清理规范港口码头、机场、铁路站场等企业经营服务性收费，简化收费项目，对收费标准做到公开透明。建立健全自然垄断环节收费目录清单。查验没有问题的外贸企业免除水运集装箱吊装、移位、仓储等费用，并研究扩大适用口岸范围。推动多式联运一体化降费措施，促进多式联运物流发展。合理确定要素价格，物流建设项目用地征地统筹费和土地出让金可以参照工业用地收取。

二是多措并举扶持物流经营主体。大力引进国内外物流巨头到重庆落户，为其开展业务提供良好的政策和商务环境，并鼓励当地企业与之合作，学习先进国际物流经验。注重本土物流企业的培育，对企业的经营现状和能力、面临的困难和诉求要做系统的调查研究，制定有针对性的政策加以扶持。拓宽物流企业投融资渠道，用好产业引导股权投资基金和物流产业发展基金，支持物流企业挂牌上市融资，支持银行为中小物流企业提供定制金融服务，鼓励物流企业做大做强，大力发展供应链金融，为上下游企业提供金融增值服务。发挥教育优势，培养更多高素质物流产业人才，并为其就业提供指导帮助。

（三）在开放平台创新建设方面给予重点关注

进一步发挥开放平台作用，支持中国（重庆）自贸试验区、两江新区、综合保税区、口岸等平台创新工作，促进国际贸易发展，带动重庆内陆开放高地建设。完善各类开放平台体系，支持自贸区制度创新和政策倾斜，放宽相关准入和业务范围限制；切实优化发挥两江新区等开发区的战略性新兴产业、创新要素集聚功能，增强对接"一带一路"的开放引领作用；加强综合保税区建设，创新海关监管模式，完善配套税收政策；赋予重庆口岸更多特殊商品进口监管的功能，提升口岸开放功能，尽快推动果园港扩大开放，争取将果园港纳入"一带一路"通关协作试点口岸。

另外，要争取更多国家级平台布局，提升全市开放平台协同联动发展水平，建议对开放平台内企业实行更为优惠的税率，继续对开放平台涉企收费进行全面清理整顿，有关收费项目实行全面公开。

（四）争取国家重要政策支持

国际物流贸易畅通方面。在国家支持下及时获取国内外国际物流贸易信息；希望国家相关部门加强与"一带一路"沿线各国海关及检验检疫部门合作，建立物流贸易协调机制，在"监管互认、信息互通、执法互助"和"一次申报、一次查验、全线放行"等与"一带一路"沿线各国提高通关便利性方面提供政策支持。

中欧班列（重庆）发展方面。争取国家支持将重庆打造成我国中欧班列货源区域性主要集结点；建议由国家层面统一与沿线国家相关部门进行价格谈判、线路租用、分拨点建设、通关通检等，特别是针对目前我国新疆的阿拉山口、白俄罗斯的布列斯特及波兰的马拉舍维奇的通关拥堵问题，提出解决方案；加强中欧班列货运安全保障力度，由国家相关部委牵头完善安全保障机制，建立应急响应机制，协调沿线各国政府及其相关机构，加强对铁路沿线停靠点及集装场站的安保力量，对盗窃团伙实施有效的打击，确保中欧班列运输安全。

国际物流枢纽建设方面。争取国家部委将重庆的"1+3+3"物流枢纽纳入2025年前的国家物流枢纽布局和建设规划，给予重点指导和政策支持。

多式联运标准和规则建设方面。建议国家强化载运装备技术的标准化建设，探索推广大尺寸标准化集装箱；研究和制定多式联运法律法规、多式联运单证规则、多式联运保险规则和多式联运经营人服务规范等。

建设资金支持方面。争取国家对"一带一路"基础设施建设优惠贷款政策，争取国内银行、亚洲基础设施投资银行、丝路基金等对重庆内陆国际物流枢纽建设的资金支持。

专题二

重庆融入"一带一路"开放型经济体系建设研究[1]

① 课题承担单位:重庆市宏观经济学会。

党的十八大以来，以习近平同志为核心的党中央着眼于"两个一百年"战略目标，统筹把握国内外形势新变化，提出"一带一路"建设等重大发展构想。在此倡议下，中国正与"一带一路"沿线国家积极规划中蒙俄、新亚欧大陆桥、中国—中亚—西亚、中国—中南半岛、中巴、孟中印缅六大经济走廊建设。习近平总书记对重庆提出"两点"定位、"两地""两高"目标、发挥"三个作用"和营造良好政治生态的重要指示要求，重庆作为"一带一路"和长江经济带联结点，具有独特的地理区位优势，直辖 20 余年来的发展奠定了较好的内陆开放型经济体系基础。如何"以全局谋一域，以一域服务全局"，抓住机遇，对接融入"一带一路"六大经济走廊，构建重庆特色的内陆开放型经济体系，对重庆加快经济转型升级，实现高质量发展，实现国家赋予的战略使命，具有重大而深远的战略意义。

一、重庆融入"一带一路"开放型经济体系建设的重大意义

（一）是提升集聚辐射能力、努力发挥"三个作用"的客观要求

更加注重从全局谋划一域、以一域服务全局，努力在推进新时代西部大开发中发挥支撑作用、在推进共建"一带一路"中发挥带动作用、在推进长江经济带绿色发展中发挥示范作用，是习近平总书记在新时代赋予重庆的重大使命、交给重庆的战略任务。这就要求，重庆要全面融入共建"一带一路"和长江经济带发展，加快发展开放型经济，增强在更高起点和层次推进对外开放的能力，更加主动参与世界经济大循环，更加积极运筹全球高端要素资源，更好发挥重庆作为"一带一路"和长江经济带的联结点作用，在西部地区带头开放、带动开放，努力在西部大开发形成新格局中展现新作为、实现新突破。加快融入"一带一路"开放型经济体系，不但有利于将重庆的影响力由成渝地区、长江上游地区和西部地区向"一带一路"沿线国家和地区延伸，成为"一带一路"的重要资源要素汇集的纽带，更好发挥战略支点和联结点作用；也有利于重庆充分发挥区位优势，优化经济结构，提升发展能级

和质量，参与国际规则制定和高端要素配置，快速提高重庆辐射带动能力，进一步释放国家中心城市和各类开发开放平台势能，努力发挥"三个作用"，助推国家区域协调发展战略实施和全面开放新格局建设。

（二）是建设内陆开放高地、推动经济高质量发展的战略抓手

我国改革开放40多年的实践证明，以开放促改革、促发展，不仅是我国经济持续增长的基本经验，也是我国现代化建设不断取得新成就的重要法宝。发展更高层次的开放型经济，构建更高质量的开放型经济体系，既是推动经济高质量发展的主要内容，也是新时代对外开放发展的战略抉择。推动重庆融入"一带一路"开放型经济体系建设，就是要通过强化重庆与"一带一路"沿线国家和地区在产业协作、技术合作、平台共建、要素共享等领域的全面融入，促进重庆产业优化升级，催生新业态、发展新产业、拓展新市场、培育新动能，形成经济运行管理新模式，构建全方位对外开放平台体系，打造内陆开放高地，增强全市经济发展活力，使重庆成为国际开放前沿和高地。既有利于进一步优化经济结构，促进开放型经济向更高层次发展，不断提高对外开放的质量和水平，建设内陆开放高地；也有利于重庆充分利用两个市场、两种资源，提升重庆在全国和全球产业链、价值链中的地位，促进高质量发展，为重庆实现总书记赋予重庆的最大使命、交给重庆的战略任务提供强大支撑，为共建"一带一路"建设贡献重庆力量和重庆智慧。

（三）是提升利用外资水平、培育外贸竞争新优势的必然举措

对外贸易是我国开放型经济体系的重要组成部分和国民经济发展的重要推动力量。统筹考虑和综合运用国际国内两个市场、两种资源，着力调整优化贸易结构、转变外贸发展方式，提升重庆外贸在全球价值链中的发展水平，提高外贸增长的质量和效益，实现外贸持续健康发展，既是我国由贸易大国向贸易强国转变的战略要求，也是重庆建设内陆开放高地的客观要求。推动重庆融入"一带一路"开放型经济体系建设，其本质是通过政策设计和路径创新，加强与"一带一路"沿线国家和城市的合作，增加欧洲国家资金、技术、人才来源，加强吸引欧洲国家投资力度，引进有战略性、引领性，对结构调整有重大影响和能填补空白的项目和国际化人才，进而巩固重庆外贸传统优势，培育竞争新优势，进一步拓展外贸发展新空间。与此同时，在全球化深入发展的条件下，重庆必须适应国际环境和国内条件变化的新要求，充分发挥自身比较优势，加快融入"一带一路"开放型经济体系和全球分工体系，全面提高开放型经济水平、培育对外贸易发展新优势，加快发展开放型经济，把服务贸易打造成为外贸新增长点，促进重庆产品、重庆企业走向国际市场，助力我国由贸易大国向贸易强国转变。

（四）是完善综合服务功能、提升城市国际化水平的有效路径

当前，经济全球化和网络信息技术化的浪潮不断推进，国家之间的竞争已经越来越集中表现为中心城市在全球网络中的竞争。重庆是中央直辖市、国家中心城市，区位优势独特、战略地位重要。从全局谋划一域、以一域服务全局，放大优势，补足短板，完善功能，推进国际化现代城市建设，着力提升对国际化元素的集聚能力、吸引力和城市国际化水平，打造较大的经济规模，形成较强的经济辐射带动能力和资源配置能力，促进城市向着更高层次的洲际国际城市迈进，才能在新时代西部大开发、共建"一带一路"和长江经济带绿色发展中发挥支撑、带动和示范作用。推动重庆加快融入"一带一路"开放型经济体系建设，既有利于在接轨国际惯例、国际水准、运作模式中，快速提升重庆与"一带一路"沿线国家和地区的物流、金融、贸易、信息、技术等枢纽连接和交换功能，也有利于重庆发挥构建通江达海、连接亚欧的战略支点作用，快速提升国际陆海贸易新通道的战略门户功能。同时，也将推动城市国际化配套服务功能、与国际对接的公共服务体系的逐步完善，提升城市规划、建设、管理国际化水平，塑造独特的国际山水人文城市，提升城市影响力和控制力，打造高质量发展的国际化现代城市，形成人人向往的国际化城市生活工作环境，使美好生活场景在城市完美呈现。

二、重庆开放型经济体系建设现状

（一）取得的成绩

1. 产业体系开放程度不断提升

近年来，全市抓住内陆开放高地建设机遇，不断提升产业发展开放水平。

一是工业优势产业积极融入全球产业分工体系。重庆市立足电子信息、汽车、通用机械等优势产业，坚持全链式培育、集群化发展，不断提升产业开放发展水平。电子信息产业方面，全市近年来按照整机加零部件垂直整合一体化模式，实现了全球采购电子零部件和整体销售，智能终端产业集群影响力不断提升。汽车产业方面，重庆积极融入全球汽车产业布局，引进了福特、铃木、现代、林肯等整车制造企业，通过建设中德汽车产业园、中韩产业园等，引进了一批汽车零部件厂商，建成了全球重要的汽车产业基地。摩托车产业方面，重庆是中国摩托车主要生产制造基地和最大出口基地，全市生产的摩托车有近 94% 出口到东南亚、非洲等地，通用机械 75% 出口到海外，并在海外建有生产制造基地。装备、消费品等其他支柱产业也积极参与全球产业分工，产业开放程度不断提升。

二是开放型的服务经济得到发展。围绕公、铁、水、空口岸，全市加快发展口岸服务业，外向型经济取得成效。口岸物流量日渐增加，全市国际物流量达到 819.3 万吨，其中：中欧班列年开行量达到 1382 列，陆海新通道班列年开行量达到 303 列，目前经重庆中转的周边地区外贸货物占重庆港口外贸货运量比例达到 55% 以上。跨境结算取得新发展，2019 年市跨境人民币结算总额 923 亿元。服务贸易保持快速增长，2018 年全市服务贸易额达到 286.7 亿美元，其中国际服务外包实现 21.3 亿美元，居中西部首位，跻身全国服务外包示范城市第一梯队。跨境电商蓬勃发展，在渝跨境电商企业超过 100 家，2018 年仅重庆保税港区就实现跨境电商交易额 28.11 亿元。同时，研发设计、金融、商务服务等其他服务业加快发展。

2. 开放平台体系基本成形

全市开放平台不断丰富完善，已初步构建"1278"① 开放平台体系，形成全方位支撑开放型经济发展格局。

一是两江新区内陆开放核心功能更加凸显。两江新区着力完善开放口岸、保税区域、物流通道、开放业态、国际合作、开放型经济体制，已成为重庆经济增长的新引擎和内陆开放的重要窗口，战略性新兴产业、现代服务业发展势头强劲，外贸进出口总额占重庆市的 40% 左右，利用外资占全市的 1/3 左右，世界 500 强企业近 150 家入驻重庆，占全市一半左右，经济整体外向度较高。

二是自贸区、中新项目取得较大突破。重庆自贸区严格推行"政策清单"和"项目清单"，持续推进制度创新，打造投资贸易便利化环境，2018 年重庆自贸区全域新增注册企业 12768 户，占全市比重 9.4%，注册资本总额 1280.28 亿元，占全市比重 18.2%，引进项目 983 个，签订合同（协议）总额 2129.25 亿元。中新示范合作项目大力推进金融服务、航空产业、交通物流和信息通信四大重点领域的互联互通与合作，"陆海新通道"共商共建共享取得积极进展，截至 2018 年底，中新互联互通项目累计签约项目 140 个，总金额超 219 亿美元。

三是国家级开发区开放先导作用突出。全市拥有重庆高新区、重庆经开区、永川高新区、荣昌高新区、璧山高新区、长寿经开区、万州经开区等 7 大国家级产业集聚发展平台，围绕智能产业、汽车、装备、生物医药、新材料等重点产业招商引资情况良好，38 个区县特色产业园区初步实现错位发展、提质增效。

四是保税区和口岸建设提速。全市拥有 4 个海关特殊监管区域、4 个 B 型

---

① "1"指两江新区；"2"指中国（重庆）自由贸易试验区、中新（重庆）战略性互联互通示范项目；"7"指重庆高新技术产业开发区、重庆经济技术开发区、万州经济技术开发区、长寿经济技术开发区、璧山高新技术产业开发区、荣昌高新技术产业开发区、永川高新技术产业开发区；"8"指两路寸滩保税港区、西永综合保税区、江津综合保税区、涪陵综合保税区 4 个海关特殊监管区域，铁路保税物流中心（B型）、南彭公路保税物流中心（B型）、果园港保税物流中心（B型）3 个 B 型保税监管场所，以及重庆检验检疫综合改革试验区。

保税物流中心、12 个口岸，在西部内陆功能最全。以区域性交通枢纽为基础、国家一类开放口岸为支撑、保税区（保税物流中心）为载体的铁路、水运、航空开放平台体系建设取得突破性进展，开放平台间互通性进一步改善。建成重庆国际贸易"单一窗口"，全面融入全国检验检疫一体化，两路寸滩保税港区和西永综合保税区进出口总额占全市近六成。

五是海外产业园区建设取得进展。全市积极推进"一带一路"沿线国家和地区产业园区建设，重庆企业与韩方共同投资建设韩中国际产业园区，长安、力帆、国际复合材料等一批市内优质企业"走出去"搭建海外生产基地、研发机构等，推动产业供应链向海外不断拓展。

表 4－1　市内部分企业海外平台搭建情况

企业主体	海外产业平台
重庆东泰华安国际投资有限公司	韩中国际产业园区，产业定位于汽车、摩托车、船舶零部件以及生物技术、物流以及批发业等，致力于打造高科技产业园区
长安集团	在意大利、日本、英国建有全球研发中心
力帆集团	在俄罗斯、泰国、土耳其等国投资建设海外生产基地
国际复合材料有限公司	在巴西、巴林、美国建有生产基地

3. 对外贸易新动能不断培育

一是外贸规模持续扩大。自 2013 年"一带一路"愿景提出以来，重庆市在各种政策红利释放影响下，全市对外贸易持续向好。2018 年全市外贸总值实现 790.40 亿美元，比 2013 年[①]增长 15%。重庆与"一带一路"沿线国家贸易合作日渐频繁。2018 年，重庆出口到"一带一路"沿线国家的货值 1151.77 亿元，占全市出口的 33.9%；从"一带一路"沿线国家进口的货值 1265.37 亿元，占全市进口的 69.2%。

二是外贸发展质量继续提升。贸易结构更趋优化，2018 年，全市一般贸易进出口 1932 亿元，占重庆市外贸总值的比重为 37.0%；加工贸易进出口

---

① 2013 年提出"一带一路"愿景。

2632 亿元，占重庆市外贸总值的 50.4%。产品结构不断优化，机电产品出口保持稳定增长，占比达到 88%，竞争优势不断增强；高技术产品出口 2315 亿元，占比达到 68%；传统劳动密集型产品出口下降，占比降低。外贸内生动力逐步增强，2018 年全市国有企业进出口 591.0 亿元，占比 11.3%，国有企业进出口比重继续提升。

三是外贸新动力培育初显成效。保税贸易、跨境电商、融资租赁等新业态新模式快速发展，外贸新动力持续增强。保税贸易快速发展，2018 年全市保税贸易 636.9 亿元，占全市外贸的 12.2%。总部贸易和转口贸易放量增长，市政府出台《关于促进总部贸易转口贸易发展的实施意见》，截至 2019 年 4 月，重庆市实现汽车整车进口 7845 辆。跨境电子商务加快发展，跨境电子商务综合试验区建设深入推进，2018 年，仅重庆保税港区就实现跨境电商交易额 28.11 亿元，同比增长 109.15%。保税融资租赁实现零突破，继天津、上海、广东、福建之后，在第三批自贸试验区中率先在业务层面上取得成功。

4. 双向投资结构不断优化

通过"优环境、强服务"、优进优出，积极推动全市"走出去""引进来"双向投资结构加快调整。

一是加快"引进来"。2018 年，新批外商投资企业 232 个，合同外资 90.75 亿美元，实际利用外资 102.73 亿美元。产业和来源结构不断优化，外资更多进入实体领域，工业板块实际利用外资 45.0 亿美元，比重达到 43.8%。28 个国家（地区）的外商来渝投资，中国香港、英属维尔京群岛、韩国位列实际利用外资来源前三位，到位资金占全市总额的 66.8%。其中，实际利用"一带一路"沿线国家的外资 62.1 亿美元，占比达到 60% 以上。

二是积极"走出去"。2018 年，全市实现对外直接投资 11.1 亿美元，其中，在"一带一路"沿线国家直接投资达到 4.6 亿美元，占比 41.5%。对外投资主要领域为汽车制造业、土木工程建筑业以及信息传输、软件和信息技术服务业、租赁和商务服务业等。2018 年，全市对外承包工程完成营业额

10.3 亿美元，主要集中在交通运输建设、工业建设和房屋建筑等领域，三者合计占 92.3%，且完成地区以亚洲、非洲等"一带一路"沿线国家为主。

5. 国际化进程加快

区域合作不断扩大。深度融入中国—中东欧国家、中俄两河流域、中国—东盟等多边合作机制，与"一带一路"沿线国家和地区合作深度和广度不断扩大。中欧班列（重庆）开行超过 1000 班，与中亚、欧洲、俄罗斯等沿线国家和地区的合作交流日益频繁。"渝黔桂新"铁海联运班列累计开行 600 多班，实现"天天班"双向对开，与东盟、东南亚等国家和地区的合作交流频次快速提升，合作领域快速拓展。

国际城市交往日益频繁。重庆与全球 224 个国家和地区开展了经贸往来，缔结国际友好城市 45 对，对全球 53 个国家和地区实行 72 小时过境免签，外国政府在渝设立领事机构 10 家，83 个外国城市（省、州）与重庆市及所属区、市建立友好交流关系，20 个国家在重庆设立签证中心。成功举办上合组织地方领导人会谈活动，重庆与上合组织国家友好交往更加频繁。

城市国际化水平不断提升。国际科技及人才交流更趋频繁，智博会、西洽会、文博会、动漫节等重大平台建设更加完善，两江国际合作中心正式启用，成为重庆乃至西部地区参与国际科技展示交流和人才互动的重要平台。旅游国际吸引力不断增强，2018 年全市接待入境游客 388.02 万人次，旅游外汇收入 21.9 亿美元，同比分别增长 8.3% 和 12.4%。国际化的居住、商贸、教育、医疗等生活服务设施更趋完备。

城市国际化功能品质明显提升。按照《重庆市城市提升行动计划》，系统地进行城市提升，"两江四岸"治理提升、"四山"综合整治有序推进，广阳岛"长江风景眼、重庆生态岛"建设进程加快。城市综合管理全面强化，城市管理精细化、智能化、人性化水平快速提升。江北嘴重庆国际金融中心、悦来国际博览中心、重庆两江国际合作中心、礼嘉国际旅游区等已成为外籍高管、留学生和工作人员的聚集地，国际化的配套服务及功能加快布局。

6. 开放型经济体制机制改革深入推进

围绕促进开放经济加快发展,持续推进开放型经济体制机制改革,营造良好的国际化贸易投资环境。

一是深化投资贸易便利化改革。持续推进"放管服"改革,优化行政审批流程,压缩行政审批时限,商事制度改革实现"三十一证合一",企业开办审批时间压缩至 5 个工作日以内。全面实行准入前国民待遇和负面清单管理,国际贸易"单一窗口"和智慧口岸建设扎实推进,实现重庆全域海关业务一体化和全域检验检疫"通报、通检、通放"一体化,整体通关时间压缩 1/2 以上。积极探索和实践陆上贸易规则,推动以铁路枢纽为代表的内陆开放制度建设,探索出"铁路运单物权凭证化"等创新举措。

二是开放型经济发展政策不断完善。优化整合外经贸发展现有支持政策,扩大资金规模,优化支持内容、范围和方式,对口岸开放、出口基地、技术研发、境外营销网络、境外生产加工基地等平台建设,以及服务贸易、跨境电子商务、保税贸易、融资租赁等新型业态发展,给予重点支持。扩大出口信用保险规模,引导金融机构加大对优质外贸企业的信贷支持力度,进一步降低外贸企业税费负担,帮扶企业积极应对国际贸易摩擦风险。

三是持续打造国际化、法治化环境。着力构建接轨国际的经贸和投资规则,深化服务业对外开放,在金融、医疗、健康等重点领域加大开放力度。推进"双随机、一公开"跨部门联合监管,推行信用监管和"互联网＋监管"改革,健全知识产权司法保护、整合应用、合理流动等制度体系,强化知识产权保护,加快推进社会信用建设。

(二) 存在的主要问题

1. 产业竞争力偏低

产业处于价值链低端环节,支撑开放型产业体系的服务业发展不充分。目前重庆的电子网络终端和汽车产业等开放程度较大的产业多处于价值链低端环节,研发设计等高附加值环节发展不充分,高新产业发展不够充分。同时，服务于开放型经济的现代物流、跨境贸易、咨询服务等生产性服务业发展不充分，开放型产业体系的配套产业和环节需要补齐。

2. 开放平台功能不强

开放平台功能释放及协同发展仍待增强。铁路干线货运能力弱、三峡船闸"肠梗阻"、国际货运航线及物流中介偏少，导致"枢纽 + 保税区 + 口岸"复合型开放平台枢纽集聚功能较弱。开放平台功能定位雷同，同质化竞争激烈，招商引资方向不清晰，不利于推动各类平台错位互补发展，实现系统功能最大化。

3. 贸易水平待提升

重庆贸易结构不平衡矛盾突出。从出口产品结构上看，重庆主导产品结构单一，贸易结构不平衡矛盾突出。此外，跨境电子商务、总部贸易以及转口贸易等新兴贸易业态处于起步阶段，支撑力尚显不足。

4. 引资难度较大

招商引资难度持续增大。一是国际形势变化导致外商投资决策更加谨慎，对投资环境要求更趋严格，进一步增加重庆招商引资难度。二是对外开放政策红利遍及中西部地区，进一步分流了外资。随着今后国家赋予的政策优势不断弱化，重庆利用外资增长的持续性将进一步受到挑战。

5. "走出去"制约较多

仍有诸多国际国内因素制约企业"走出去"。一是"走出去"风险加大。全球经济复苏缓慢、保护主义、地缘政治等致使中国企业的跨国投资风险持久居高不下。二是企业自身国际化水平不高。缺乏大型投资管理和大型资本运作管理等方面的经验，对国际环境的认识模糊，在吸引、留住国际化人才方面尤其欠缺经验，社会责任、品牌建设、企业文化等方面的能力也相对不足等。三是竞争秩序仍显混乱。同质化竞争激烈，市场竞争秩序混乱，等等。

6. 国际化水平不高

一是国际化资源要素集聚辐射能力不强。缺少类似于北京、上海等城市的全球性要素市场。上市公司量小力薄，2018 年底，重庆 A 股上市企业 50 家，市值为 0.48 万亿元，仅占沪深两市的 1.08%。对高端人才吸引力较弱，外籍侨民仅占 0.03%，两院院士、长江学者、"千人计划"、"万人计划"人才占全国的比重不足 2%。二是经济开放度不高。举办的国际性赛事和会议会展活动少，定期举办的国家级博览会只有智博会和西洽会。海外游客吸引力较弱，2018 年接待入境旅游人数仅 388.02 万人，不足纽约、巴黎、伦敦等国际大都市的 1/4。江北国际机场在西部的枢纽优势并不明显，尚未形成真正具备优势的基地航空公司，与全球部分区域中心城市还未建立直航航线，与国际航空枢纽和机场城市存在一定差距。三是国际化的城市风貌和服务功能不足。城市整体设计系统性、前瞻性规划不够，城市天际线、山脊线、水岸线不够突出，山城江城特色彰显不足，展示国际化现代城市形象的地标性建筑较少。国际化的医院、学校、体育场馆、街区以及能承载重要党宾国宾访渝活动的涉外酒店等公共服务设施配套依然欠缺，领事馆、国际组织分支机构、跨国公司区域性总部等国际机构引入不够，涉外服务功能国际化水平有待进一步提高。

7. 开放型经济体制机制改革仍待深化

铁、公、水、空多式联运面临运输方式规制要求不同的现实障碍，多式联运规则、票证单据、承运人识别、责任划分、保险赔偿等方面的规定尚未统一，导致"一单制"推行难度较大。"一带一路"沿线国家相关机构缺乏一体化管理和互认机制，导致国际班列通关效率较低。同时，全市与国际接轨的投资贸易环境仍待进一步优化，针对国际化人才引进的政策支持力度尚待加强。

三、重庆融入"一带一路"开放型经济体系建设的总体思路及战略目标

（一）总体思路

在习近平新时代中国特色社会主义思想总体指导下，发挥重庆地理区位

及国家战略地位优势，抓住共建"一带一路"进入走深走实、高质量发展新阶段机遇，以融入"一带一路"六大经济走廊建设为总体方向，以融入、构建产业链、价值链、物流链、供应链为主线，以构建开放型产业体系、建设内陆开放平台体系、提升对外贸易水平和能级、提高经济开放水平、加快城市国际化进程、创新开放型经济体制机制为战略路径，突出重点区域、重点领域、重点通道、重点平台、重点企业，构建起内外联动、竞争力强的现代开放型经济体系，培育增长新动力，为重庆实现高质量发展，实现国家赋予的战略使命提供强大支撑。

（二）战略目标

到 2020 年，对接"一带一路"的内陆开放型经济体系框架基本形成，以中欧班列、陆海新通道等国际物流和贸易大通道为主体的西向、南向开放取得明显成效，"引进来""走出去"共建经贸产业合作园区落地拓展，市场、规制、标准等软联通水平不断提升，重庆作为我国内陆地区对外开放高地的地位和形象进一步巩固。

到 2025 年，对接"一带一路"的内陆开放型经济体系开放水平和竞争力进一步提升，西向、南向开放通道、能力、经济体系成效彰显，对接"一带一路"六大经济走廊开放型经济体系框架不断完善，对外开放通道、对外开放平台、大通关体系等对外开放基础保障体系基本健全，重庆作为内陆开放高地竞争力进一步提升。

到 2030 年，对接"一带一路"的内陆开放型经济体系在我国面向中亚、欧洲、南亚、东南亚对外开放中发挥核心枢纽作用。内外联动、互利共赢、安全高效的开放型经济体系更加完善。

四、重庆融入"一带一路"开放型经济体系建设的战略路径

（一）建设开放型产业体系

1. 提升发展外向型先进制造业

外向型先进制造业是重庆融入"一带一路"建设、参与全球产业分工的重要着力点。要围绕"一带一路"沿线国家需求，加快优势外向型制造业深度融入全球产业分工体系，并加快培育外向型战略性新兴产业。

推动优势外向型制造业全链融入全球产业分工体系。围绕"一带一路"沿线国家及全球市场需求，继续按照"垂直整合、整机＋零部件配套"的方式，重点推动电子信息、汽车、装备制造等优势外向型产业，实现加工贸易向"研发链＋产业链＋供应链"深度发展。电子信息产业，要结合"一带一路"沿线国家的差异，继续采用"全球采购零部件，全球供应整机产品"的模式，推动智能手机、平板电脑、笔记本电脑等智能终端面向这些国家实现差异性定制生产，提升价值链水平。汽车产业要继续发挥重庆汽车产业配套完善的优势，推动与"一带一路"沿线国家开展产能合作，提升重庆汽车产业国际竞争能力。装备制造等其他产业，要积极引进"一带一路"沿线有实力国家的先进技术，加大产业合作力度，共同打造相关产业集群。

积极培育外向型战略性新兴产业。大数据智能化是时代的潮流，也是最具有外向型特点的产业之一。要将大数据智能化作为重庆与"一带一路"沿线国家开展产业合作的重要着力点。要加快培育以大数据智能化为引领的人工智能、智能硬件、智能装备制造等战略性新兴产业，将先进的智能化设备和技术输出到"一带一路"沿线相对落后的国家，提升其发展能力。

2. 积极发展临港（空）型现代服务业

外向型服务业是开放型产业体系的重要组成部分。要依托港口、开放口岸等平台，加快发展以国际物流为重点的临港（空）型现代服务业，提升开放型经济服务水平。

大力发展国际物流。国际物流是重庆融入"一带一路"建设最直接的路径。重庆近年来国际贸易的快速发展也有赖于国际物流的飞速发展。为此，重庆要继续对接国家及区域物流业发展规划布局，以果园港为核心，联动周边地区港口，强化公、铁、水、空多式联运，加快建设国家物流枢纽。加快与国际物流巨头合作，建设国际物流园区，进一步做大国际物流量，带动重庆及周边地区国际贸易加快发展。

加快发展新型贸易。依托口岸、保税区等开放平台，围绕增强"一带一路"沿线国家服务能力，重点发展临港、临空等加工贸易以及转口贸易、总部贸易等新型贸易，进一步做大重庆的国际贸易量。积极向国家争取设立新的保税（港）区，进一步完善全市保税（港）区发展体系，加快发展保税加工贸易，打造辐射内陆的保税贸易中心。发挥重庆作为"一带一路"与长江经济带联结点的特殊区位优势，依托口岸完善多式联运体系，吸引周边省市货物经重庆转口至国内外其他地区，培育"一带一路"国家间经重庆开展的转口贸易，打造内陆国际贸易分拨、中转、销售、结算中心。建设总部贸易大厦和"一带一路"商贸城，引进和培育进出口贸易集成商来重庆设立区域总部。

大力发展其他外向型现代服务业。围绕完善重庆融入"一带一路"建设的配套服务能力，进一步做大做强金融服务、会展商务服务、研发设计、电子商务、文化旅游等现代服务业。进一步完善跨境结算功能，探索境外投资金融服务模式，提升重庆服务"一带一路"建设的金融服务水平。依托重庆国际博览中心，围绕"一带一路"建设，举办国际化、品牌化展览及会议，大力发展国际会展商务服务。积极引进国际知名研发机构，面向"一带一路"沿线国家开展研发创新合作，着力提升重庆开放创新水平。围绕居民消费升级需求，面向"一带一路"积极发展跨境电子商务以及出入境国际旅游。

3. 着力培育新经济

围绕未来产业发展趋势，瞄准新技术、新组织、新产业、新业态和新模式，聚焦新经济形态，重点发展科技与经济深度融通、发展潜力巨大的创新型新经济，为重庆融入"一带一路"建设增加新动能。

发展数字经济。瞄准大数据、云计算、物联网、5G、超算、人工智能等数字经济前沿领域，加快核心产业和关键应用落地，着力打造数字经济高地。依托两江新区、高新区、经开区、西永综保区、寸滩保税港区等平台，加快与"一带一路"国家前沿产业深度对接，推动智能产业向"一带一路"国家拓展，融入全球分工体系。加强同"一带一路"及全球数字经济领先国家和地区的国际交流合作，加快国别产业园区建设，强化国际产能合作，加快引入数字经济全球创新资源。以中新信息通信领域示范合作为契机，加快建成中新国际数据通道，逐步打通重庆和"一带一路"沿线国家和地区的国际数据通道。依托"一带一路"及国际友好城市等资源，积极参与国家数字标准和规范建设。

发展分享经济。创新分享经济模式，积极发展众包、众智、众扶、众筹等新业态。大力推进生产能力分享，促进生产制造、检验检测、维修维护、工业设计等服务资源的共享利用，发展以现代信息技术为支撑的企业间业务协作、外协外包、众包生产、按时计费、柔性定制等生产能力分享新兴业态，打造面向全国乃至"一带一路"国家的生产能力整合分享生态圈。加快推动创新资源分享，鼓励大型技术企业、科研机构、高等院校加大创新资源开放力度，实施科研仪器、紧缺人才、知识技能分享工程，构建协同创新、共享成果的创新资源汇聚示范高地和创新资源分享经济示范基地。

发展平台经济。鼓励互联网企业发展移动电子商务、在线定制、O2O等新模式，创新业务流程和价值创造模式，促进产业融合发展。建设工业互联网平台，推动制造业企业利用工业互联网平台，探索"设计＋用户""制造＋电商""营销＋社交"等新模式，实现企业运营模式变革。发展新型电商平台，加快培育行业电子商务等新业态，支持重点企业建立行业在线采购、销售、服务平台，打造一批跨境电商线上综合服务平台。发展"互联网＋"物流运输平台，支持"互联网＋定制客运"等预约式个性化服务，鼓励发展定制巴士、客车小件快运、城市通勤车运输等新业态。发展体验经济平台，充分挖掘体验消费需求潜力，建设一批体验经济平台，创新体验消费模式。建设外贸综合服务平台，支持外贸综合服务企业利用平台向中小型生产企业提供代办报关报检、物流、退税、结算、信保等外贸相关服务。

发展首店经济。瞄准高品质、多元化、个性化的消费需求，激发时尚消费、品牌消费，推动重庆消费市场国际化、品质化发展。依托主城区主要商圈，鼓励大型高端商业综合体、高端商务楼宇积极招引集聚"一带一路"国家及全球各类品牌首店，打造一批高端首店集聚区。助推首店品牌选址推广，支持首店品牌参加各种交易会，开展首店宣传活动，支持新品首发活动，对符合条件的给予相关支持。支持高端品牌引进，对"一带一路"国家在重庆开设区域性首店的国际品牌，给予相应资金支持。

发展总部经济。依托中国（重庆）自由贸易试验区和中新（重庆）战略性互联互通示范项目建设，加快建设总部经济集聚区，优化总部企业发展环境，引进和培育一批国内外大型总部企业，增强要素资源的聚集辐射能力，推动全市加快产业升级，促进经济高质量发展。依托全市主要开放开发平台，引进高层次国际化市场主体，吸引跨国公司、国内外大型企业来渝设立综合总部、地区总部和功能总部。支持本土企业拓展市场空间和资源空间，延伸产业链和价值链，提高综合竞争力，打造一批具有国际竞争力的本土总部企业。

4. 培育具有国际竞争力的供应链

围绕"一带一路"建设，选择重点产业、重点行业和重点企业在产品设计、采购、生产、销售、服务等供应链环节加快融合创新，与"一带一路"沿线国家合作，加快构建全球供应链，培育一批重点供应链服务平台企业，切实提升全市重点产业的供应链竞争力。

加快培育重点供应链。结合产业基础和"走出去"条件，有选择地打造一批领头性供应链，形成具有国际竞争力的供应链。一是重点选择汽车、摩托车、智能终端等产业，针对"一带一路"沿线国家进行供应链布局。推动汽车生产企业将各个应用系统集成，实现全球研发设计、采购、生产、管理、销售一体化，提升供应链适应产品周期短与市场需求变化快的能力。鼓励摩托车企业挖掘东南亚及亚非拉市场潜力，运用信息手段，将零部件采购、总装、分销等供应链环节集成，搭建"端到端"的"全价值链"业务集成系统。加快智能终端生产企业转型升级，重点引进培育具有自主知识产权的企业，形成具有主导能力的全球供应链体系。推动轨道、风电、材料等其他产业加快构建全球协同发展供应链。二是瞄准"一带一路"供应链服务市场需求，以供应链综合服务平台、产销协同型供应链平台、供应链金融服务平台为重点方向，培育大龙网等一批数字化、专业化供应链平台，增强重庆经济发展新动能。

注重开放合作，共同打造供应链。结合"一带一路"各国家发展阶段和市场需求，采用多种措施与各国合作打造供应链。一是针对一些"一带一路"国家劳动力资源丰富的特点，鼓励纺织服装等劳动密集型行业企业在当地构建供应链体系。二是与"一带一路"沿线国家合作建设原材料等各类物流分拨中心，探索标准共通和利益分享机制，共同打造全球供应链。三是在"一带一路"沿线选择有条件的国家建设合作产业园，实现海外就地整机制造，选择合适的本地零部件，实现部分零部件本地化，建设基于当地市场的供应链体系，延伸产业链，以更好地配置全球供应链资源。

提升供应链管理创新应用水平。针对目前重庆市主要产业供应链管理水平低的问题，积极创新，运用现代信息技术、大数据技术等提升供应链管理的水平。一是围绕产业集群在产品研发设计、原材料采购、生产制造、检验检测、物流配送、销售服务等方面的共性需求，打造供应链协同平台，推动设计、采购、制造、物流、金融协同，完善供应链协同体系。二是发挥产业集群龙头企业在供应链资源整合和服务方面的能力，优化提升物流、商流、信息流和资金流整合能力，带动上下游企业协同发展，快速提升供应链创新与应用水平。

推动企业实施绿色供应链管理。与发达国家相比,我国企业在供应链各个物流环节还存在一定的环境污染,需要进一步提高绿色供应链意识和水平。重庆要融入"一带一路",必须要有绿色可持续发展的担当意识。一是要促进企业以资源节约、环境友好为导向,构建绿色可持续的采购、生产、营销、回收及物流体系,实现供应链绿色化发展。二是要鼓励企业采用绿色产品,强化绿色制造,使供应链各环节使用的设备在排放上提高标准。三是要围绕产业领域,开展绿色供应链管理,在各类产品的产品设计、原料选择、制造过程、物流、回收以及最终处置等环节进行绿色化改造,开发可回收包装材料,推动"绿色流通革命"。

(二)加快推进内陆开放平台和通道建设

针对重庆在产业协同、创新合作、贸易往来等领域融入"一带一路"的现实需求,着力完善和搭建各类功能性平台,推进国际化合作平台布局建设,加快形成内联外结、优势互补的开放平台体系,提升平台系统集成和要素聚合水平。

1. 加强"一带一路"平台共建

围绕产业、创新、贸易等领域,与"一带一路"沿线国家和地区加强产业园区、创新中心、物流中心、保税仓库等平台共建,争取加快建设国家级物流枢纽,发挥内联外结的要素集聚辐射服务功能。

加强国别产业园区共建。围绕"引进来"和"走出去",搭建双向产业国际合作平台,促进重庆产业转型升级。"引进来"方面,优化提升全市现有中意、中德、中韩、中瑞、中日、中以等国际产业合作园区产业集聚功能,进一步与法国、俄罗斯等国家共建产业合作园区,围绕汽车、电子信息、装备制造等先进制造业,以及现代农业和文化、金融等服务业,创新国别合作机制,积极引导优质产业项目、外资资金入渝投资,以更好地融入全球产业链,形成更紧密的产业协同关系。"走出去"方面,面向中国—东盟自由贸易区、中欧班列沿线和中巴、孟中印缅经济走廊等地区积极搭建重庆海外产业园区和产业海外转移服务平台，对接当地产业发展需求，推进国际产能合作。丰富完善政策工具，支持市内优质企业组团"走出去"建设海外生产基地、境外经贸营销网络，优化全球产业链布局，着力打造全球供应链。

加强国际创新协作平台共建。围绕技术引进和输出，着力搭建国际创新合作平台，助推重庆建设西部科技创新中心。加强国际先进技术引进方面，围绕全市汽车、电子信息、智能装备、生物医药、新材料等产业核心技术突破，推动市内企业、科研院所及高校与德国、法国、波兰等欧洲国家创新平台加强合作，通过搭建海外研发创新中心、联合实验室、创新基地等国际科技合作创新平台，加强前沿技术信息交流、科研人员互动和技术联合攻关，支持市内高校、科研院所与国外知名研究机构联合搭建创新协同中心。推动技术输出扩散方面，支持市内装备、材料等产业成熟技术向东南亚、中亚、非洲等地区转移扩散，通过搭建国际科技合作园等平台，促进科技成果转移和共享。

加强海外物流配套设施平台建设。围绕重庆建设内陆国际物流枢纽，在德国、荷兰、俄罗斯、新加坡、马来西亚、新西兰、哈萨克斯坦等国的"一带一路"重要节点性城市加强海外物流分拨中心、保税仓库、大宗物资物流园、冷链物流园、跨境电商产业园等平台基地建设，并协同推进金融结算、贸易融资等配套服务平台，为双向贸易开展提供实质性物流服务支撑，争取打造若干中欧、中亚、东南亚等区域性国际贸易分拨、中转、销售和结算中心。

2. 发挥自贸区和中新项目开放引领功能

以制度创新为重点，切实发挥自贸区和中新项目对重庆开放发展的引领作用，着力加强外资项目和先进技术引入。

加快推进自贸区建设。用好国家赋予的更大改革自主权，全面深化自贸区"放管服"改革，将更多行政审批权限通过市级授权、委托等方式向自贸区放权。对标国际通行规则，在贸易、投资、金融便利化等领域积极探索推动适宜重庆的制度创新和政策创新，在更高水平上提升要素资源配置效率。争取在果园港试行自由贸易港政策，以人才为导向建立"一带一路"海外引智示范区，促进国内外人才合作交流。在自贸区范围内开展对接"一带一路"产业投资促进活动，着力打造若干国际合作先行区域，以先进制造业和现代服务业引进为重点，加强外资项目和技术引入。

高标准实施中新互联互通项目。以陆海贸易新通道建设为重点，围绕铁路、公路、水运、航空、数据国际通道，高水平建设重庆国际物流运营中心和货物集散中心。依托中新合作项目，强化与新加坡等东盟国家产业、科技、贸易、城市等多领域合作，建立紧密合作共同体。推进建设中新金融服务、航空产业、交通物流、信息通信等重点合作示范区，着力引进新加坡先进技术和管理经验，争取更多标志性重大项目落地。

3. 健全开发开放平台体系

突出产业集聚平台核心功能，以两江新区、重庆高新区等国家级平台为核心载体，着力促进各类开放平台提档升级、错位发展、协同发力，形成促进产业发展的聚合效应。

深化国家级开发平台开放发展。目前重庆已集聚两江新区、重庆高新区、重庆经开区以及荣昌、永川、璧山高新区和长寿、万州经开区等国家级开发平台，应着力发挥重点平台对战略性新兴产业、现代服务业以及创新要素的集聚功能，以务实推动投资促进创新为关键，持续开展精准招商，在汽车制造、新能源、生物医药等高技术领域强化与西欧、中东欧地区国家的合作，在装备制造、节能环保、商贸物流等领域加强与日韩国家紧密合作，着重打造两江新区内陆开放重要门户，以科技创新为重点高标准推进重庆高新区建设。

进一步优化开发开放平台布局。重庆重大开放平台主要集中在主城区，应进一步优化开发平台空间布局，切实推动主城以外其他地区开放平台及功能提档升级，形成全市区域开放平台协调布局发展的良好局面。推动铜梁、潼南高新区升级为国家级高新区，大足工业园区升级为国家级经开区，推进万州经开区扩容，切实提升双桥经开区、万盛经开区等平台开放发展水平。

推动开放平台差异化协同发展。引导全市各开发平台依托自身区位交通、产业基础、资源要素等特点，布局适合自身发展的产业链环节，着力建链、强链、补链。构建完善开发平台产业协同发展机制，推动各类平台在产业对接、招商联动、创新协同等方面加强合作和信息共享，形成对接"一带一路""引进来"和"走出去"的发展合力。

4. 完善全市口岸功能

围绕重庆建设内陆国际物流枢纽，进一步推动口岸功能合理布局，促进口岸体系功能更加完善。

争取更多口岸布局。支持果园港一类口岸开放，争取设立国家公路一类对外开放口岸和江津小南垭保税物流中心。推进万州机场、黔江机场等航空口岸对外开放，推动万州、涪陵、江津、永川、丰都等区水运口岸建设。增强铁、公、水、空口岸集聚运输、分拨、储备、装卸和数据交换、分配、验收能力，争取更多口岸、保税区、保税港区等在渝设立，形成国家级口岸、口岸功能场所、特色商品进口指定口岸相互支撑的口岸体系。

完善口岸平台功能。强化两路寸滩、西永、江津、涪陵四大海关特殊监管区口岸保税功能，持续完善航空、水运、铁路、公路等开放口岸，推进汽车整车、进口肉类、粮食、水果和冰鲜水产品等指定口岸功能延伸，争取在果园港设立多式联运监管中心，打造综合性口岸。积极发展口岸经济，强化口岸作业、保税加工、保税物流、保税贸易等基础功能，鼓励发展转口贸易、总部贸易、跨境电子商务等新业态，深度对接"一带一路"融入国际贸易投资格局。

5. 提升"一带一路"开放通道效率

对接国家对外大通道建设，着力促进中欧班列（重庆）、陆海新通道交通基础设施内畅外联，进一步提升通道效率，拓展通道多元化功能。

提档升级中欧班列（重庆）。目前中欧班列（重庆）开行班列约占全国开行总数的1/4，主要发运站团结村物流量已趋于饱和，为充分发挥好"中欧班列（重庆）"的品牌效应，应争取团结村、果园港、江津珞璜小南垭铁路枢纽三点同时发运，并充分考虑线路方向、产品特点等因素，推动三条线路差异化运营，优化运输产品结构，避免资源重叠、浪费。

拓展陆海新通道功能。建设、完善陆海新通道国内西部地区省际、城际、县际铁路、公路、水运、航空交通基础设施，对现有沿线铁路线路实施改扩建优化升级工程，对外加快建设海铁联运、跨境运输、空中运输互联互通体系，着力提升通道物流能力。促进跨区域通关便利化，着力将陆海贸易新通道的物流功能拓展成为贸易通道、旅游通道，全方位提升通道利用价值。

（三）提升对外贸易水平

1. 创新加工贸易模式

以国际产业分工深度调整和实施"中国制造2025"为契机，围绕"一带一路"建设，"优进优出"创新发展加工贸易。

优化加工贸易结构。积极承接国内外产业转移，深度参与全球价值链分工体系，推进电子信息产业等加工贸易向品牌、研发、分拨和结算中心产业链高端延伸。围绕"一带一路"及全球市场需求，在现有笔记本电脑、打印机等电子信息终端加工贸易的基础上，积极拓展精密仪器、智能机器人、集成电路、平板显示等高端产品的加工贸易。加快培育黄金、珠宝、钻石、首饰、钟表等高档饰品加工贸易，打造从原材料供应、设计研发、生产加工到检测、包装、销售、售后服务、支付结算的全产业链。

探索加工贸易新模式。面向"一带一路"国家，搭建加工贸易转型升级的技术研发、工业设计、知识产权等公共服务平台，积极推动"一头在外""两头在外""多头在内、一头在外"等加工贸易模式，促进产业链、价值链、物流链融通，提升重庆加工贸易在全球价值链中的地位和市场影响力。大力发展以内外兼销、就地配套、便捷运输、劳动密集型为主的内陆型加工贸易产业集群。创新保税加工政策，探索发展"委内加工"、非国产货物进境入区维修、国际分拨中转等新业态。

2. 提档升级一般贸易

发展高附加值的一般贸易出口，优化进口商品结构，培育以技术、品牌、质量、服务为核心的对外经贸新优势，保持重庆进出口规模中西部领先地位。

提升出口商品附加值。稳定汽车、摩托车、通用机械、电子信息等产品出口优势，发挥国家外贸转型升级示范基地的引领作用，发展市场采购贸易，支持企业开展科技创新和商业模式创新，提高出口产品科技含量和附加值。强化轨道交通、通信设备、工程机械等装备制造业和大型成套设备出口的综合竞争新优势，扩大"重庆制造"优质产品出口，向"一带一路"沿线推介自主研发、拥有核心技术的品牌产品，大力培育具有重庆特色的区域性、行业性品牌等。

优化进口商品结构。鼓励电子信息、汽车、装备制造等支柱产业引进先进技术设备和关键零部件，扩大新能源及智能汽车等战略性新兴制造业先进技术设备进口。加强战略储备，扩大资源性产品进口。建设"一带一路"分区域的商品城，培育大宗商品进口专业市场，扩大日用生活品进口。推动对外贸易与"走出去""引进来"联动发展，在"走出去"中扩大出口，在"引进来"中扩大进口。

3. 培育壮大贸易新模式

抓住"互联网＋"战略实施机遇，大力创新发展各类新型贸易业态，培育外贸新增长点。

大力发展保税贸易。依托两路寸滩保税港区，吸引知名品牌入驻，设立区域分拨分销中心、区域结算中心及国际贸易企业运营总部，积极发展平行进口汽车展示交易、跨境购、保税购等外贸形态，做大保税商品展示交易及保税贸易规模，延展保税展示交易平台，丰富保税商品品种和业态。积极拓展集散分拨、融资租赁、进境维修、委内加工及检测等业务，打造辐射内陆的保税贸易中心。

积极发展跨境电子商务及结算。加快推动国家跨境电商综合试验区建设，依托自贸区、保税（港）区等平台，完善跨境电子商务运行模式、监管方式和管理政策，探索放开电子商务外资准入限制，引进跨境电商龙头企业，推动线上线下结合、境内境外结合等创新。加快建成集商品通关、检验检疫、物流分拨、金融结算为一体的跨境贸易电子商务综合服务平台。引导电子商务平台企业、跨境零售网商、跨境物流、支付结算等整个跨境电子商务产业链等产业资源聚集发展。创新离岸金融资金运用方式，扩大跨境金融结算规模。扶持和培育外贸综合服务企业，积极推进跨境投融资便利化，完善跨境金融服务功能。

加快发展总部贸易。面向"一带一路"国家，引进贸易集成商在渝设立区域总部，完善结算功能，实现"买全球卖全国""买全国卖全球"。鼓励跨国公司设立区域国际物流运营中心，建立进口货物专业市场和内陆国际物流集散分拨中心，开展进出口货物国际采购、分拨和中转。

大力发展转口贸易。以中欧（重庆）班列和陆海新通道等为依托，开展货物快速拆拼和集运业务，大力发展内陆在岸转口和过境贸易，吸引周边省市货物经重庆转口至国内外其他地区，促进"一带一路"国家和地区间经重庆开展转口贸易。着力打造内陆进口汽车贸易中心，发展面向国内以及东南亚国家和地区的汽车转口贸易。

4. 加快发展服务贸易

把服务贸易作为推动对外贸易和服务业转型升级的重要支撑，全面提升服务贸易整体实力，推动服务贸易成为重庆新的经济增长点。

巩固发展传统服务贸易。结合全市制造业转型升级方向，加快推进服务贸易与制造业深度融合。巩固旅游、对外工程承包等传统服务贸易领域的规模优势。重点发展通信、金融、保险、计算机和信息服务、咨询、研发设计、节能环保、环境服务等资本技术密集型服务领域。积极推动文化艺术、广播影视、教育、数字出版等文化服务出口。积极拓展"一带一路"沿线国家和地区市场，重点发展国际物流、建筑等服务贸易产业，培育特色国际精品旅游线路和产品。

提升服务外包竞争力。规划建设一批特色服务出口基地，加快国家级服务外包示范城市建设。加快集聚大企业、大集团以及国际知名品牌，培育、引进、集聚一批具有核心竞争力的市场主体，全面提升服务贸易整体实力和竞争力，建设全国重要服务贸易基地。积极拓展服务外包行业领域，推进服务外包业务向产业价值链高端延伸，着力提高服务外包高端业务比重。

探索服务外包新模式。围绕"一带一路"建设，依托大数据、物联网、移动互联网、云计算等新技术推动服务外包发展方式创新，创建服务外包发展新模式。打造服务贸易新型网络平台，提高货物贸易中的服务附加值，促进制造业与服务业、货物贸易与服务贸易、服务贸易各行业之间的协调发展。大力发展直接服务于货物贸易的研发设计、调研咨询等商业服务贸易，货物运输、船务代理、货运代理、仓储配送、中转加工、装卸搬运等运输物流服务贸易，货运保险、航运交易、国际结算、商业和消费信贷、国际保理和担保等金融服务贸易，加快发展对外文化贸易。

（四）提升经济开放水平

1. 积极推进产能合作

充分发挥重庆装备及技术优势，围绕重点行业，积极开展国际产能合作，带动重庆产业转型升级及设备、技术"走出去"，提升基础设施"硬联通"和经贸合作水平。

面向发达国家开展产能合作。对于"一带一路"沿线发达国家，包括辐射区域的欧洲等发达国家，以并购高新技术等先进要素为重点，获取技术、研发能力、品牌、销售渠道等关键性要素，提升企业整体竞争力，并联合开发"第三方"市场。

面向新兴市场国家开展产能合作。在"一带一路"新兴市场国家，以重庆汽车、轨道（特别是单轨）等优势产业境外绿地投资为重点，积极开拓市场，推动企业参与基础设施建设，提升当地工业化水平，持续增强共建"一带一路"的国际感召力。推动风力发电设备、水力发电设备、轨道交通和输变电网络相关设备加快走向海外市场，参与"一带一路"中亚、非洲、南非等区域基础设施建设，带动国内相关机械、电力、电气设备及机电产品出口。加快推动市内整机生产企业在海外市场建立生产基地，带动相关零部件企业向海外转移。积极参与和推动"一带一路"沿线旅游等产业合作。

2. 提升利用外资水平

利用外资是扩大开放的重要举措，准确把握世界科技革命、产业革命新趋势，努力承接国际产业转移，与"一带一路"沿线国家一道主动参与全球产业分工。

拓宽利用外资渠道。创新利用国外资金方式方法，通过融资租赁、商业保理等新业态拓宽利用外资渠道。积极发展区域性要素市场，稳妥推进市内金融机构和企业赴境外发行人民币债券。支持海外企业开展飞机、船舶、大型成套设备租赁，实现投资贸易一体化发展。完善国有资本对外开放的监管体系，积极发展混合所有制经济，引导国内外资金投入重庆市PPP项目，加强与国际金融组织合作。鼓励外资投向科技中介等公共科技服务平台建设，完善科创服务环境。

优化利用外资领域。按照全市"3+8"行动计划，围绕"2+7"工业重点领域，结合战略性新兴产业发展，大力开展产业招商引资。发挥全市开放平台优势，加大总部贸易、转口贸易等服务贸易的招商力度，积极引进境内外采购总部、营销总部、转口贸易公司和国际专业物流企业。有序扩大金融、教育、文化、医疗等服务业和公共服务领域对外开放，鼓励内外资投向现代农业、高新技术、先进制造业等领域，着力引进技术含量高、处于高端环节的外商投资。

创新招商引资模式。参照西安、郑州、武汉等城市，加强与长江经济带中心城市合作，在绿色发展中共同开展国际合作。围绕创新链完善资金链，促进外商投资企业引进先进技术和高端人才，推进引资与引智、引技相结合。大力推行全价值链"垂直整合"招商，引导外资广泛布局研发、设计、生产、销售、结算等价值链全流程业务，全面提升招商引资规模和质量。

3. 提高"走出去"质量

促进外宣、外资、外贸、外经、外事紧密结合，引导企业参与"一带一路"沿线国家投资合作，积极支持企业开展多种形式的合作，提升外向型经济水平。

突出"走出去"重点国家（地区）。围绕"一带一路"建设，按照"五通"要求，综合考虑双边关系、合作意愿、资源禀赋、产业配套、市场需求等因素，有序推进市内企业"走出去"。按照国家《对外投资国别产业导向目录》，从投资国家和产业方向加强企业对外投资合作的指导。重点围绕"一带一路"沿线国家和地区，特别是与重庆市建立国际友好城市的国家和地区进行布局，鼓励重庆企业抱团"走出去"，推进重点产业向重点国别（地区）的境外产业园区聚集。

推动"走出去"多元化。围绕"一带一路"沿线国家和地区的发展，推动企业开展产能合作，拓宽国际市场，逐步发展壮大成为跨国企业。推动汽车、轨道交通、清洁能源、建材等相对优势产业开展国际产能和装备制造合作。鼓励有条件的重庆企业在境外建立生产销售一体化基地，在全球范围建立组装和生产工厂、研发机构和营销中心。鼓励重点企业和大型企业集团以强强联合方式开展境外矿产资源勘探、开发、技术合作和海外并购。推进境外营销网络建设，建设一批重庆名优商品展示展销中心。

完善"走出去"机制。推进外经与外事相结合、加快外经与外贸结合、加强外经与外宣相结合，通过"抱团出海"、"借船出海"、联合投资等多种形式，防控"走出去"风险。搭建服务全市企业的"走出去"综合服务平台和境外投资项目推介及对接平台，鼓励对外投资合作协会等社会中介机构进一步发展壮大，不断提升服务水平。围绕"一带一路"重点区域和"走出去"领域，调整和优化"走出去"财政支持政策。深化境外投资企业备案制改革，提升政府在境外投资项目和政策信息等方面的服务能力。

（五）不断提升城市国际化水平

围绕重庆融入"一带一路"开放型经济体系发展需求，搭建国际交流平台，提升城市国际化服务能力，促进多领域开放合作，放大自身优势、补足发展短板、完善服务功能，提升集聚辐射能力，加快国际化发展进程，提升城市国际化水平。

1. 打造国际交流合作平台

推动重庆对外交往的资源优势、品牌优势、产业优势转化为发展优势，深入挖掘重庆独特的自然资源和文化底蕴，提升全市国际交往水平，全方位、多领域推进国际交流合作，着力打造西部国际交往中心。

加强国际城市外交领域交流与合作。推动重庆与"一带一路"沿线国家和地区建立更高层次、更宽领域的合作互动关系，吸引乌克兰、西班牙、比利时、希腊以及东盟国家、中国港澳地区的官方、商务机构等来渝常驻，丰富和提升重庆的国际化元素。加快建立与各类国际性区域性组织、国际多边贸易组织密切交流合作的有效机制，利用国际资源促进重庆发展。在悦来设立重庆国际领事馆（国际组织代表处、办事处）办公区，完善周边配套环境，营造有利于国际组织集聚的国际化社区氛围，积极与欧盟、非洲、东北亚和东南亚等地区的国家的城市缔结友好城市，互办城市文化友好年。引入"一带一路"沿线国家和地区新闻传媒机构在重庆设立驻中国西部地区的办事处、代表处和记者站等机构，加快提升和完善重庆作为中国西部重要的国际新闻采编中心、话语控制中心、传播中心、新媒体新平台研发创新中心功能。

打造国际化会议会展和赛事平台。以国际化、品牌化、高端化、市场化、专业化、智能化为方向，依托智博会、西洽会，不断提升办会档次、规模和国际影响力，不断创新办会的形式，将智博会和西洽会办成具有国际影响力的行业发展盛会，打造成重庆进行对外宣介、开展贸易投资和文化交流的重大国际性会议会展平台。发挥重庆作为"一带一路"枢纽节点作用，支持"一带一路"国家元首会晤、国家级甚至世界级展会论坛赛事落地，探索建立丝绸之路"国际城市联盟""丝路市长论坛""新丝绸之路论坛"，创办国际陆海贸易新通道物流金融高级论坛。争取承办世界 500 强企业高峰论坛等大型国际会议。打造一批国际化赛事平台，建设具有国际水准的体育场馆，积极承办篮球、足球、网球、羽毛球等国际顶级赛事。

2. 促进城市服务国际化

围绕融入"一带一路"开放型经济体系需求，结合国际化现代城市建设，逐步完善与国际标准接轨的、安全、便捷、服务周到的国际化公共服务设施，提升城市服务国际化水平，营造智慧化、智能化、人人向往的国际化宜居环境。

建设国际化公共服务体系。建设与国际化现代城市相适应的开放包容的健康医疗体系，加快引进国际先进医疗技术机构、医疗管理公司、医疗研发机构等，开展特色化、差异化医疗卫生服务。探索建设重庆（西部国际）医疗城，争取推动西南质子医疗中心在重庆布局，大力推进国际综合医院布局。大力发展国际特色教育，布局建设国际化学校，支持市内学校与国外知名教育机构开展校际交流、合作办学、结为友好学校，创办覆盖素质教育、职业教育、继续教育的多领域优秀国际课程体系。建立和完善在渝外籍人员服务管理综合信息共享平台，加大在渝工作的外籍工作人员及家属社会保障力度，将长期在渝工作、学习的外籍人士逐步纳入基本医疗保险、工伤保险和失业保险等公益性保障范畴。

完善涉外服务平台。开设重庆涉外志愿者服务热线和网络在线服务。加强国际化语言环境建设，逐步实行政务公共网站、区域门户网站多语种服务。规范全市重点涉外场所、交通要道、图书馆、文化馆、博物馆、文化旅游景区、轨道车站的多语种标识。加强城市礼仪教育，在大型社区设立外语交流平台（如英语区、德语区、法语区等）。围绕建设国际消费中心，在江北嘴、礼嘉等外国高管、留学生、外资企业相对集中的地区，建设集涉外餐饮、购物、酒吧、酒店、康体等功能于一体的，具有国际水准和前瞻性的，外事服务集中、涉外功能齐备的国际街区。

3. 推进多领域开放合作

以全面扩大开放为引领，有序推动教育、文化艺术等领域对外开放，努力形成与国际接轨的开放格局。

推动教育开放合作。深化全面扩大开放，"引进来"和"走出去"相结合，加快推动教育领域对外开放与合作。加大教育合作交流力度，学习借鉴厦门大学在马来西亚建立厦门大学国际校区经验，推动重庆相关高校在老挝、柬埔寨等"一带一路"沿线国家布点合作建校（院），形成与国际接轨的开放发展新格局。借鉴卡塔尔教育城吸引康奈尔大学、卡内基梅隆大学等 5 所美国名校在当地开办海外分校的经验，通过政府与国外名校和国际友好城市签署合作备忘录的方式，由政府投资平台或基金作为民事主体提供资金，吸引"一带一路"沿线国家和地区知名高等院校入驻重庆设立分校。

加强文化艺术开放合作。建立健全多渠道多形式多层次的对外文化交流体系，积极扩大文化领域对外开放。加强城市科研与高等院校的学术交流互动，积极邀请"一带一路"国际组织负责人、顶级学者专家来渝开展学术交流和研讨，支持市内拔尖人才定期到"一带一路"沿线城市进行访学。建立高效灵活的高科技人才管理与使用机制，以优越的工作环境、优厚的报酬待遇、优良的服务配套，吸引"一带一路"沿线国家和地区知识精英来重庆创业，激发人才创新创造活力。积极搭设国际化展演平台，邀请"一带一路"沿线国家和地区著名文化艺术团体、艺术家来重庆演出知名优秀剧目。组织重庆艺术家创编反映重庆巴渝风貌乡土人情的剧目，与"一带一路"沿线国家和地区开展友好文化艺术交流，推动重庆特色文化产品巡演，传播重庆文化，唱响重庆声音。

（六）创新完善开放型经济体制机制

全面深化开放型经济体制机制改革，提速推进"放管服"改革，建立完善与国际接轨的法治化市场化营商环境，促进提升贸易投资便利化水平。

1. 推进国际化法治化市场化接轨

构建与国际接轨的投资规则体系。深化外商投资和对外投资管理体制改革，全面实行准入前国民待遇加负面清单管理制度，建立企业投资项目管理权力清单、责任清单制度，建立健全"三个清单"动态管理机制，建立与国际高标准规则衔接的制度体系。全面放开一般制造业，有序扩大医疗、教育、电信等领域向外资开放，深化外资审批体制改革，在一定领域、区域内先行试点企业投资项目承诺制。

构建公平公正的法治环境。将法治理念贯穿经济社会发展始终，将重大战略、政策、体制机制等逐步转化成法律条文，营造内外资企业一视同仁、公平竞争的环境，确保政策法规执行一致性。深化与国际司法界交流合作，推动建设国际商事仲裁机构，建立多元化化解机制和专业化审理机制。推进政府行为法治化，努力健全企业履行主体责任、政府依法监管和社会广泛参与的管理机制。积极推进完善社会信用体系建设，加大知识产权保护力度，依法保护外商投资企业知识产权，切实保护投资者合法权益。

促进市场公平竞争。深化经济体制改革，研究出台与国际接轨的开放型经济政策体系，积极推进经济行为市场化，构建统一开放、竞争有序的市场体系和监管规则，清理废除现存妨碍统一市场和公平竞争的各种规定、做法，防止各区出台排除、限制竞争的政策措施，全面加强事中事后监管。

2. 促进贸易投资便利化

深化国际贸易"单一窗口"建设。创新口岸通关模式，推进查验业务流程再造，在"监管互认、信息互通、执法互助"和"一次申报、一次查验、全线放行"等方面与"一带一路"沿线各国加强通关一体化改革。开展贸易全链条信息共享和业务协同，全面深化政府服务、物流协同、数据服务等，实现内陆不具有口岸开放功能区域与边境铁路口岸之间物流运作和通关作业的无缝对接和深度融合。

探索完善多式联运规则。打破既有口岸管理和物流运行模式,争取将果园港打造成为多式联运试点,在单证、信息、安检等标准互通,以及铁路、水运、公路、航空口岸通关整合一体化方面开展积极探索,完善国际陆上贸易、陆海贸易规则。创新开发具有物权凭证功能的提运单,进一步扩大铁路提单信用证结算覆盖的商品的种类,争取陆路货单金融属性得到国际认可,构建商检海关、货物监管、融资增信与支付结算标准化体系。

提升投融资便利性。在自贸区范围内,稳步推进资本项目收入结汇支付便利化试点,探索建立本外币统一规则的自由贸易账户体系,促进跨境投融资便利化和资本项目可兑换。开展个人贸易外汇管理政策试点,支持自贸试验区个人开展经常项下、投资项下跨境人民币结算业务。

3. 着力打造一流营商环境

持续深化"放管服"改革。大力推进简政放权,深入政务服务流程再造,最大限度精简审批环节和审批事项,切实压缩项目审批时间。推动"互联网＋政府政务"建设,加快跨部门协同审批,构建完善全市一体化网上政府服务体系,加强跨区域、跨系统、跨部门、跨业务并联申办审批,推动"一网、一门、一次"政务服务办理。全面落实"双随机一公开"监管模式,实现随机抽查事项全覆盖。

完善产业支持政策体系。严格执行、适时修订新增产业的禁止和限制目录,进一步明确重庆重点发展产业领域,分行业研究出台促进高精尖产业发展政策。完善现有外经贸发展专项政策,扩大资金规模,优化支持内容、范围和方式,重点支持开放型经济、开放口岸、技术研发、境外营销网络和生产基地等平台建设。鼓励金融机构探索支持对外开放的有效模式,扩大出口信用保险规模,设立国际产能合作投资基金,建立健全支持科技创新的国际金融合作机制。

完善城市国际化服务功能。打造全市宜居宜业的绿色生态发展环境，建设一批智能低碳的国际化社区，满足海内外人才工作居住需求。健全城市公共交通和政府公共服务等公共领域多语种引导标识，提供更加完善的国际就学、就医服务，加大外交机构、国际组织机构、国际商业机构引进力度和友好城市结交力度。进一步加强在渝外国人服务管理，提升外籍人士签证申请、停居留、出入境便利性，延长国外旅客过境免签停留时间。

五、相关政策建议

（一）国家层面

表 4 - 2　近年来国家出台的相关开放政策

序号	相关政策
1	《国务院关于支持自由贸易试验区深化改革创新若干措施的通知》（国发〔2018〕38 号）
2	《国务院关于印发优化口岸营商环境促进跨境贸易便利化工作方案的通知》（国发〔2018〕37 号）
3	《关于扩大进口促进对外贸易平衡发展意见的通知》（国办发〔2018〕53 号）
4	《国务院办公厅关于印发进一步深化"互联网＋政务服务"推进政务服务"一网、一门、一次"改革实施方案的通知》（国办发〔2018〕45 号）
5	《国务院关于同意深化服务贸易创新发展试点的批复》（国函〔2018〕79 号）
6	《国务院关于促进外资增长若干措施的通知》（国发〔2017〕39 号）
7	《自由贸易试验区外商投资准入特别管理措施（负面清单）》（2018 年版）
8	《关于进一步推进开放型经济新体制综合试点试验的若干意见》（商政发〔2017〕125 号）
9	《外商投资准入特别管理措施（负面清单）》（2018 年版）

1. 加强陆海新通道顶层设计和统筹协调

争取国家层面出台"陆海新通道"建设的指导意见，建立陆海新通道共建共商共享统筹协调机制，制定并规范各地区统一的定价、单证、结算等运输贸易规则，制定统一对外的合作谈判、通道宣传和品牌运营，并将陆海新通道纳入我国与有关国家战略对话框架。争取国家支持重庆建设陆海新通道国际物流运营中心，赋予重庆陆海新通道操作中心、单证中心、结算中心、信息中心等功能定位，在推进共建"一带一路"中发挥好带动作用。

2. 支持开放大通道和枢纽建设

以陆海新通道和"空中丝绸之路"建设为重点，争取国家加大对西部地区以交通为主的基础设施建设，建立"一带一路"沿线国家基础设施建设协调机制，解决基础设施建设能力不足、换装能力不足、拥堵和开行速度低等问题。争取国家支持重庆打造联通泛亚及全球的铁海联运和国际铁路大通道，加强重庆—东盟国际公路物流通道建设，启动三峡第二通道建设。争取国家将重庆作为西部航权开放试点，支持增开国际航线，打造国际航空枢纽。

3. 支持重大开放平台及口岸布局

争取国家在西部地区布局更多国家级高新区、经开区、自主创新示范区等重大开发开放平台，共享东部地区相关政策。争取国家支持重庆建设内陆自由贸易港，推进"境内关外"制度先行先试。争取设立国际大宗商品交易中心，组建国际物流联盟，统筹跨省份、跨部门、跨口岸协调机制。争取国家放开公路、铁路、航空、水运等内陆一类口岸设置条件，推动内陆口岸和沿海沿边口岸建立统一的通关制度。争取国家层面推动"一带一路"沿线国家海关合作，推进完善信息互换、监管互认、执法互助合作机制。

4. 支持重庆开放型产业发展

围绕交通物流、产业发展、城市开放等领域，积极争取国家层面给予重庆政策、资金方面的大力支持。争取国家政策支持中欧班列（重庆）、陆海新通道沿线铁路、港口、场站等基础设施提档升级，给予重庆对外大通道建设资金支持。争取亚洲基础设施投资银行、丝路基金、国家政策性银行、中央财政资金与重庆地方财政、社会资本共同出资设立产业发展海外投资基金，支持开展国际产能合作、对外投资等。争取中央财政专项补助、税费减免等政策，支持重庆外贸企业转型升级，提升外向型经济发展水平。

（二）重庆层面

表 4 - 3　近年来重庆市出台的相关开放政策

序号	相关政策
1	《重庆市人民政府关于做好稳外贸稳外资稳外经有关工作的通知》（渝府发〔2018〕50 号）
2	《重庆市人民政府办公厅关于印发重庆两江新区深化服务贸易创新发展试点实施方案的通知》（渝府办发〔2018〕20 号）
3	《重庆市人民政府办公厅转发市台办市发展改革委关于促进渝台经济文化交流合作若干措施的通知》（渝府办发〔2018〕117 号）
4	《重庆市人民政府关于印发重庆市企业境外投资管理办法的通知》（渝府发〔2018〕17 号）
5	《重庆市人民政府办公厅关于印发重庆市开放平台协同发展规划（2018 — 2020 年）的通知》（渝府办发〔2018〕64 号）
6	《重庆市人民政府办公厅关于加快总部经济发展的意见》（渝府办发〔2018〕38 号）
7	《重庆市人民政府办公厅关于印发中国（重庆）自由贸易试验区产业发展规划（2018 — 2020 年）的通知》（渝府办发〔2018〕32 号）
8	《重庆市人民政府办公厅关于印发重庆市优化企业投资审批服务工作实施细则的通知》（渝府办发〔2018〕9 号）
9	《重庆市人民政府关于印发重庆市开展市场准入负面清单制度改革试点总体方案的通知》（渝府发〔2018〕11 号）
10	《重庆市人民政府关于向中国（重庆）自由贸易试验区下放市级行政审批等管理事项的决定》（渝府发〔2017〕39 号）

1. 健全融入"一带一路"建设的组织机制

加强全市融入"一带一路"开放合作的组织领导，建立由市政府主要领导牵头、各方面积极参与的"一带一路"开放合作联席会议制度，定期举行会议商讨开放型经济发展情况。建立"一带一路"开放型经济发展的指标体系及统计评价、定期考核制度，以更好地推动开放型经济高质量发展。

2. 优化支持政策体系

以规则制度开放为突破口，进一步健全全市在财税金融、产业投资等领域的开放发展政策体系。进一步优化政策支持内容、范围和方式，提高政策供给有效性，完善进一步扩大开放的政策促进体系，推动市级、区级各部门汇编支持政策文本并公开发布，优化企业发展环境。

3. 强化招商引资和对外投资服务

依托两江新区、重庆自贸试验区、中新（重庆）战略性互联互通示范项目等重大开放平台，借助市长国际经济顾问团会议、西洽会、智博会等各类展会，充分发挥市招商局统筹指导作用，加强定向招商、精准招商、机构招商合作。创新招商引资方式，完善以商招商、代理招商等工作机制，建立社会化、商业化、市场化的招商发展机制，增强招商专业团队和人才作用，增强招商引资针对性、有效性。积极搭建企业"走出去"综合性服务平台，加大重庆"行千里，致广大"城市形象以及内陆开放高地建设宣传。

4. 突出人才保障

突出高精尖缺导向，围绕全市战略性新兴产业、科技创新等领域发展需求，以项目为纽带开展全球"融智"工作。健全人才资源保障体系，完善人才引进政策和服务机制，推进人才服务证制度的实施，加大海内外高水平创新团队、科技创新领军人才引进的政策支持力度，着力引进和培养一批管理型、技术型及复合型高端人才。

专题三

重庆融入"一带一路"科教文卫软实力建设研究[①]

———————

① 课题承担单位:重庆大学、浙江大学。

一、"一带一路"科教文卫软实力建设与合作的理论及意义

（一）国际国内背景分析

1. 国际背景

当前，全球秩序正处于大变革、大调整时期，世界多极化深入发展，全球经济疲软不振，各国间的竞争范式正在悄然从以硬实力为主的显性竞争向以软实力为主的隐性竞争转型，软实力成为国家竞争力的重要标志和强大引擎，越来越成为国家和国际社会所关注的焦点。

（1）软实力在全球化图景中的价值日益突出

一方面，国际多边力量格局以及多层次国际权力分工的形成，为软实力概念的普及推广提供了更广阔的空间，软实力不再仅仅是美国维护保全的工具，更多的国家开始借鉴并将软实力视为拓展地区或国际影响力的战略工具，更期待通过软实力的建设来吸引乃至影响其他行为体的行为①。另一方面，全球化使得世界各国相互依赖关系成为全球性的普遍存在，国际关系的整体性和社会性日益加强，传统权力或者硬实力在相互依赖和全球化的国际关系中的使用受到更多的制约②，面对各类不适应性，具备柔和性、渗透性特征的软实力的价值开始凸显。

（2）软实力成为综合国力的重要组成部分

在新形势下的国际竞争和全球治理中，越来越多的大国重视"软实力"在全球竞争与合作战略中的重要作用，软实力在综合国力中的地位和影响显著上升，已经成为国际竞争中不可或缺的重要力量。以美国、英国、日本等为首的发达国家为率先占据世界市场，在国家层面推行强势政策，长期以来积极推动文化、教育、科技等软实力产品对外输出，抢滩国际竞争前沿领域。与此同时，以印度为代表的新兴发展中国家制定了软实力产业发展战略，重

---

① 周玉渊. 认识大国:中国与日本在东南亚的软实力比较研究[J]. 东南亚研究, 2012,6(5):29-37.

② 陈玉刚. 试论全球化背景下中国软实力的构建[J]. 复旦国际关系评论, 2008:147-159.

视市场培育和产品输出。随着全球化进程的不断推进和全球化带来的新挑战、新问题的不断出现，软实力的弥合作用和重要性显著上升，成为各国综合国力的重要组成部分及有效竞争因素。

2. 国内背景

（1）软实力的重要性成为各界共识

当前，在我国推动全球化和参与全球治理中，开放融通是不可阻挡的时代潮流。在我国构建全方位开放新格局、深度融入世界体系的过程之中，既需要经济、军事等硬实力的支撑，也需要文化、教育等软实力的同步跟进和平衡，甚至引领。特别是在全球化面临一些新的挑战、中国面临新的制约和疑虑的背景下，如何构建有效的软实力体系、强化与他国及国际社会的沟通和交融，是必须要考虑的重要问题。同时，信息技术等新技术的发展和进步，也为软实力的建设和软实力作用的发挥创造了有利条件。推动软实力建设是我国扩大和深化对外开放的需要，是有效参与全球治理的必需选择，是推动参与全球治理可持续建设的必要路径。

（2）"一带一路"建设需要软实力建设的同步

"一带一路"在推动"政策沟通、设施联通、贸易畅通、资金融通、民心相通""五通"之中，既有设施领域的硬工程、经济金融领域的显性力量，也有政策领域的软管理、民心领域的软力量。过去的六年，我国及相关省级政府与"一带一路"倡议参与国在科技、教育、文化、卫生、人文交流等领域开展了广泛合作，建立了一系列人文交流互联机制，打造了"一带一路"文化年、智库合作联盟等一批具有示范效应的品牌活动，为推进我国与"一带一路"沿线国家的民心交流、科教文卫合作，深化沿线国家间的互信等发挥了积极作用，也为"一带一路"建设奠定了一定的社会民意基础。但是，面对复杂国际环境、多元文化背景、不同历史认知、多样现实诉求等现状和挑战，如何发挥软实力在"一带一路"建设中的"关键、基础、同步"作用，如何确保软实力建设与设施建设同步、与经贸合作同步、与政策建设同步,是"一带一路"倡议进一步走深走实,国家和各省级政府必须考虑的重要领域。

(二)重庆推动教科文卫软实力建设的必要性和重要性分析

1. 必要性

软实力与硬实力相互依存,相互影响。硬实力与软实力之间并没有截然界限,硬实力中包含软实力,软实力也能体现硬实力。实践证明,硬实力发展到一定程度时,软实力的欠缺就会影响到国家或地区综合实力的发展,一个国家或地区的软实力也是其硬实力的反映。因此,重庆市在提升城市综合实力、融入"一带一路"建设的过程中,既要重视以通道建设、基础设施、经贸合作为主的硬实力建设,又要重视以文化、教育、科技、卫生等为主的软实力建设,实现软硬并进,相互支撑。

从国际来看,软实力已成为大国国家发展战略的重要一环。以美国在中亚地区为例,其采用传统外交手段的同时开始积极推行"软实力"战略。通过非政府组织活动、教育交流项目的开展、大众传媒的传播力和丰富的互联网资源,对中亚人民尤其是年轻人进行文化输出,一定程度上获得了中亚地区对美国价值观念的认同,提升了其在中亚地区的影响力。同时,美国还凭借其领先的科技水平及优质的教育资源为多国带去技术革新及培养优质人才。早在 20 世纪 90 年代初,日本已经意识到软实力在国家发展中的重要性:在科技方面,日本的汽车及电器走进了全球的千家万户;在教育方面,日本"二战"后就注重国内教育水平的提升,进行强制性义务教育并保障财政资金的稳定投入,对日本经济、科技的快速发展起到极大推进作用;在文化方面,日本以其得天独厚的软实力资源——动漫作为载体,在包罗日本文化的同时也吸收中国及欧美文化,以动漫为媒介的软实力建设一定程度上消弭了各国国民对日本在心理上的隔膜,在日本提升国家形象和争取海外认同方面发挥了重要的作用。日本不仅拥有领先的科技优势、良好的教育资源及动漫等大众流行文化,而且在专利数量、平均寿命、国际援助、研究开发、企业活动等方面也拥有优质的软实力资源①。随着全球化的不断深入和各类新挑战的形成，以柔和性、渗透性为特点的软实力将成为国家发展的重要工具。

从国内来看，软实力建设成为各省市融入"一带一路"建设的必由之路。比如，成都作为我国西部地区综合实力最强的省会城市，积极参与软实力建设，已经在文化、教育、医疗卫生、科技等人文合作方面进行了有益探索。对重庆而言，重庆正以提高发展质量和效益为中心，在如何主动把握"一带一路"重要战略机遇期，如何加紧落实习近平总书记在重庆视察时作出的"重庆在推进新时代西部大开发中发挥支撑作用、在推进共建'一带一路'中发挥带动作用、在推进长江经济带绿色发展中发挥示范作用的重要使命"的"三个作用"重要指示方面，将软实力建设纳入总体考虑的范畴，这包含两个层面：一是对内而言，全面梳理软实力资源、提升软实力；二是对外而言，加强软实力领域的交流与合作，实现"引进来"与"走出去"的同步。目前看来，我国软实力建设远远不能支撑"一带一路"建设的需求，也仍落后于美国、日本等国，国家虽然意识到软实力对于我国未来发展和参与全球治理的重要性，但尚未形成软实力体系和可持续战略。在此背景下，作为省一级政府和"一带一路"建设的带动者，重庆有必要在融入"一带一路"软实力建设与合作中先做布局、先行先试，逐渐扫清与"一带一路"沿线国家间的众多理念和制度障碍，实现民心相通和政策融通，实现科教文卫等多领域的软实力建设合作，进而为探索省一级政府在此领域的作为提供借鉴。

2. 重要性

（1）推动重庆形成内陆国际物流枢纽，在设施联通上，要软硬兼备

当前，重庆在"硬联通"建设上成效显著：依托铁、空、水运三位一体优势，陆续开辟中欧班列（重庆）、"渝黔桂新"铁海联运班列等国际铁路西向、南向物流大通道，并基本形成了通达国内大中城市和全球的航空网络。如果说推进基础设施互联互通是"一带一路"建设中的"硬联通"，那么民

---

① 田庆立．日本构建软实力的路径选择评析［J］．黑龙江社会科学，2017（5）：53－57．

心相通、政策沟通、机制融通、科教文卫互通等则是必不可少的"软联通"。打造重庆国际物流枢纽，流通的不仅是货物、能源和产品，还有随之而来的人流和信息流，因此，伴随设施联通建设中的工程建设等的推进，更需要科教文卫等领域的合作与推进同步。

（2）打造内陆开放高地，在开放能力上，要软硬并举

当前，重庆已经形成"1+2+7+9"的国家开放平台体系，综合枢纽、开放口岸等功能日益显现；开放环境持续优化，自贸试验区建设、中新互联互通项目等深入实施，国际大通关格局初步形成。重庆作为内陆开放高地，不仅仅是经济建设和发展对外开放，科教文卫、人文交流也应同步开放，形成互通有无、互鉴互融的全方位开放格局和渗透型开放能力。一方面，重庆有三千年历史积淀，巴渝文化、三峡文化、抗战文化、革命文化、统战文化、移民文化在全球范围内具有自身特色和吸引力，工程教育、法律教育、农业教育等也有一定优势；另一方面，重庆的对外开放，也亟须与沿线国家建立科教文卫领域的全面合作、增强重庆的开放"软实力"，提升开放平台能级，形成发展增量中的硬设施和软环境协同发展。

（3）加强区域经贸合作，在合作能力上，要软硬协同

近年来，在国际陆海贸易新通道的推动下，重庆与"一带一路"沿线国家的外贸交易日趋频繁，重庆对"一带一路"沿线国家及地区投资增速保持较快增长，在"一带一路"投资格局中的地位显著上升。在进一步推进纵深经贸合作的过程中，软实力是为经贸合作保驾护航的有效手段、是塑造区域经贸合作良好发展环境的重要保障。美国、日本等的经验证明，软实力在经贸合作中起着长远性、基础性、决定性的作用。例如良好的城市形象和企业/企业家形象、充足的高技能劳动力储备、突出的科技创新能力、富有感染力的特色文化以及优美的生态环境、娴熟处理涉外事务的能力等，都是一个经济体独特魅力的体现，有利于其在日趋激烈的经济竞争中脱颖而出。

（4）重庆融入"一带一路"建设，在战略设定上，要软硬同步

重庆是"丝绸之路经济带""海上丝绸之路"的西部开发开放的重要支

撑和长江经济带的战略支点，是我国对外开放的重要"桥头堡"和充满活力的内陆经济带，具有承东启西、连接南北的独特区位优势。随着重庆融入"一带一路"建设，与沿线国家往来程度日趋加深，要实现合作互利的发展战略，不仅需要有强大的经济、政治硬实力作为后盾来保证基本的安全，还必须运用软实力的柔性作用，进行对外沟通、交流、对话以及磋商与合作等，妥善解决和化解与沿线各国在合作中出现的各种问题和矛盾①，同时，加强与沿线国家人文交流合作也必不可少，特别是科技、教育、文化、医疗、旅游等重点领域，重庆需要在战略顶层设计中主动作为，为经贸合作、设施联通、企业"走出去"等保驾护航，为双方或三方更纵深的合作奠定良好且可持续发展的基础。

（三）重庆推动教科文卫软实力建设与合作的意义

如何融入"一带一路"建设，落实总书记对重庆"两点""两高"和"四个扎实"的要求，承担与自身发展阶段相适应的责任，是重庆不可回避的重要课题。"一带一路"沿线国家众多，有发达国家、发展中国家，也有欠发达国家，各国价值观念、文化、发展模式等各有不同，使得"一带一路"建设具有不确定性、不稳定性和风险性。基础设施、通道建设等硬实力建设为国家合作创造良好的硬环境，软实力合作为国家合作创造良好软环境，软硬兼施、双管齐下才能更好推动"一带一路"倡议走深走实，行稳致远。因此，重庆要更好地融入"一带一路"，不仅要加大对经济建设的投入，更要注重软实力建设。软实力是民心相通的重要助力，提升软实力是民心相通的根本途径。重庆融入"一带一路"科教文卫软实力建设，与沿线国家达成友好合作，将促进重庆与"一带一路"沿线国家和地区的民心相通，为重庆对外经贸合作提供良好的民意基础，是重庆市融入"一带一路"倡议的又一重要举措，不但将有效促进重庆融入"一带一路"建设中的协调发展，也将助推重庆国际化建设。

---

① 杜淑芳."一带一路"背景下内蒙古向北开放的软实力研究[J]. 东北亚经济研究,2019,3(3)：31－41.

1. 有利于促进合作国家间的民心相通

民心相通是"一带一路"建设的应有之义。教育、科技、经济、卫生等领域，是"一带一路"倡议中社会认同度高的合作领域，也是民心相通的重要通道和重要纽带。一方面，重庆进行"一带一路"科教文卫软实力建设，以教育合作推动人才交往，以文化交流加深文化理解，以科技互动助力知识共享，以医疗援助增进人民友好，有利于重庆与"一带一路"沿线国家和地区人民相互了解、相互理解、相互谅解，塑造双方契合度高的价值认同、文化认同，增进相互理解与信任。另一方面，重庆的软实力建设依托"民心相通"政策，以人文合作交流为重要手段，传承和弘扬"丝绸之路"友好合作精神，是"丝绸之路"精神与务实合作的有机结合，有利于在沿线国家民众中形成一个相互欣赏、相互理解、相互尊重的人文格局。同时，有利于重庆提升自身科教文卫软实力，发挥其在"一带一路"建设中的示范作用，以点带线，从线到面，辐射带动西部地区软实力的整体提升。

2. 有利于夯实经贸合作的民意基础

促进经贸发展的重要基础是沿线地区民众的理解与支持，而民众的理解和支持有赖于教育、科技、文化、卫生等领域的软实力建设。一方面，重庆与"一带一路"沿线国家是非毗邻内陆地区间的合作，缺乏地理的连接优势。另一方面，由于国情不同、文化不同、员工价值观念不同，重庆投资企业与当地企业文化融合有一定难度，与其员工沟通成本较高，这会影响双方经贸合作的成败。因此，重庆与各国开展经贸合作的前提是双方相互了解、相互认同和相互信任。重庆积极进行软实力建设，推动教育、科技、文化、卫生领域的学术交流、人员往来和项目合作，直接惠及合作国的人民，消除沿线国家及民众的偏见与误解，调动起沿线国家人民的积极性与创造性，为重庆与沿线国家的经贸合作营造良好的舆论氛围。通过人文交流合作，加强重庆与沿线国家和地区的沟通与配合，发挥文化、教育、科技、卫生等领域的先行作用，建设良好的对外关系，促进区域关系统筹协调，为深化经贸领域的合作奠定坚实民意基础和社会基础。

3. 有利于打造区域人文合作新范式

"一带一路"不仅要提供经济红利,更要创造国际社会良好的人文生态。重庆与"一带一路"沿线国家进行人文合作交流,是重庆贯彻落实习近平总书记建设内陆开放高地的重要指示,打造"一带一路"人文合作平台的重要举措;是重庆建设全面体现新发展理念的国家中心城市,增强西部对外交往中心功能,探索符合双方利益的区域人文合作之路,展现对外开放合作新水平的创新实践,对国内其他内陆省市进行区域人文合作有着良好的示范作用。重庆积极进行区域人文合作交流,采取"文化+市场""教育+"等创新方式,丰富对外人文交流合作的思路,与沿线国家树立共生发展意识,面向国内国际两个市场,充分挖掘人文产业蕴藏的巨大能量和附加值,实现文化产业、教育产业、科技产业等转型升级,推动重庆软实力"走出去",为构筑重庆全方位对外开放新格局做出重要贡献。

4. 有利于助推重庆国际化建设

重庆地处内陆,与沿海发达地区相比,在经济发展水平和对外开放程度上有较大差距,把握"一带一路"倡议的重要发展机遇,开展软实力建设,将有助于重庆实现跨越式发展,增强自身内生发展动力,是提升自身城市竞争力的重要举措。同时,重庆正致力于建设以人文山水为特色的国际化大都市,依托于"一带一路"倡议,推出重庆优势产业、优势软实力资源,打开国际国内两个市场,拓展重庆对外人文交流领域,有利于提升重庆的国际影响力和城市吸引力,塑造良好的国际化城市形象,助推重庆的国际化建设。

二、软实力的界定及其构成

(一)软实力概念与特征

20 世纪 90 年代美国的约瑟夫·奈提出软实力的概念,其认为软实力是与军事、经济等有形力量相对应产生的一种无形力量资源。软实力主要包含三个方面，即文化吸引力，意识形态或政治价值观的感召力，塑造国际规则和决定政治议题的能力①。软实力是一种依靠吸引力而非通过威逼或利诱的手段来达到目标的能力②。软实力大部分来自一个国家或组织的文化中所体现出来的价值观、国内管理和政策所提供的范例，以及其处理外部关系的方式。本书认为，软实力建设不等于文化输出，应有共建共治共享思维，既包含自身优势的输出和获得认同，也包含对沿线国家、外部世界的一种尊重和适应。就"一带一路"建设的本质来说：首先，软实力是一种合作型实力，是对资源的软性运用而非强制性运用，是双方共同合作的产物，强调软实力的双向互动合作，而不是一方的单向输出；其次，软实力是一种特色型实力，每个国家所拥有的文化、价值观念、发展模式等各不相同，因此，各国的软实力也都独具特色，软实力建设不是追求完全同化，而是希望双方或多方在建设与合作的同时，保持自身软实力的特色；最后，软实力是一种持久型实力，其承载着一个国家长时间积累、凝聚出的文化、精神等无形力量，相互合作国家之间的互学互鉴，相互理解，对双方人民的影响是持久而深远的。因此，软实力是一国通过价值观念、生活方式和社会制度所形成的吸引力和感召力，以及建立在此基础上的同化力和规制力③。

本书对软实力的特性有以下认识：第一，软实力是一种吸引力、同化力、说服力、传播力、影响力。第二，软实力是对应于硬实力而言的，硬实力主要通过军事威胁、经济诱惑等手段达己所愿，体现的是强制性的和有形的力量，而软实力主要通过吸引力而不是强迫或收买手段达到认同目的，更多体现的是非强制性的和无形的力量。硬实力可以计量，而软实力很难计量。第三，软实力依赖的资源主要是教育、文化、政治价值观、制度和外交政策，而这些不会自发成为软实力，需要对其进行开发，使这些潜在的力量转化为

---

① 约瑟夫·奈. 软力量：世界政坛成功之道[M]. 吴晓辉，钱程，译. 北京：东方出版社，2005.
② 约瑟夫·奈. 软实力[M]. 马娟娟，译. 北京：中信出版社，2013.
③ JOSEPH S. NYE. The paradox of American power：Why the world's only superpower can't go it alone [M]. Oxford Unvisity Press，2002.

现实的实力。第四，软实力、硬实力要结合起来使用，即善用实力，才是一种成功的战略①。

（二）软实力的构成

约瑟夫·奈认为软实力的构成包括：一是文化的辐射力。文化具有吸引和同化的能力，即它将自己的思维、价值观等施加给别人，从而使其具有与自己相仿的观念。文化的这种同化力量，有助于国家外交目标的实现。二是政治价值观的感召力。一个国家思想体系的强大，才是真正的强大。而思想体系的强大依靠的是价值观的感召力，这是国家软实力的重要组成部分。三是外交政策的影响力。政策随背景的变化可分为短期和长期效应。约瑟夫·奈认为，美国的吸引力很大程度上取决于美国的外交政策和风格所表现出的价值观。很多国家都在外交政策中追求利益，但软实力是以说服、吸引的手段去赢得与他国的合作而非武力或威胁，这在一定程度上取决于一个国家如何塑造自己的外交目标。四是国家形象的吸引力。国家形象是在国内与国际社会的互动过程中体现出来的，在一定程度上代表的是一个国家在国际社会中的地位。国家形象是一个国家重要的无形资产，它体现了国家在国际社会中的政治声誉和精神面貌，也是一个国家实力和影响力的综合体现。运用软实力，可以逐渐改变国际行为体对自身利益的认知，构建身份和观念上的认同，从而创造更多的利益，有利于国际行为体间在国家安全上的合作和共赢。五是国际制度的承担力。国际制度是国际关系中的行为体在相互交往过程中形成的用以规范与组织彼此关系的原则、准则、程序和规则。国际行为体的规范在很大程度上需要通过国际制度来约束。国际制度的创建和实施需要得到众多国家的参与和认同，每个参与国都要遵守它的基本原则和规范。六是国家与民族的凝聚力。文化是一个民族的灵魂，民族精神是一个国家文化的精神体现，民族精神所表现出来的价值目标对整个民族有着强大的凝聚力。凝聚力是集到一起的能力。一个国家的凝聚力也表现在对其他国家的吸引力

---

① 郑学刚. 中国文化软实力提升研究[D]. 中共中央党校，2018.

和感召力。七是国家安全利益的维护力。要想有效地保护国家安全，不能仅依靠武力和强制性手段；通过吸引、说服等手段来获得别国的信任和认同来维护国家利益和安全将变得更为重要①。

（三）软实力建设的原则

软实力是一种无形的力量，与经济、军事等硬实力相比，更容易渗透到沿线各国人民心中，更容易扩散到各个领域，更容易对"一带一路"建设产生深远影响。本书界定的软实力不拘泥于权力研究中和硬实力相并行的抽象的软实力，而是紧扣"一带一路"实施和可持续推进中的软性、柔性的能力建设。一方面，软实力所具有的渗透性、非强制性、互动性等特点要求软实力建设需要从教育、科技、文化、卫生等"软"性领域入手，以丰富的活动、多样的形式吸引沿线国家民众积极参与，在人文交流活动中感受文化差异、价值观念的不同，增进对彼此的了解和认识。另一方面，软实力合作形式多样、参与主体多元、涉及领域众多、辐射人群广泛，以教育、科技、文化、卫生等为主要内容的软实力与人民的生活息息相关，做好软实力建设有利于搭建民心相通的桥梁、相互信任的纽带，需要通过加强与"一带一路"沿线国家教育、科技、文化、卫生、旅游等领域的交流合作，搭建更多合作平台、开辟更多合作渠道、提出更多合作策略，加深国家间、人民间的相互理解、相互尊重、相互信任。

1. 把握渗透性，注重潜移默化

通过文化交流、教育合作、医疗援助等多领域的介入和渗透，广泛运用各领域各层次的资源，加强与沿线各国的交流与互动，争取与各国之间的理解、支持与合作，提升我国的国际影响与声望。

2. 把握非强制性，注重合作理解

软实力是以一种柔性的方式使用所拥有的资源而实现战略目标的能力。

---

① 李琳．约瑟夫·奈"软实力"理论及其对中国的启示[D]．大连理工大学，2014.

与基础设施、经贸合作等硬实力相比，软实力强调的是吸引、诱导、劝说和合作等，消除沿线国家的疑虑误判，赢得人民群众的信任，争取国与国之间的合作支持，提高我国的国际威望，创造有利的发展和安全环境，并借此吸引更多的国家参与到"一带一路"的建设中来，共同打造政治互信、经济融合、文化包容的利益共同体、命运共同体和责任共同体。

3. 把握互动性，注重沟通交流

软实力是一种合作型实力，也是一种交流型实力。通过人文交流拉近我国人民与沿线国家人民的心理距离，化解彼此之间的分歧，密切同沿线国家各国人民的友好感情，夯实沿线国家的民意基础。跳出单向输出的思维，在交流互动之中，不断累积经验，提高方法和能力。

4. 把握多主体，注重多元参与

软实力的资源丰富多样，其建设是一种多主体共建共享模式，既要发挥政府部门的主导作用，做好顶层设计；也必须充分发挥企业、公民、非政府组织、媒体等多元主体的作用，形成一种良性互动和共建共治机制。

（四）科教文卫软实力的作用和定位

随着"一带一路"建设向高质量发展，软实力的构成将着重于为省市"走出去"与"引进来"提供有力支撑，以形成与沿线国家更广泛的互利发展与共同繁荣。相比于政治、军事、经贸等硬实力资源，软实力资源更加侧重强调"民心相通"的作用，即通过人文交流合作有效发挥设施联通、资金融通、政策沟通、贸易畅通的促进作用。

1. 科技软实力是支撑

在全球化、信息化和网络化深入发展的背景下，创新要素的开放性、流动性显著增强①，科学技术在国际合作中发挥的作用越发重要。发挥科技软实力在重庆融入"一带一路"中的作用，不仅能够为推进互联互通建设提供重

---

① 周国辉. "一带一路"背景下怎样深化国际科技合作[J]. 中国党政干部论坛，2016（12）：59－62.

要技术支撑，也有助于全面提升重庆与"一带一路"沿线国家和地区科技创新合作的层次和水平。

2. 教育软实力是先导

教育本身所具有的普惠性、长期性和增值性特点将直接影响"一带一路"沿线国家的教育技能水平，间接提升劳动力素质，优化人力资本质量，推动沿线国家社会繁荣。积极发挥教育软实力的基础性、先导性作用，将有利于深化人文交流合作，促进民心相交相通。

3. 文化软实力是引领

文化软实力是共建人类命运共同体的重要基础，文化交流是实现"一带一路"民心相通的基本要求。重庆融入"一带一路"建设，既要保持经济开放，也要注重文化的开放，积极传承丝路精神，促进文明互鉴，实现亲诚惠容、民心相通，推动中华文化和重庆区域优质文化"走出去"，扩大国际影响力。

4. 卫生软实力是保障

加强与"一带一路"沿线国家卫生交流与合作，既能促进民心相通，也需提高联合应对突发公共卫生事件的能力，将为维护我国同沿线国家卫生安全、社会稳定、人民健康提供有力支撑，为"一带一路"建设保驾护航[1]。

三、重庆参与"一带一路"建设的重点国别选择[2]

省市作为参建"一带一路"建设的基础单元，在积极参与沿线国家经贸合作尤其是贸易合作方面已具备较完善的政策基础。经贸合作是"一带一路"合作的主要领域、先行领域、已有领域、基础领域。鉴于"一带一路"沿线国家众多，同时又面临资源有限、前期基础有限、现有数据有限的现状，本

---

[1] 崔芳. 卫生合作牵起"一带一路"民心［N/OL］. 健康报，2017 – 08 – 16（03），http:// szb. jkb. com. cn/jkbpaper/html/2017 –08/16/content_192282. htm.

[2] 王睿，李佳明，李佳. 省市对接"一带一路"倡议重点国别选择研究［J］. 中国软科学，2019（5）：177 –184. 其中王睿、李佳两位作者为本课题组成员。

书认为科教文卫软实力的建设领域的国别筛选，可以以经贸数据为主要依托，同时结合政治环境、社会风险等因素，科教文卫软实力的建设以产能合作为基础、以经贸合作领域为切入点，做好配套和跟进。本章的重点在于，通过经贸数据、现状的分析，筛选出重庆在"一带一路"建设中的重点合作国别。

（一）"一带一路"沿线国家范围界定

2015 年 3 月国家发展改革委、外交部、商务部联合发布《推动共建丝绸之路经济带和 21 世纪海上丝绸之路愿景与行动》（以下简称《愿景与行动》），初步阐述了"一带一路"概念、路线、覆盖区域和辐射带，并着重指出"一带一路"倡议为开放、包容的国际区域经济合作网络，在合作空间、合作领域、合作方式、合作理念方面均具备开放包容的具体特征。该定位说明，"一带一路"倡议不仅在合作内容与形式上具有高度灵活性，也暗含随着"一带一路"倡议逐步推广，其具体覆盖范围也将随时间发生动态变化之意。

随着我国"一带一路"建设的持续推进，加入"一带一路"的国家不断增加，这给"一带一路"相关研究在范围界定上带来一定的困难。本书以 2017 年底中国"一带一路"网对"一带一路"沿线国家范围介绍为依据，对"一带一路"沿线国家的内涵赋予两方面主要内容：第一指"一带一路"地理路线所途经的国家；第二指与我国签订了"一带一路"相关合作协议的国家。据以上定义，本书中涉及的"一带一路"沿线国家共 69 个（见表 3 – 1）。

表 3 – 1 　"一带一路"沿线国家统计

区域	国别范围
东南亚	马来西亚、印度尼西亚、菲律宾、缅甸、泰国、越南、新加坡、文莱、东帝汶、孟加拉国、柬埔寨、老挝
西亚	土耳其、卡塔尔、科威特、黎巴嫩、阿曼、巴林、也门、以色列、伊拉克、叙利亚、约旦、阿联酋、伊朗、巴勒斯坦、沙特阿拉伯
南亚	印度、巴基斯坦、阿富汗、斯里兰卡、尼泊尔、马尔代夫、不丹
中亚	乌兹别克斯坦、吉尔吉斯斯坦、塔吉克斯坦、哈萨克斯坦、土库曼斯坦

续表

区域	国别范围
独联体	俄罗斯、乌克兰、白俄罗斯、阿塞拜疆、亚美尼亚、格鲁吉亚、摩尔多瓦
中东欧	波兰、保加利亚、罗马尼亚、塞尔维亚、斯洛伐克、捷克、马其顿、拉脱维亚、希腊、匈牙利、立陶宛、塞浦路斯、斯洛文尼亚、阿尔巴尼亚、爱沙尼亚、克罗地亚、波黑、黑山
东亚	蒙古国
大洋洲	新西兰
北非	摩洛哥、埃及、埃塞俄比亚

（二）重庆与"一带一路"沿线国家经贸合作现状分析

1. 总体合作现状分析

自 2013 年提出"一带一路"倡议以来，重庆对沿线国家的进出口贸易总额在 2014 年达到高峰，之后有所下降，并于 2017 年企稳反弹。从增速上看，2012 年以来，重庆市对沿线国家贸易总额年复合增速约 12%，总体处于上升区间。但近年来由于全球经济增速放缓，贸易保护主义抬头，重庆市对外贸易合作也呈现较为剧烈波动的特征。2015 年起，重庆市与"一带一路"沿线贸易总额连续两年下滑 20% 左右，2017 年同比增长 5.26%，增速回正，扭转下滑趋势。

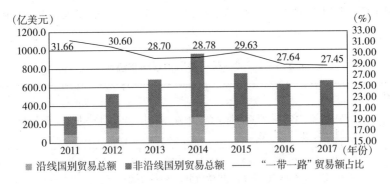

图 3-1 重庆市与"一带一路"沿线国家贸易占比

贸易占比方面，沿线国家与重庆市贸易合作总体平稳，近六年来进出口总额占比大致位于28%。2017年，重庆市总体对外贸易总额达到666亿美元，与"一带一路"沿线国家（地区）贸易总额达182.85亿美元，占同期重庆市对外贸易总额的27.45%，与2016年持平（见图3-1）。其中出口103.58亿美元，占同期对外出口总额的24.32%；进口79.27亿美元，占同期进口总额的33.02%。

贸易结构方面，由图3-2可知，近年来重庆与沿线地区贸易增速大致与对外贸易总增速持平，两者线性相关性较强，但进口增速独立性显著，长期保持较高增速。2012年起，沿线进口增速除2015年异常大幅回调外，其余年份均保持高速增长态势。以2016年为例，重庆2016年对外贸易及与沿线国家贸易合作增速分别下滑15.72%、21%，同期重庆与沿线国家进口同比增25.61%，逆势大幅提升。双向市场融合加速，贸易结构持续优化。

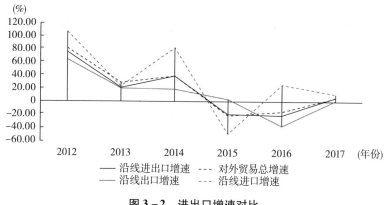

图3-2 进出口增速对比

2. 区域合作现状分析

从区域视角来看，重庆与沿线各国经贸合作具有区域高度集聚特征。东南亚、西亚、南亚是重庆与沿线国家主要合作区域，2017年，三大地区占重庆市与沿线国家进出口总额的87%，与2016年持平。其中，东南亚占比最高，占比达64.19%，且近年来占比持续上升，优势显著。其中，马来西亚、越南、泰国三国在沿线国家中与重庆的贸易合作最为紧密。西亚占比13.42%，继2016年下调后，占比持续下滑；南亚占比9.08%，占比较2016年下降0.44%。此外，随着中欧班列（重庆）常态化运行，重庆与中东欧对外贸易合作优势进一步巩固，2017 年其双边进出口额占沿线国家贸易总额比例提升至 6.41%，呈持续上升趋势，贸易成本下降效应逐步显现（见表 3 - 2）。

表 3 - 2　沿线各区域贸易额及占比情况

区域	2015 年进出口总额（万美元）	占比（%）	2016 年进出口总额（万美元）	占比（%）	2017 年进出口总额（万美元）	占比（%）
东南亚	1341927	60.81	1104766	63.66	1173710	64.19
西亚	352307	15.96	248030	14.29	245402	13.42
南亚	263845	11.96	165184	9.52	165949	9.08
中亚	4933	0.22	5657	0.33	6172	0.34
独联体	91697	4.15	71889	4.14	71334	3.90
中东欧	100510	4.55	101415	5.84	117281	6.41
东亚	1280	0.06	914	0.05	1663	0.09
大洋洲	22726	1.03	17945	1.03	31071	1.70
北非	27695	1.25	19590	1.13	15885	0.87
总计	2206920	100	1735390	100	1828467	100

　　贸易流量方面，2017 年沿线贸易流量同比上升的区域包含东南亚、南亚、中亚、中东欧、东亚、大洋洲共六大区域，较 2016 年回暖明显。贸易流量下降区域包含西亚、独联体国家、北非 3 个地区。值得注意的是，在总体贸易下行大趋势下，受益于中欧班列开行，中东欧与中亚两地连续两年逆势呈现上升态势，合作潜力得以释放。

　　从出口侧来看，与进出口贸易总额类似，重庆市沿线主要出口市场为东南亚、西亚与南亚地区，三地出口总额占同期总额 80% 以上，且占比稳定。其中东南亚占比 45.55%，西亚占比 20.35%，南亚占比 15.16%，战略意义突出。2017 年三地出口总额分别达 47 亿美元、21 亿美元、15 亿美元，同比增长 2.78%、1.23%、- 3.48%。其中南亚地区下滑相对明显，为主要市场中唯一下滑地区。沿线所有地区中大洋洲、东亚地区、中东欧地区 2017 年增速最高，分别为 22.57%、19.47%、14.33%；北非、独联体国家下降最为显著，分别下滑 18.37%、8.55%。

从进口侧来看，重庆市与沿线各地区的合作目前仍具备高度集聚特征。东南亚地区常年占据重庆市进口总额90%左右市场份额。第二大进口来源地区西亚，仅占2017年重庆市进口总额的4.37%，远低于东南亚地区。在各地区进口增速方面，南亚、大洋洲、独联体国家增速最为明显，由于这三个地区进口合作基础数额较小，2017年分别同比增长254.28%、193.88%、103.12%。而西亚、北非两地则分别下滑37.64%、13.02%。总体而言，进口市场多元化趋势开始萌芽。

3. 国别合作现状分析

2017年重庆市对外贸易合作中，"一带一路"沿线国家贸易合作前十名国家分别是马来西亚、泰国、越南、印度、新加坡、菲律宾、印度尼西亚、阿联酋、俄罗斯、沙特阿拉伯，与2016年国别保持不变（见表3-3）。前十位国家进出口总额144.92亿美元，同比增长7.5%，超过同期沿线进出口总额增速2%左右。集中度方面，占沿线国别贸易总额79.28%，较2016年提升2%，集中度较高并有持续提升趋势。从地域视角来看，前十国主要集中于东南亚地区，占6位；其次为西亚地区，占2位。

表3-3　沿线国家中重庆市进出口贸易合作前十国别

排序	国别	2017年进出口总额（万美元）	排序	国别	2016年进出口总额（万美元）
1	马来西亚（-）	351047	1	马来西亚	311868
2	泰国（1↑）	262158	2	越南	229017
3	越南（1↓）	182304	3	泰国	168351
4	印度（2↑）	123105	4	新加坡	147733
5	新加坡（1↓）	123038	5	菲律宾	120273
6	菲律宾（1↓）	120166	6	印度	111988
7	印度尼西亚（1↑）	102042	7	阿联酋	75060
8	阿联酋（1↓）	81192	8	印度尼西亚	74049
9	俄罗斯（-）	60501	9	俄罗斯	64787
10	沙特阿拉伯（-）	43609	10	沙特阿拉伯	43723

进口方面，2017 年重庆市前十大主要进口来源国为马来西亚、泰国、越南、菲律宾、新加坡、印度尼西亚、沙特阿拉伯、新西兰、印度、波兰，其中印度、波兰两国为 2017 新晋国别，排名位次分别提升 7 个与 2 个名次（见表 3－4）。进口额方面，2017 年前十国进口额总计 76.04 亿美元，同比增长 10.52%，大致与同期沿线进口总额增速持平。集中度方面，前十国占沿线国家总进口额约 95.89%，与 2016 年持平，极化现象极端显著，前十国几乎占据重庆市全部进口份额。

表 3－4　沿线国家中重庆市进口合作前十国别

序号	国别	2017 年进口额（万美元）	序号	国别	2016 年进口额（万美元）
1	马来西亚（－）	236374	1	马来西亚	241604
2	泰国（1↑）	206765	2	越南	168728
3	越南（1↓）	129935	3	泰国	114127
4	菲律宾（－）	68750	4	菲律宾	73768
5	新加坡（－）	35663	5	新加坡	33394
6	印度尼西亚（1↑）	25128	6	沙特阿拉伯	21295
7	沙特（1↓）	25096	7	印度尼西亚	15153
8	新西兰（2↑）	15571	8	伊朗	8445
9	印度（7↑）	8937	9	捷克	6283
10	波兰（2↑）	8202	10	新西兰	5299

出口方面，2017 年重庆市前十大主要出口国为马来西亚、印度、新加坡、印度尼西亚、阿联酋、泰国、俄罗斯、越南、菲律宾、伊朗，较 2016 年大致维持不变。其中伊朗为 2017 年新晋前十大出口贸易合作国，排名晋升 4 个名次（见表 3－5）。进口额方面，前十位出口合作国 2017 年进口总额为 71.56 亿元，同比增长 3.8%，高于同期沿线贸易总额增速 2% 左右。集中度方面，前十位出口合作国占沿线出口总额 69.07%，较 2016 年提升 2%，集中度提升趋势持续。

表3-5 沿线国家中重庆市出口合作前十国别

序号	国别	2017年出口额（万美元）	序号	国别	2016年出口额（万美元）
1	马来西亚（3↑）	114673	1	新加坡	114339
2	印度（-）	114168	2	印度	109683
3	新加坡（2↓）	87375	3	阿联酋	70602
4	印度尼西亚（3↑）	76914	4	马来西亚	70264
5	阿联酋（2↓）	76328	5	俄罗斯	61544
6	泰国（2↑）	55393	6	越南	60289
7	俄罗斯（2↓）	54406	7	印度尼西亚	58896
8	越南（2↓）	52369	8	泰国	54224
9	菲律宾（-）	51416	9	菲律宾	46505
10	伊朗（4↑）	32543	10	缅甸	42947

（三）重点合作国别选择模型设计与分析

鉴于沿线区域覆盖广，参与国别众多，各省市在对外合作时不可能实现全面开花，加之各国经济发展水平、政治制度、营商环境乃至非传统安全状况等各异，在对外合作时尤其是合作国别选择时不可一概而论。因此，根据各国实际特征，在大力开展对外合作前，需要综合考量筛选对外合作重点对象。本章立足于重庆市战略定位及开放条件，构建了一个包括合作基础、合作效率、合作空间、合作风险的四维合作国别选择模型，筛选重庆与沿线国家开展经贸合作的重点国别。

1. 重点合作国别选择模型架构

为达到科学严谨、客观准确的评价效果，避免定性评价带来的主观随意性，本书采用了定量的评价方法对"一带一路"沿线国家经贸进行了综合评估。在定量评价沿线国家合作价值的过程中，建立一套客观准确地反映国际合作价值的指标体系以及科学合理的数学评价模型，是对"一带一路"沿线国家合作价值评价的基础和关键。而"一带一路"沿线国家合作价值评价指标体系及数学模型必须在遵循相关要素内在作用机理的基础上，遵循一定规则才能建立。因此，本书对合作价值评价体系的构架遵循以下原则：

一是科学完整性。构建"一带一路"经贸合作价值评价指标体系是一项复杂的系统工程，既要反映经贸合作两大主要方面——投资与贸易的主要特征与现有状态指标，又要考虑从两大主要内容的动态变化性入手，寻找指标反映两大主要内容的动态协调与发展空间；既要考虑经贸合作概念方式的普适性，又要考虑重庆市作为合作主体的特殊性，并使评价目标与评价指标有机结合，形成鲜明的系统。对于权数的确定、指标的选取、计算合成等，更需以公认的科学方法为依托，一方面需力求避免在不成熟的研究基础之上主观臆测，另一方面又需要避免数字游戏忽视指标的客观含义与经济学规律。这样做出的评价才具有较高的可信度和效度。

二是可操作性。"一带一路"沿线国家经贸合作价值评价体系最终供决策者使用，为政策制度和科学管理服务，指标的选取要尽可能地利用现有统计资料，指标应具有可测性、可比性，易于量化。在实际调查评价中，指标数据易于通过统计资料整理、抽样调查或典型调查，或直接从有关部门（科研院所和技术部门）获得。尽量选择具有代表性的综合指标和主要指标，易于分析计算，以便运用和掌握评价指标。

三是简明性。"一带一路"沿线国家经贸合作涉及面较广，在设计指标体系时应在数目众多的指标中，参考重要性、对系统贡献率与全面性，筛选出尽可能精简却能反映出系统本质行为的最主要指标。然而，描述"一带一路"沿线重点国家经贸合作价值高低的指标往往存在指标间信息的重叠，因此在选择评价指标时，应尽可能选择具有相对独立性的指标，避免指标间的重叠和简单的罗列，从而增加评价的准确性和简明性。

四是实用性。建立重庆市与"一带一路"沿线国家经贸合作价值评价模型，其目的是在"一带一路"沿线找出目前以及未来可能显著影响到重庆、中西部地区乃至中国的产能合作目标国，进而为合作双方提供思路提前布局，并加强国家、企业、群众的互联互通，着力打造双方政策沟通、设施联通、贸易畅通、资金融通、民心相通渠道，构建人类命运共同体，推动双方经济社会文化共同可持续发展。因此，建立的指标体系必须体现在上述原则基础上，还必须体现实用性原则。

2. 构建思路

根据国家合作的定义、内涵和内在作用机理，遵循构建指标体系的原则，运用系统论、控制论的基本原理，采用自上而下、逐级分解的方法，把指标体系分为系统层指标、一级指标、二级指标、三级指标，构建了一套分类别、多要素、多层次的"一带一路"沿线国家国际合作价值的评价指标体系。具体思路如图 3 - 3 所示。

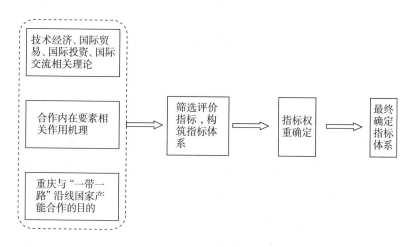

图 3 - 3　"一带一路"沿线国家国际合作价值评价指标体系

3. 指标选取

为了全面量化重庆市企业海外投资面临的主要风险，衡量重庆市与有关国家合作的内在价值，本次评级体系纳入合作空间、合作效率、合作风险、合作基础四大一级指标，选取经济发展水平、资源禀赋、基础设施现状、投资便利化程度、贸易便利化程度、政治风险、债务风险、经贸合作基础、宏观交流环境等 9 个二级指标，以及 38 个三级指标（见图 3 - 4）。

（1）合作空间

合作空间是以对方国家为对象，从综合经济、资源、产业等方面出发，衡量合作对象同重庆合作的空间大小、未来前景，可观的市场空间及良好的

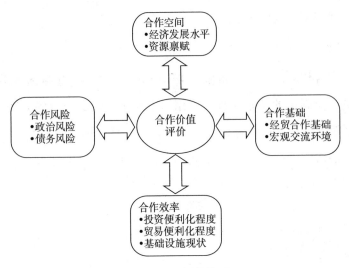

图 3-4 评级体系

合作前景是双方进行合作的前提条件和安全保证。本指标体系合作空间考虑了经济发展水平、资源禀赋两个具体综合指标。其中经济发展水平包含：人均 GDP、近五年 GDP 复合增速、贸易总额/GDP、外国投资净流入/GDP、对外投资净流出/GDP、产业结构层次系数、通胀指数；资源禀赋包含：人口总数、燃料出口占商品出口/GDP、矿石和金属出口/GDP、人均可再生内陆淡水资源 4 个基础级指标。其中，产业发展情况以产业结构层次系数反映。具体如表 3-6 所示。

表 3-6 合作空间

合作空间指标	基础指标	数据来源
经济发展水平	人均 GDP	IMF
	近五年 GDP 复合增速	IMF、课题组整理
	贸易总额/GDP	IMF
	产业结构层次系数	IMF、课题组整理
	外国投资净流入/GDP	IMF
	对外投资净流出/GDP	IMF
	通胀指数	IMF

续表

合作空间指标	基础指标	数据来源
资源禀赋	燃料出口占商品出口/GDP	Wind
	矿石和金属出口/GDP	Wind
	人口总数	IMF
	人均可再生内陆淡水资源	IMF

（2）合作效率

合作效率指标衡量该国贸易投资的便利化程度，对于影响合作效率的因素，在现有研究中各学者观点各异，但总体而言可用合作"软硬件"两方面来分析。本书对该指标的衡量在尽量全面的基础上挑选了三个关键指标，主要纳入了反映"软"环境方面的投资便利化、贸易便利化与反映"硬"条件的基础设施现状评价共3个二级指标。具体地，贸易与投资便利化程度包括：总税率、资本和人员流动限制、创办企业所需天数、进口周转时间、出口周转时间、进出口成本（进口成本与出口成本的平均值）共6个基础指标；基础设施现状评价包括：通电率、航空基础设施质量评价、铁路基础设施质量评价、公路基础设施质量评价、移动电话使用量/百人5个基础指标（见表3-7）。

表 3-7　合作效率

营商便利化指标	基础指标	数据来源
投资便利化程度	资本和人员流动限制	EFW
	总税率	IMF
	创办企业所需天数	IMF
贸易便利化程度	进出口成本	IFM
	进口周转时间	IMF
	出口周转时间	IMF
基础设施现状评价	通电率	IMF
	航空基础设施质量评价	GCI
	铁路基础设施质量评价	GCI
	公路基础设施质量评价	GCI
	移动电话使用量/百人	Wind

（3）合作风险

合作风险指标衡量重庆与对方国家合作的整体风险水平，过高的合作风险会对重庆市企业进行对外合作带来极大的不稳定因素，因此对外国家选择应当尽力避免该部分高风险国家，这是企业安全投资的先决条件。本书针对合作风险选取了政治风险与债务风险两大一级指标。其中政治风险考察一国的政府稳定性与质量，法律环境和内外部冲突情况，因而基础指标包含了：政治稳定性、政府有效性、腐败、法制、外部冲突、内部冲突6个基础指标；债务风险衡量了一国公共与私人部门的债务动态和偿债能力，该方面选取了：公共债务/GDP、外债/外汇储备、银行不良资产占比、国家信用评级4个基础指标（见表3-8）。

表3-8 合作风险

偿债能力指标	基础指标	数据来源
政治风险	政治稳定性	ICRG
	政府有效性	WGI
	腐败	ICRG
	法制	WGI
	外部冲突	ICRG
	内部冲突	BTI
债务风险	公共债务/GDP	IMF
	外债/外汇储备	IMF
	银行不良资产占比	IMF
	国家信用评级	GCI

（4）合作基础

合作基础作为双方经贸合作成果与政策交流环境的客观反映，不仅可体现重庆市作为合作主体的特殊性，还起到了用已存在的合作成果间接反映重庆市企业在合作对象国家投资贸易的顺畅程度以及其他非定量因素的潜在影响，较好的合作基础是合作风险的重要缓冲。本书中，合作基础指标由经贸合作基础、宏观交流环境组成。其中经贸合作基础包括：2016年双边贸易额与 2016 年重庆对该国直接投资项目数、2016 年该国对重庆投资项目数；宏观交流环境采用了对中国免签情况、是否签订友好城市协定、是否与我国签订 MOU 协定 3 大基础指标（见表 3 - 9）。

表 3 - 9　合作基础

合作基础	基础指标	数据来源
经贸合作基础	2016 年双边贸易额	《重庆统计年鉴》
	2016 年重庆对该国直接投资项目数	重庆市商委
	2016 年该国对重庆投资项目数	重庆市商委
宏观交流环境	对中国免签情况	中国商务部
	是否签订友好城市协定	公开资料整理
	是否与我国签订 MOU 协定	商务部

4. 模型选择与指标体系设计

综合研究所构建指标体系特性，融合熵值法立足于数据信息赋权思路的良好数理客观性，与层次分析法由专家评分出发的对各指标经济内涵及相对重要性的良好表达，本书在模型选择上采取了将熵值法与层次分析法（AHP）相结合的指标体系赋权综合评价方法，进而形成合理可靠的重点合作国别指标评价体系。

为全面、客观筛选重庆与"一带一路"沿线重点合作国家，综合考虑经贸合作影响因素的复杂性，在借鉴相关学者和中国社科院世经所、商务部投资促进事务局等机构对"一带一路"沿线重点国家筛选方法基础上，结合重庆与沿线各国经贸合作现实，本书从合作空间、合作效率、合作风险、合作基础四大维度构建"一带一路"沿线重点国家筛选指标体系。合作空间主要从沿线国家的经济发展水平、资源禀赋、产业基础等视角衡量沿线国家与重庆合作的空间与发展前景；合作效率重点反映沿线国家经贸活动的响应速度；合作风险从政治稳定性与债务水平两方面衡量沿线各国的风险水平；合作基础从双方经贸合作成果与政策交流环境反映沿线各国与重庆的经贸往来。根据四大维度，研究再选取经济发展水平、资源禀赋、基础设施现状、投资便利化程度、贸易便利化程度、政治风险、债务风险、经贸合作基础、宏观交流环境等9个二级指标，共计38个三级指标，形成完善的评价指标体系。需要强调的是，由于研究国别数量较多，且相当部分国家在不同年份的关键指标上缺失严重，无法满足面板数据要求。本书基于各样本指标数据实际情况，以截面数据入手，采用横向对比分析的方式剖析样本国家，力图达成研究目标（见表3-10）。

表3-10 重庆市与"一带一路"沿线国家合作价值评价指标体系

一级指标	二级指标	三级指标	数据来源
合作价值评价	合作空间	经济发展水平	人均GDP	WDI
			近五年GDP复合增速	公开资料整理
			贸易总额/GDP	WDI
			外国投资净流入/GDP	WDI
			外国投资净流出/GDP	WDI
			产业结构层次系数	公开资料整理
			通胀指数	WDI
		资源禀赋	燃料出口/出口总额	Wind
			矿石金属出口/出口总额	Wind
			人口总数	WDI
			人均可再生内陆淡水资源	WDI
	合作效率	投资便利化程度	资本和人员流动限制	EFW
			总税率	WDI
			创办企业所需天数	WDI
		贸易便利化程度	进出口成本	WDI
			进口周转时间	WDI
			出口周转时间	WDI
		基础设施现状评价	通电率	WDI
			航空基础设施质量评价	GCI
			铁路基础设施质量评价	GCI
			公路基础设施质量评价	GCI
			移动电话使用量/百人	Wind

续表

	一级指标	二级指标	三级指标	数据来源
合作价值评价	合作风险	政治风险	政治稳定性	ICRG
			政府有效性	WGI
			腐败	ICRG
			法制	WGI
			外部冲突	ICRG
			内部冲突	BTI
		债务风险	公共债务/GDP	WDI
			外债/外汇储备	WDI
			银行不良资产占比	IMF
			国家信用评级	GCI
	合作基础	经贸合作基础	2016 年双方贸易总额	《重庆统计年鉴》
			2016 年重庆对该国直接投资项目数	重庆市商委
			2016 年该国对重庆投资项目数	重庆市商委
		宏观交流环境	对中国免签情况	中国商务部
			是否签订友好城市协定	公开资料整理
			是否与我国签订 MOU 协定	商务部

5. 样本国家选取

按照中国"一带一路"网对沿线国家的划分（截至 2017 年 11 月），结合 2016 年重庆与沿线国家经贸合作规模，考虑数据可获得性（缅甸与伊拉克），分别选取俄罗斯、波兰、捷克、匈牙利、乌克兰、罗马尼亚等 24 个国家为分析对象，24 个分析对象与重庆市对外贸易总额在 2016 年已达到沿线贸易总额的 93.58%，能较好地反映重庆与上述国家贸易合作的基础与规模。从表 3 - 11 可得 24 个样本国家经济发展基础、空间分布、工业化发展阶段以及在全球价值链的分工呈现较强的异质性特点，涵盖了工业化进程的各个阶段，其中有 3 个国家工业化水平（阶段）高于重庆（工业化后期），有 6 个国家与重庆处于工业化同一阶段，有 15 个国家工业化水平低于重庆。重庆市与样本国家的经贸合作主要集中在中东欧、东南亚、西亚、南亚地区，重庆与样本国家的经贸合作领域也根据其发展阶段的差异有所不同。

表 3-11　样本国家工业化进程概况

国别	工业化进程	国别	工业化进程	国别	工业化进程
俄罗斯	后期中段	新加坡	后工业化	斯里兰卡	中期后段
波兰	后期后段	菲律宾	中期中段	印度	初期后段
捷克	后期后段	印度尼西亚	中期中段	新西兰	后期前段
匈牙利	后期后段	马来西亚	后期后段	伊朗	后期前段
乌克兰	中期后段	越南	初期后段	土耳其	后期后段
罗马尼亚	后期中段	泰国	后期前段	埃及	中期中段
希腊	后工业化	以色列	后工业化	阿联酋	后期前段
巴基斯坦	初期中段	沙特阿拉伯	后期前段	孟加拉国	初期中段

资料来源：《"一带一路"沿线国家工业化进程报告》（2015）（希腊与新西兰为补充计算）。

6. 指标处理与权重设置

根据指标的不同属性，首先对数据进行正向化处理。为避免单纯利用倒扣逆变换法导致原指标分布规律变化的弊端，本书对创办企业所需天数、总税率、进出口成本、政府稳定性、腐败、外部冲突、内部冲突、公共债务/GDP、外债/外汇储备、银行不良资产比重等指标采用倒扣逆变换法（$y_{ij} = \max\{x_{ij}\} - x_{ij}$）；对通胀指数该类适宜指标采用适度指标的倒扣逆变换法（$y_{ij} = \max|x_{ij} - k| - |x_{ij} - k|$）；对其中进出口周转时间的周转速度类指标采用取倒数法进行处理（$y_{ij} = 1/x_{ij}$）。在指标正向化处理后以及确定相应权重前，对指标进行标准化处理，消除各指标无量纲化带来的影响。

另外，为保证评价指标的科学合理，尽可能避免主观因素影响，研究以熵值法为基础，运用综合层次分析法对权重进行设计，一级指标采用层次分析法进行整体赋权，二级、三级指标采用熵值法进行权重计算，最后利用聚类分析对评价结果进行分析。

其中，在利用 AHP 赋权法对一级指标赋权过程中，本书采用 1~9 标度法，通过两两对比得到一级指标各指标（合作空间、合作效率、合作基础、合作风险）判断矩阵为：

$$A = \begin{pmatrix} 1 & 2 & 1 & 1 \\ \dfrac{1}{2} & 1 & 1 & \dfrac{1}{2} \\ 1 & 1 & 1 & 2 \\ 1 & 2 & \dfrac{1}{2} & 1 \end{pmatrix}$$

判断矩阵的一致性比率 $CR = CI/RI$。其中 CI 为一致性指标,本书 $CI = 0.0243$;RI 为平均随机一致性指标,查表四阶 RI 值为 0.9,最终得 CR 值为 0.0227,$CR < 0.1$,满足一致性要求。

在熵值法赋权过程中,本书赋权实现过程经过以下 6 个计算步骤:

第一步,将原始数据标准化;

第二步,由于在熵值法中运用了对数,为了合理解决负数造成的影响,对标准化后的数值进行平移:$z_{ij} + A$,式中,z_{ij} 是平移后的数值,A 为平移幅度,一般为保证结果更可靠,应当使之尽可能贴近于 z'_{ij} 的最小值;

第三步,计算第 j 项指标下,第 i 国家占该指标的比重:$p_{ij} = Z_{ij} \sum\limits_{i=1}^{n}$,式中,$i = 1, 2, 3, \cdots, n$;$j = 1, 2, \cdots, m$,$n$ 为样本(国家)个数,m 为指标个数;

第四步,计算第 j 项指标熵值 $e_j = -k \sum\limits_{i=1}^{n} p_{ij} \ln(p_{ij})$,式中,$k = 1/\ln(n)$,$e_j \geq 0$;

第五步,计算第 j 项指标的差异系数:$g_i = 1 - e_j$,对差异系数进行归一化,计算第 j 项指标的权重 $w_j = g_j / \sum\limits_{j=1}^{m}$,$j = 1, 2, \cdots, m$;

第六步,计算 i 国对应三级指标得分 $f_{ij} = w_j p_{ij}$,二级指标得分 $F_{i2} = \sum f_{ij}$,其中二级指标求和区间为该项二级指标所包含三级指标范围。

最终权重计算结果如表 3 - 12 所示。

表 3 - 12　指标体系一、二级指标权重

一级指标	权重	二级指标	累计权重
合作空间	0.2810	经济发展水平	0.1828
		资源禀赋	0.0913

续表

一级指标	权重	二级指标	累计权重
合作效率	0.1760	基础设施现状	0.1410
		贸易便利化程度	0.0816
		投资便利化程度	0.0697
合作风险	0.2454	政治风险	0.1501
		债务风险	0.1368
合作基础	0.2976	经贸合作基础	0.0829
		宏观交流环境	0.0638

7. 重点合作国别实证分析

根据上述贸易合作价值评价模型，计算得出"一带一路"沿线 24 个国家各项指标和综合得分（见表 3 - 13）。为将相关国家进行分类比较，本书以 24 个样本国家综合得分为基础，采用离差平方和法（Ward's Method）对样本国家进行聚类分析。

表 3 - 13　重点合作国别实证结果

排名	合作国别	合作空间	合作效率	合作风险	合作基础	综合得分	评级
1	新加坡	0.01387	0.01578	0.01453	0.00814	0.01266	最优
2	新西兰	0.01250	0.01440	0.01490	0.00553	0.01135	较优
3	阿联酋	0.01257	0.01419	0.01423	0.00601	0.01131	较优
4	马来西亚	0.01204	0.01326	0.01275	0.00700	0.01093	较优
5	以色列	0.01208	0.01406	0.01285	0.00565	0.01070	较优
6	泰国	0.01143	0.01339	0.01178	0.00705	0.01056	较优
7	波兰	0.01124	0.01308	0.01289	0.00588	0.01037	较优
8	越南	0.01183	0.01171	0.01202	0.00661	0.01030	较优
9	沙特阿拉伯	0.01176	0.01198	0.01305	0.00545	0.01024	中等
10	印度尼西亚	0.01148	0.01258	0.01197	0.00601	0.01017	中等
11	捷克	0.01206	0.01187	0.01331	0.00466	0.01013	中等
12	匈牙利	0.01025	0.01245	0.01255	0.00618	0.00999	中等
13	土耳其	0.01093	0.01270	0.01186	0.00590	0.00997	中等
14	菲律宾	0.01173	0.01007	0.01227	0.00613	0.00990	中等

续表

排名	合作国别	合作空间	合作效率	合作风险	合作基础	综合得分	评级
15	印度	0.01175	0.01089	0.01165	0.00609	0.00989	中等
16	罗马尼亚	0.01108	0.01150	0.01209	0.00599	0.00989	中等
17	俄罗斯	0.01164	0.01062	0.01160	0.00628	0.00986	中等
18	斯里兰卡	0.01049	0.01199	0.01169	0.00618	0.00976	中等
19	巴基斯坦	0.01070	0.01095	0.01024	0.00654	0.00939	观察
20	埃及	0.01007	0.01239	0.01026	0.00617	0.00937	观察
21	伊朗	0.01085	0.01133	0.01013	0.00591	0.00929	观察
22	孟加拉国	0.01109	0.00873	0.01084	0.00513	0.00884	观察
23	希腊	0.01134	0.01150	0.00788	0.00569	0.00884	观察
24	乌克兰	0.00929	0.01095	0.00955	0.00647	0.00881	观察

根据聚类分析结果，将样本国家划分为最优对象、较优对象、中等对象、观察对象四类。新加坡综合得分为 0.01266，在 24 个样本国家中得分最高，从专项指标维度来看，无论是合作空间、合作效率、合作风险或合作基础，各项得分均位于最优行列，全面领先其他样本国家，为最优合作对象。

较优对象国包括新西兰、阿联酋、以色列、马来西亚、波兰、泰国、越南 7 国，此类国家各指标得分较为理想，但受制于部分指标得分较低，整体得分相对落后，例如新西兰与以色列两国，重庆与它们合作空间较大，合作风险与合作效率也处于相对较优水平，但由于前期合作基础较为薄弱，两国在综合得分排名上相对落后，此类国家虽整体得分落后于最优对象国，但总体合作潜力较大且风险可控，个别单项指标上具有较强的比较优势。

中等对象国包括沙特阿拉伯、印度尼西亚、捷克、匈牙利、土耳其、罗马尼亚、菲律宾、印度、俄罗斯与斯里兰卡共 10 国，占样本国家中的比重最大，此类国家在资源禀赋、发展阶段、合作基础等方面反映在各类指标上呈现较大的差异化特征，特别是在投资和贸易自由化水平方面与最优和较优对象国存在较大差距。如捷克在合作空间（经济发展水平）与合作风险中排名较高，而宏观交流程度指标排名靠后；俄罗斯各类要素资源优势明显，但受投资和贸易便利化水平、政治环境等因素影响，其综合得分排名靠后。

观察国家包括巴基斯坦、伊朗、埃及、乌克兰、孟加拉国与希腊 6 国，其多项指标均低于其他类别国家，受金融危机、国内政局、安全因素等多重因素影响，此类国家具有较强的不稳定性和风险，需做好风险评估和防范工作。由上述实证结果出发，本书将以上四类国别中的最优对象国、较优对象国、中等对象国选择为重庆市与"一带一路"沿线重点贸易合作国别，作为下一步研究基础。

（四）科教文卫软实力合作前景分析

根据前文对重庆市融入"一带一路"建设重点国别选择的研究，我们发现新加坡、新西兰、阿联酋、以色列、马来西亚、波兰、泰国、越南等 8 个国家为重庆市与沿线国家开展经贸合作的重点国家[①]。其中，新加坡是重庆与"一带一路"沿线各国中的最优合作对象，波兰、以色列、马来西亚、泰国和越南等国家则是较优合作对象。鉴于此，我们认为重庆应明确"一带一路"建设赋予的重点任务，进一步强化和巩固以新加坡为首的东南亚国家全方位、宽领域、多层次的合作基础，基于各领域互补性，重视挖掘与较优合作国家如波兰、以色列等国经贸合作新的增长点，进一步加强双方在优势产业、科学技术、服务贸易等方面的合作，促进产业结构调整和资源优化配置，提升合作基础，同时开拓非洲地区如埃塞俄比亚等与重庆建立良好合作基础的国家，将中国的发展经验作为软实力的组成部分，积极"走出去"，与"一带一路"沿线的不发达国家进行经验分享和借鉴。

1. 重庆与东南亚地区软实力合作前景分析

在"一带一路"建设中，东盟是 21 世纪海上丝绸之路建设的重要枢纽，也是中国推进"一带一路"建设的优先方向和重要伙伴。2016 年发布的《东盟互联互通整体规划 2025》，与中国"一带一路"愿景倡议不谋而合，为双方互利合作打造了新抓手和新亮点。目前，中国是东盟第一大贸易伙伴，东

---

① 王睿，李佳明，李佳. 省市对接"一带一路"倡议重点国别选择研究[J]. 中国软科学，2019（5）：177－184.

盟是中国第四大出口市场和第二大进口来源地。东盟共同体于 2015 年底宣布正式建成，拥有 443.56 万平方千米区域面积，人口 6.25 亿人，是世界人口第三大国家（地区），世界第七大经济体、世界第四大进出口贸易地区①。

东盟是重庆的重要贸易伙伴之一，随着 2010 年中国—东盟自贸区的全面启动，中国与东盟贸易步入"零关税时代"，增加了重庆与亚洲地区，尤其是与东南亚国家的贸易发展，巩固了亚洲地区在重庆外贸发展中的地位。尽管如此，由于缺乏"西南翼"大通道支撑，双方合作一直存在规模小、层次低、领域分散等问题，影响了重庆所应发挥的积聚、扩散以及先行示范作用。如何深化对东盟的经济合作，加速成为西南地区"向南开放"战略纵深主力军，是建成内陆开放高地必须要解决的难题②。

2016 年 4 月，中新双方在互联互通项目框架下提出南向通道建设，即一条始于重庆、途经北部湾、通向新加坡的战略大通道，以实现中国西部与东南亚地区的设施联通和贸易合作。2017 年 8 月，重庆、贵州、广西、甘肃四省签署合作协议，共建南向通道，正式形成融合发展。随着南向通道的运营逐渐步入正轨，与日俱增的经济效益不断吸引着其他省市的关注和参与。2018 年 4 月，西部地区共商、共建、共享南向通道倡议应运而生。随着建设规模的不断扩大，南向通道经由长江经济带加强中国东西部的交流合作，对接中欧班列实现欧洲与亚洲的深度衔接，超越了南向通道最初的战略定义与辐射范围，同年 11 月，"南向通道"更名为"国际陆海贸易新通道"。2019年，"陆海新通道"被写入第二届《"一带一路"国际合作高峰论坛圆桌峰会联合公报》，并提议将其升级为国家战略，宣告着其向"一带一路"倡议的融入，标志着设施联通的多元化、贸易融通的国际化以及对外开放的深入化。重庆作为中新重庆战略性互联互通示范项目的运营中心，正好将中国"一带一路"倡议中的"丝绸之路经济带"和"21 世纪海上丝绸之路"连接起来，

---

① 王勤. 东南亚蓝皮书:东南亚地区发展报告[M]. 北京:社会科学文献出版社,2014.

② 王祖勋. 深化重庆与东盟开放合作的战略思路研究[J]. 重庆行政(公共论坛),2017,18(3):85－88.

不仅将带动中国西部地区发展，还可为东南亚地区所有国家的发展提供服务。"陆海新通道"通过公路、铁路、海运、空运等多式联运，将东南亚国家与中国西部省区连接，最终接入中欧班列。其中，新加坡提倡的海铁联运，即从新加坡或越南东部港口经北部湾港海运进入广西，再通过铁路进入中国西部和连接中欧班列；柬埔寨、老挝、缅甸、泰国等东南亚国家则与中老铁路、中泰铁路相连接，直接进入云南，再连接其他中国西部省份和中欧班列，在扩大规模经济，提高中欧班列效益的同时，使得中南半岛沿海经济比较发达、内陆比较落后的局面得到改变，整个中南半岛的经济发展更加均衡。

随着中新（重庆）项目的启动，东盟各国通过高层互访，举办经贸、文化交流活动表达了希望与重庆深化合作的愿望。东盟一些新兴的工业化国家如新加坡、文莱等国正处在工业化发展的关键阶段，科技力量的提高是其工业化提升，进而促进经济发展的重要因素，重庆综合科学技术水平与东盟国家具有一定的互补优势，将其注入对方的发展进程中，必将获得双赢的成效。因此，在双边合作的基础上，整合各方实力，在强化双方经贸合作的基础上，加强双方科技、教育、文化和卫生等方面的合作与开发，将有力推动重庆与东盟国家产业间纵向与横向、全方位和多层次的交叉合作。

科技合作方面，借助科技部实施中国—南亚科技伙伴计划和重庆建设国际科技合作基地的机遇，在现代农业、装备制造、能源资源、新材料、电子信息等领域开展相关技术输出、引进与合作研发，探讨共建联合研发基地、技术转移中心；利用国家外专局专项基金支持东盟、南亚国家专家来渝工作。

教育合作方面，支持重庆市有条件的职业院校与外向型企业合作，赴东盟及南亚国家开展境外办学，培养本土化高技能人才；依托国家汉语国际推广师资培训重庆基地，继续选派汉语教师及教学志愿者，开展东盟及南亚国家本土汉语教师培训；支持西南政法大学"中国—东盟法律研究中心"等院校平台对东盟、南亚国家开展学术研究和人才培训；重庆市每年选派20名专业技术人才赴东盟、南亚国家研修；积极参与国家"双十万"学生留学计划，增加东盟国家来华留学生奖学金名额，赴东盟国家举办"留学重庆"教育展，吸引更多优秀留学生来渝学习、深造。

文化交流方面，参加国家之间互办的"文化节"、友城互办文艺演出活动和电影节、艺术节等活动。积极支持重庆市博物馆、图书馆、艺术表演团体、艺术院校等文化机构与东盟、南亚国家开展交流与合作；支持东盟、南亚有关新闻媒体来渝开设分支或设立办事机构。

旅游方面，组织重庆旅行社与东盟、南亚国家有关旅行社签订合作协议，在现有旅游线路基础上策划开辟重庆至印度、斯里兰卡、尼泊尔、巴基斯坦、缅甸、老挝等国家知名旅游地的双向旅游线路，用好国际旅客入境72小时免签政策，积极争取国际旅客入境144小时免签政策。

卫生合作方面，与东盟、南亚国家著名医院和医科大学等建立联系，开展疑难杂症的诊治和传染病、流行病的防治合作。积极促成新加坡国立大学医院与重医大金山医院、重庆肿瘤医院等合资合作，促成莱佛士医院等新方医疗机构在两江新区落户；建设国际医院和健康管理、健康养老机构。

2. 重庆与东南亚地区重点国家软实力合作前景分析

新加坡作为东南亚地区重庆融入"一带一路"建设的最优合作对象，在科技、文化、卫生等方面与重庆有广阔的合作前景。

（1）重庆与新加坡科技合作前景分析

2016年，重庆大学、重庆两江新区、新加坡南洋理工大学三方签署合作协议，决定共建"中新（重庆）国际联合研究院"。重庆大学、两江新区管委会、新加坡南洋理工大学签订了《重庆两江新区、新加坡南洋理工大学、重庆大学战略合作意向书》，根据意向书，中新（重庆）国际联合研究院将围绕"4＋N"方向合作，使之成为覆盖中国西部的科技研发、成果孵化、学术交流的基地。其中，"4"为中新（重庆）战略性互联互通示范项目合作的金融、航空、交通物流、信息通信4个方向；"N"为结合重庆大学、南洋理工大学的优势学科和重庆及西部具有良好产业基础的战略性新兴产业领域①。

2018 年，两江新区与新加坡国立大学正式签署共建新加坡国立大学（重庆）研究院的战略框架协议，双方将开展高端研发平台、高新产业孵化基地和教育培训中心建设②。研究院将设立 4 个研发平台，包括：先进材料和制造研发平台，信息工程与技术研发平台，现代（智慧）物流研发平台，金融和风险管理研发平台。此外，新加坡国立大学（重庆）研究院还将设立高新产业孵化基地，引进新加坡及世界发达地区的高新初创企业，为其提供发展平台。教育培训中心的设立，则主要针对重庆地区在产业化发展过程中对技术和管理人才的需求，研究院将开发和设计出符合该需求的高层次人才培训项目。

在政府主导已建成的合作基础上，未来，重庆市两江新区各部门间应统筹规划，建立协调机制，与重庆市各高校、科研院所以及"新加坡国立大学重庆研究院""中新（重庆）国际联合研究院"开展合作，一是将科技研发项目与中新互联互通项目的发展需求相对接，利用新加坡和重庆的科技优势孵化出有利于推动中新互联互通项目发展的科技产品。二是与重庆大学、西南大学等高校建立合作机制，签署的各项科技研发项目与重庆大学等高校的优势学科、学院相对接，并推动落地。三是与两江新区的科创型企业合作，加强产、学、研以及科技城研发成果的转化，并积极推广应用。

（2）重庆与新加坡文化合作前景分析

2017 年，"新加坡重庆文化年"启动仪式于新加坡中国文化中心成功举办，重庆"非遗"、汉字讲座及"重庆之窗"图书专柜、民乐等 4 个类别的文化交流活动走进狮城，这是 2016 年"中国—新加坡第三个政府间合作项目"落户重庆后与新加坡文化互鉴的盛事，为推动"一带一路"，实现民心相通迈

---

① 李政刚，刘兰，黄兰婷. 重庆与新加坡科技协同创新策略[J]. 合作经济与科技，2017(21)：16 – 18.

② 黄兴. 新加坡国立大学将在渝布局研究院［EB/OL］. 新华网，2018 – 09 – 27，http://www.xinhuanet.com/2018 –09/27/c_1123489741. htm.

出重要一步。

未来，除了以上传统的文化交流活动和交流形式，重庆的红色文化同样可以增强重庆在 "一带一路" 建设中的国际吸引力和认同度。第二次世界大战中的陪都重庆是世界反法西斯战争远东战场盟军指挥中心，"二战" 时期的交通要塞路线与当今重庆建设 "一带一路" 和长江经济带交会的综合交通枢纽的规划有着惊人的相似。重庆参与 "一带一路" 建设的整体思路和 "陆海新通道" 的宏观规划依然可以从 "二战" 时重庆的对外通道建设中得到启示和借鉴。因此，注重挖掘重庆抗战时期的历史文化，充分发挥重庆作为西部地区领事馆中心城市的影响和作用，增强重庆城市及其历史文化的对外吸引力和认同度，提高重庆的国际影响力和美誉度，为重庆建设对外通道营造良好的外部舆论环境。

（3）重庆与新加坡卫生合作前景分析

新加坡是个年轻的国家，却是世界上人口老龄化最快的国家之一，预计到 2032 年，新加坡 65 岁以上的老年人口将达到 90 万人，约占总人口的 18%。养老问题已引起新加坡政府和学术界的广泛重视。新加坡建立了完善的医疗卫生服务和管理体系，新加坡的医疗卫生制度有值得借鉴的地方，尤其值得城乡发展不平衡、贫富差距悬殊、贫困人口众多的西部省份在改革完善医疗卫生体系中加以借鉴。因此，重庆在与新加坡开展卫生合作的前提下，可参考落户重庆的 "中德护士交流计划培训基地"，搭建养老护理专业人才交流的国际化平台，通过 "走出去" 的人才培养模式，为护理专业学生、护理从业者及有志从事老年护理服务的人士提供一个跨国学习、交流和工作的平台，从而引进先进的护理理念、行业标准、服务体系和人才培养机制。

3. 重庆与中东欧地区软实力合作前景分析

"一带一路" 贯穿亚欧大陆，目前沿线包含东亚、中亚、东南亚、南亚、西亚及欧洲中东部区域，涵盖 60 多个国家和地区。其中，"一带一路" 沿线中东欧国家共有 16 个,总面积约 134 万平方千米,总人口 1.23 亿人。波兰、斯洛文尼亚、克罗地亚、罗马尼亚、保加利亚、黑山、波黑、阿尔巴尼亚、爱沙尼亚、立陶宛、拉脱维亚为临海国;捷克、斯洛伐克、匈牙利、塞尔维亚、马其顿共和国为内陆国。中东欧国家是连接亚欧大陆的门户,是中国进入欧洲的"桥头堡",是丝路建设枢纽地区之一。中东欧处于欧盟一体化市场和俄罗斯中亚地区的接合部,既是我国向西开放的重要目标区域,也是"丝绸之路经济带"向西延伸的必经之路。中东欧地区地处欧洲大陆的心脏地带,是中国企业投资欧盟市场的重要"试水区",也是全球新兴市场的重要板块,在"一带一路"建设中具有区域性支点作用。

2012 年,中国与中东欧确定了"16 + 1"合作框架,中国—中东欧国家之间的合作取得积极进展,双方在互联互通、贸易投资、金融、农业、人文等领域合作渐入佳境。"16 + 1"合作框架是"一带一路"背景下一种新型的区域合作机制,它与"一带一路"倡议具有较稳定的协同效应,有利于全面均衡的中欧合作关系的形成,是推进亚欧大陆互联互通的重要机制保障(见表 3 - 14)。中东欧位于"一带一路"倡议连接欧洲的中心位置,是亚欧合作的核心枢纽,具有天然的地理优势,"16 + 1"合作框架将"一带一路"倡议的主要内容纳入自身发展规划中,以此产生的中国与中东欧在战略对接、经济合作、人文交流方面的成果可观[①]。

"国之交在于民相亲,民相亲在于心相通"。中国与中东欧国家正在逐步迈入全面合作的快车道。近些年来,中国主要投身于打造全方位的人文交流合作,在连年举办的中国与中东欧国家领导人会晤中,双方签署的一系列纲要也越来越细化,提出了许多具体的、有针对性的、促进双方人文交流合作的措施。在"16 + 1"的合作框架下,中国和中东欧国家还建立了一系列合作机制,双方的合作内容不断深化,涉及的领域逐渐增多,目前,中国和中东欧国家之间建设的机制有 15 个,正在筹建中的协调机制有 7 个。

---

① 张斯齐. "一带一路"背景下中国中东欧关系发展研究[D]. 山西大学,2017.

表 3 – 14　中国与中东欧"16 + 1"合作机制

合作领域	"16 + 1"合作机制	负责部门和机构	建设情况
科技合作	"16 + 1"技术转移中心	斯洛伐克科技信息中心	建成
	"16 + 1"联合商会	中国贸促会	建成
	"16 + 1"投资促进机构联系机制	波兰信息与外国投资局	建成
	"16 + 1"农业科技促进联合会	保加利亚农业与食品部	建成
	"16 + 1"能源科技合作联合会	待定	待建
	"16 + 1"海关合作联合会	待定	待建
	"16 + 1"物流合作联合会	待定	待建
	"16 + 1"林业合作联合会	待定	待建
教育合作	"16 + 1"智库交流与合作网络	中国社会科学院	建成
	"16 + 1"高校联合会	各国教育部	建成
	"16 + 1"省州长联合会	捷克内务部	建成
文化合作	"16 + 1"艺术合作联合会	待定	待建
	"16 + 1"旅游促进机构	匈牙利旅游公司	建成
卫生合作	"16 + 1"卫生合作联合会	待定	待建

　　随着重庆与中东欧国家在经贸、金融、投资与文化等多方面的交往逐渐加深，为推动中国—中东欧国家之间的各项合作交流起到了促进作用。"16 + 1"合作机制的内容涉及科技、经贸、教育、文化旅游、卫生等诸多领域，这为重庆进一步深入拓展与中东欧国家在科技、教育、文化和卫生方面创造了合作平台，尤其是有针对性地将重庆和一些重点国家如波兰、以色列在"一带一路"建设中进行对接，将有效地实现双方在多个层面的沟通交流。

　　科技合作方面，2018 年，重庆承办了第三届中国—中东欧国家创新合作大会。会议上，重庆高技术创业中心分别与匈牙利国家贸易署、匈牙利创新署下属宝依公司、匈牙利佩奇洲级市政府、匈牙利布达佩斯与经济大学、匈牙利国家农业研究与创新中心等 10 家机构签订了共建中匈技术转移中心协议。中心还促成了重庆市科技局与匈牙利农业部、重庆大学与匈牙利布达佩斯科技与经济大学签署战略合作协议，促成箱根温泉集团与匈牙利国家贸易署签署合作协议，重庆科技金融集团与匈牙利宝依公司签订合作备忘录。未来，重庆需要在签订的合作协议框架下，推动一批科技创新成果在渝转化落地，进一步加强与中东欧国家的科技创新合作。

教育合作方面，2013 年，重庆中东欧国家研究中心成立，该中心是新时代中国与中东欧国家进行交流与合作的战略研究机构，与中东欧国家联系广泛，聚焦地方层面，重点围绕服务重庆内陆开放高地建设开展合作研究。同年，"中国—中东欧国家教育政策对话"在重庆举行。会议就"全球化背景下各国教育发展战略与政策导向"交换了意见，围绕"学生流动和联合培养"等议题进行了深入讨论，并通过了《中国—中东欧国家教育政策对话重庆共识》①（以下简称《重庆共识》）。以《重庆共识》为基础，未来，重庆与中东欧国家将进一步深化教育交流与合作，增进两国理解和友谊，构筑区域经济建设和社会可持续发展的民意基础，共享教育信息，促进学历学位互认，加强校际合作与青少年交流，共同推动中国与中东欧国家的人文交流向深层次发展。

文化交流方面，2018 年，"重庆—中东欧国家文化季"在渝启幕，以音乐会的方式推广中东欧与重庆的文化交流，为重庆与中东欧在"一带一路"建设中的民心相通实现了良好开端。今后，"重庆—中东欧国家文化季"应当继续发挥文化交流带来的有效作用，提高重庆和中东欧民众交往的广度、深度，加大人文交流的力度，从而有效促进双方在政治、经济等各个领域开展全方位的合作。

卫生合作方面，2015 年，首届"中国—中东欧国家卫生部长论坛"召开，中捷中医中心在论坛期间正式揭牌。第二届会议宣布成立中国—中东欧国家公共卫生合作机制，旨在进一步推动中国—中东欧国家卫生合作。在此机制下，推动整合医疗卫生机构资源和高校卫生研究机构等资源，与中东欧国家合作开办医疗卫生中心，进行医疗卫生人员方面的技能培训；例如，

---

① 蔡双燕."中国—中东欧国家教育政策对话"在重庆举行[EB/OL]. 中新网,2013 – 06 – 28,http://www. chinanews. com/edu/2013/06 – 28/4983346. shtml.

2016 年，重庆市委党校行政学院邀请以色列专家来渝专题讲授以色列卫生应急管理经验，这为重庆—中东欧国家在卫生领域长期有效合作奠定了基础。

总体上讲，由于中东欧国家经济发展水平各异，对"一带一路"倡议的看法不同，与中国合作过程中的政治经济诉求也不同。在重庆与中东欧国家开展深入合作的过程中，应当深入各个中东欧国家进行系统调研，对当地民意进行广泛调查，着重软实力的宣传推广。在人文交流机制方面，需要结合各国文化传统及经济发展新形势，加强与中东欧各国的沟通协调，既要全面布局，又要兼顾个体差异，因地制宜，探索中东欧各国发展的新需要，利用人文外交促进民心相通，克服中国和中东欧在政治经济合作中产生的误解和难题，更好地为重庆融入"一带一路"建设做好服务，加强双方联系①。

4. 重庆与中东欧地区重点国家软实力合作前景分析

波兰是中国在中东欧地区最大的贸易伙伴，是欧盟的"东大门"，是中国商品进入欧盟的"第一站"。2016 年，中东欧国家吸引外资最多的国家是波兰。波兰作为重庆推进"一带一路"建设较优合作对象，科技合作方面，波兰政府于 2016 年提出了"数码迷城"、航空、IT 和清洁能源等国家发展规划，重庆市发起举办的中国国际智能产业博览会自 2018 年起，每年在重庆举行，会议定位为"国际化品牌、国家级标准、专业性"的盛会。重庆与波兰的科技合作可以智博会为平台，对应波兰政府提出的一系列科技发展规划，有针对性地邀请重庆市代表性科创企业参与交流，在政府主导和市场发展需要的作用下，推进重庆与波兰的科技对话与合作。

教育合作方面，2017 年，"一带一路"中波大学联盟成立，该联盟是在北京市教委和重庆市教委的支持与指导下，在京渝两地高校与波兰高校现有合作的基础上，集结两国高校资源，响应中国"一带一路"发展倡议并落实"中国—中东欧国家教育政策对话"成果而发起成立的。

文化合作方面，2018 年，首届重庆—波兰文化节在重庆举办。文化节主

---

① 吕一平. 中东欧对"一带一路"倡议的研判及中国中东欧关系探析[D]. 山西大学, 2018.

要通过建筑展、亲子阅读会、爵士音乐会、讲座及论坛等一系列内容丰富、形式多样的文化活动，加深中国人民对波兰的了解，推介吸引人的旅游目的地——波兰，发展波兰与重庆的密切关系。其中"学在波兰—波兰与重庆地区大学国际合作交流分享会"旨在鼓励中国青年到波兰学习，参与学生交流活动。未来，重庆在每年举办"重庆—波兰文化节"的基础上，不断丰富文化节的形式与内容，与高校等教育机构建立对话机制，开展"波兰文化走进校园""波兰文化走进社区"等一系列活动，通过学生参与、社区合作等形式将波兰文化推广至重庆广大民众的生活当中。

卫生合作方面，目前重庆和波兰的合作相对不足，基于波兰政府提出的"医药产品"和"生物技术开发"项目，重庆可根据波兰国家的需求，组织经贸交流会和招商会，将重庆医药器械、生物技术公司与波兰对接，共同建立医药、生物技术等研发中心，开展生物仿制药品的研发和商业应用项目，在基于医药企业合作的基础上，进行医疗卫生公共事业的交流合作，开展相关研究和培训。

以色列是中东欧地区唯一的发达国家，科技水平发展程度最高。重庆与以色列推进的合作项目主要集中在科技、教育和文化领域。科技合作方面，2013 年，重庆两江新区创新创业投资发展有限公司与 Aquagro Fund 草签了合作备忘录，双方计划共同募集三亿美元组建一只基金，用于引进及投资以色列乃至全球先进高新农业、食品、新能源等技术。2019 年，两江新区管委会、中关村医学工程转化重庆中心、以色列国家平台公司三方合作建设的，位于重庆两江新区水土高新技术产业园核心区的中以（重庆两江）产业园正式开园。中以产业园在侧重医疗卫生和健康项目的同时，可将重点发展领域布局在农业科技创新领域，以色列国土面积小，资源匮乏，先天条件的制约迫使他们必须创新，运用创新科技的方法来满足人民对食物的需求，中国作为世界农业大国，农业科技创新对于中国的发展非常重要。未来，可考虑面向以以色列为主的农业创新科技企业招商引资，与西南大学等农业教育完善的高校建立合作关系，共同致力于农业技术方面的科技创新，力争建设成为西南地区的农业科技创新中心和农业高新技术企业聚集地，为以色列和重庆乃至全国输送农业领域的高新技术人才。

文化教育合作方面，2006年10月，四川外国语大学"中犹文化研究所"成立，是西南地区第一个专门从事犹太/以色列文化研究与中犹文化比较的学术机构。通过对中犹两个民族文学、文化的研究，对以色列的研究，以及与以色列和国际犹太学术界的合作与交流，促进中犹两个民族的友谊与交流，同时为重庆市与以色列的经济文化合作服务。目前来看，该中心主要致力于学校内部各院系、各学科间的学者和学生有关犹太和以色列研究的对话，所发挥的社会影响力以及在推动重庆软实力建设方面的作用较小；在"一带一路"建设下，"中犹文化研究所"可作为推动重庆与以色列共同推进"一带一路"建设的文化教育交流平台，在整合重庆其他高校的教育资源的同时，加大对以色列国家研究人员和研究经费的投入，定期开展"中以学术交流"，通过在高校、市图书馆等地以学术讲座、面向公众的读书会等形式扩大以色列在重庆的影响力，同时吸引一批对以色列文化有研究、有兴趣的师生到以色列留学或访问，促进双边文化和教育交流。

5. 重庆与其他地区和国家软实力合作前景分析

2013年我国提出"一带一路"倡议之初，并未将非洲国家纳入其范围之内。随着"一带一路"建设的有序推进，非洲在其中的重要性逐渐彰显。2015年，中国政府公布了《中国对非洲政策文件》，表明中国已经认识到非洲在"一带一路"中的重要性，并正式把非洲纳入其中[1]。埃塞俄比亚是非洲第二人口大国，其首都亚的斯亚贝巴是"非洲的政治心脏"，在非洲具有独特的政治地位。近年来埃塞俄比亚政局相对稳定，经济保持快速增长，已成为非洲最具经济活力的国家之一。自中国与埃塞俄比亚建交以来，两国关系稳定向好发展，政治互信日益增强，特别是在经贸领域的合作精彩纷呈，中

---

[1] 中国对非洲政策文件（全文）[EB/OL]. 新华网，2015 - 12 - 05，http://www.xinhuanet.com//world/2015 - 12/05/c_1117363276.htm.

国已成为埃塞俄比亚最大贸易伙伴、最大工程承包方和主要投资来源国,两国友好互利合作遍及埃塞俄比亚经济社会发展的方方面面,已成为南南合作和中非合作的领跑者和示范者。

6. 重庆与非洲重点国家软实力合作前景分析

2012 年,埃塞俄比亚联邦民主共和国在重庆正式设立总领事馆。重庆是非洲在中国中西部唯一的一个领事机构,埃塞俄比亚成为重庆"走出去"战略的目的地之一。埃塞俄比亚驻重庆使领馆设立以来,双方的互联互通进入新层次,政治沟通、商业贸易、民间合作等方方面面都有了可喜的进步与长足的进展。

埃塞俄比亚是重庆在非投资额排名前三的国家。凭借领馆资源,重庆"走出去"的步伐也进一步加快。目前,重庆与埃塞俄比亚已展开合作,并取得显著成效。截至 2016 年 4 月,重庆企业在埃塞俄比亚累计投资 2500 万美元,从事地质勘探和汽车制造。2007 年重庆市力帆汽车进入埃塞俄比亚市场,2009 年建立埃塞俄比亚直销公司。2014 年 5 月,力帆汽车在埃塞俄比亚的工厂正式投入使用,该厂房为占地面积达到 21000 平方米的标准厂房,每年计划生产 50000 台小汽车。力帆成为第一家在埃塞俄比亚投资生产汽车的中国民营企业,力帆生产的小汽车在埃塞俄比亚市场的比重为 50% 以上,是埃塞俄比亚最著名的中国汽车品牌[①]。2016 年 9 月,埃塞俄比亚首都亚的斯亚贝巴出租车共计采购 821 台力帆 530 出租车,均为重庆力帆汽车工厂整车制造。力帆汽车在埃塞俄比亚市场的进一步拓展,既收到了汽车保有量的显著成效,还得到了埃塞俄比亚政府的高度重视。

埃塞三圣药业有限公司位于亚的斯亚贝巴东方产业园,是东方工业园首个引进的从事医药生产的入园企业,该企业由重庆三圣特种建材有限公司和张家港中悦有限公司合作投资。药厂整体按照欧盟 GMP 规范设计,配套中国

---

① 中非贸易研究中心. 力帆汽车成为埃塞俄比亚首都指定出租车[EB/OL]. 2017 - 06 - 27, http://news. afrindex. com/zixun/article9165. html.

一流的制药装备,于 2016 年开工,总投资金额约 8500 万美元,主要布局有固体制剂、小水针和大输液三类产品生产线,三圣药业在埃塞俄比亚投资办厂能极大地缓解埃塞俄比亚及周边国家药品紧缺的现状①。

2019 年,埃塞俄比亚航空集团与重庆市政府、重庆机场集团合作开通3 条从中国重庆出发的货运定期航线,分别是:重庆到达亚的斯亚贝巴、重庆经迪拜到达亚的斯亚贝巴、重庆经新德里到达亚的斯亚贝巴。此 3 条航线将成为中国现有最长的货运定期航线,串联亚洲、非洲、南美洲,将全球最具发展潜力的三大洲连接起来。新航线的开通,正是对"一带一路"倡议发展互联互通的积极响应,势必加强重庆与埃塞俄比亚的经贸交流,开发并培育重庆国际航空物流运输市场,乃至促进重庆市经济社会的发展。埃塞俄比亚与重庆的经贸合作、贸易往来也借助国际陆海新通道迈向一个新台阶。

(1)重庆与埃塞俄比亚科技合作前景分析

以民营企业"走出去"为例,重庆三圣股份有限公司在埃塞俄比亚的另一项目三圣建材主要生产绿色环保的 C15 – C80 商品混凝土、混凝土外加剂和特种构件,除混凝土生产线外,还建成了生产 10 万根各型混凝土预制电杆和8 万米各型混凝土排污管的生产车间。三圣建材有 2 条 HZS180 混凝土生产线,采用的是即便在国内也领先的全封闭绿色环保技术,特别是计算机全自动控制及配合比数据的实时保存等先进技术的应用,有效提高了混凝土的生产管理和质量控制水平。凭借强大的技术优势,三圣建材不但为埃塞俄比亚生产绿色环保的混凝土、混凝土外加剂和特种构件,还准备为埃塞俄比亚和其他非洲国家的基础设施建设提供混凝土技术标准②。

目前,越来越多的重庆企业走向以埃塞俄比亚为代表的非洲国家进行海外投资,重庆与埃塞俄比亚在科技合作方面具有广大的合作前景,借由重庆

---

①② 外交部. 驻埃塞俄比亚大使谈践出席三圣药业埃塞一期项目投产仪式[EB/OL]. 2018 – 06 – 13,https://www.mfa.gov.cn/web/zwbd_673032/gzhd_673042/t1568893.shtml.

民营企业"走出去"的契机，将重庆先进的科技设备等引入非洲国家，加大人力资源投资和培训力度，提供就业机会，在中国技术和设备"走出去"的同时，更好地实现本土化，帮助非洲国家摆脱贫困，实现工业化发展。

（2）重庆与埃塞俄比亚教育合作前景分析

重庆地区高校一直与埃塞俄比亚保持着友好的合作关系，近年来已接收多名埃塞俄比亚学生来校进行长短期学习。选派留学生作为民间交流的重要一环，有助于双方学术沟通、经验交流及科研成果共享等，也对埃塞俄比亚的人才培养奉献了一份力量。其中，现任埃塞俄比亚工业部国务部长 Alemu Sime Feyisa 先生曾在重庆大学就读，是重庆大学优秀来华留学生校友。

2012 年，中国重庆—埃塞俄比亚矿务部、地调局地质矿产合作项目正式启动。重庆地勘局通过与埃塞俄比亚矿务部签订合作备忘录、在埃塞俄比亚设立办事处等方式进行合作，重庆市地勘局将和埃塞俄比亚地调局一同在埃塞俄比亚西部和南部 14.8 万平方千米的区域内开展地质和矿产勘查，发现潜力区申请矿权，帮助埃塞俄比亚培养人才，提升部门实力，寻找优质矿产资源①。

目前，重庆市政府大力推进重庆融入"一带一路"建设和"走出去"，重庆高校也都积极推进"双一流高校"建设，积极吸引埃塞俄比亚等非洲国家的留学生到重庆高校学习深造，既推动了"一带一路"建设中的"民心相通"，也推动了重庆市高校教育的国际化进程；未来，应积极鼓励高校"走出去"，在与欧美世界名校推广交流的同时，应该与非洲国家大力进行高校交流，在企业"走出去"的同时，积极支持和鼓励高校师生"走出去"，到与重庆有密切联系与合作的非洲国家深化交流。

（3）重庆与埃塞俄比亚文化合作前景分析

埃塞俄比亚有 3000 年的文明史，旅游资源丰富，文物古迹及野生动物公

---

① 李静. 利用领馆资源服务"走出去"战略重庆—埃塞俄比亚经济合作交流会举行[J]. 重庆与世界，2014(1):46 – 49.

园较多，7 处遗迹被联合国教科文组织列入《世界遗产名录》。号称"13 个月阳光"国家的埃塞俄比亚有丰富的自然资源与人文风情，是许多发达国家人们的旅游的首选之地。此外，重庆独特的中国风光与山城景观也吸引了全世界各国人民的驻足，其中也包括许多埃塞俄比亚的游客。

鉴于重庆与埃塞俄比亚具有广阔的旅游文化资源，重庆与埃塞俄比亚的文化合作前景广阔。双方政府需要在采取简化签证、旅游优惠等措施方面不断深化合作，在推动重庆特色旅游文化"走出去"的同时，也积极向重庆市民推广埃塞俄比亚的旅游文化和资源，吸引重庆市民到埃塞俄比亚观光旅游。

（4）重庆与埃塞俄比亚卫生合作前景分析

2015 年到 2019 年，重庆市陆军第三军医大学共开展了五批次对埃塞俄比亚的医疗援助项目。其间，第三军医大学根据总部命令，分别从陆军军医大学第三附属医院野战外科研究所和基础医学院、西南医院、新桥医院、大坪医院等抽调医院专家组建了军医专家组，远赴非洲东部的埃塞俄比亚首都亚的斯亚贝巴，执行为期一年的埃塞俄比亚首都亚的斯亚贝巴陆军总医院医疗技术任务①。援助期间，军医专家组克服各种困难，承担了埃军总医院的重症医学科、耳鼻喉科、肾内科、心内科、放射科、泌尿外科等专业的门诊、会诊、手术、急诊以及医疗带教工作。军医专家组与埃军总医院医务人员一道，创造、填补了多个埃军总医院救治历史第一和空白。

重庆和埃塞俄比亚医疗卫生合作已经建立长期牢固的基础，其他非洲国家医疗设施严重匮乏、技术水平低下，亟须其他国家的技术和专业医疗人员的援助。未来，重庆在坚持对埃塞俄比亚医疗卫生援助的基础上，增加与重庆经贸往来密切的其他非洲国家的医疗援外项目，包括人力资源培训、医疗设施和医疗条件的改善等；从根本上解决非洲国家的医疗卫生、设施水平落后，专业医护人员严重缺乏的困境。

---

① 重庆日报. 陆军军医大学第 5 批赴埃塞俄比亚专家组出征［EB/OL］. 2019 – 01 – 16, http://cq. people. cn/n2/2019/0116/c365402 – 32535603. html.

四、重庆融入"一带一路"科教文卫软实力建设现状分析

(一)沿线重要国家科教文卫发展现状

科教文卫事业的发展是确保"一带一路"倡议健康发展的重要工作,也是现代各国普遍重视的发展大计,本书对"一带一路"沿线部分重点国家之科教文卫工作发展内容做出描述,整理联合国教科文组织与世卫组织等国际组织的数据库并结合《国际统计年鉴》(2018),得出以下直观数据(见表3-15)。

表3-15 "一带一路"沿线重点国家科技发展水平统计表

国家	所属地区	每百万人中科研人员数	每百万人中技术人员数	高科技产品占出口额比重(%)	研究开发经费占GDP比重(%)	专利申请数量(件)	GII全球创新指数及排名(括号内为排名)
中国	东亚	1176.6		25.2	2.1	1204981	53.06(17)
新加坡	东南亚	6658.5	452.2	48.9	2.2	1601	59.83(5)
印度尼西亚	东南亚		404.7	5.8	0.1	1058	29.80(85)
泰国	东南亚			21.5	0.6	1098	38.00(44)
马来西亚	东南亚	2261.4	129.7	43.0	1.3	1109	43.16(35)
巴基斯坦	南亚	294.4	71.2	1.9	0.2	204	24.12(109)
印度	南亚	215.9	95.9	7.1	0.6	13199	35.18(57)
伊朗	中东			4.5	0.3	14930	33.44(65)
以色列	中东			18.4	4.3	1300	56.79(11)
俄罗斯	独联体	3131.1	488.8	10.7	1.1	26795	37.90(46)
哈萨克斯坦	独联体	734.1	176.1	30.4	0.2	993	31.42(74)
波兰	东欧	2139.1	437.0	8.5	1.0	4261	41.67(39)

1. 科技发展现状

作为"一带一路"伟大工程建设的关键组成部分,科技创新合作的建设不单依靠各国、各地区政府对科技发展投入的水平,更有赖于"一带一路"沿线国家既有的科技发展水平支持,一系列综合条件构成了"一带一路"建设的科技发展资源。科技发展资源,广义指资金、机构及法人、科技创新的

人才、科技发展现有成果、设施、信息与政策等各类要素，狭义科技发展资源则特指经费的投入。充分且优质的科技发展资源是一个国家现代化建设的重要因素。从业科技的技术人员数量、研究与试验发展即 R&D 经费、R&D 经费支出占 GDP 的比重、财政科技投入水平、科技中心园区建设数量等科技发展资源是进行科技发展水平估测的基础和要素。在"一带一路"建设的沿线国家中，各国科技发展水平因国别而异，呈现较大的区别：

东亚地区，蒙古国截至 2014 年 GDP 总计 125.45 亿美元，其中科技产业带来的经济创收则更低。该地区科技发展水平较低，主要机器设备、科技设施均依赖从国外进口，在亚投行与"一带一路"建设中尤为迫切地需要科学技术交流。

东盟十国中，科技发展水平最高的地区是新加坡。在 2018 年的全球创新指数报告中，新加坡在全球排名第五，为亚洲地区最具有创新力的国家，目前新加坡仍然在向知识型经济转型。学者徐先国等认为，新加坡的科技发展水平能达到如此高度与其政府主导的行为密切相关，进入 21 世纪以来，新加坡政府一直在科技领域完成三项工作：确立高科技产业兴国的发展战略，不断加大政府对科技产业的投入以巩固高科技产业发展的根基，并且，在科技产品与技术层的国际交流中，新加坡政府主导了拓展、扩大高科技产业发展的国际空间。东盟地区其他国家如泰国、马来西亚等，都在近十年中取得了科技领域的长足进步，尤为明显的是电信产业上的科技创新都达到了自主化水平。部分国家/地区如老挝、柬埔寨等国的科技发展能力亟待提高，当前世界的核心科技仍依靠从国外进口，东南亚的非临海国家所接受的中美科技、环境等援建项目较多。

西亚国家受到气候资源、局部战争与宗教争端的影响，部分国家/地区的科技发展受到限制，又为这些因素所刺激，大力发展现代科技，尤其是军事领域。这一地区中，以色列是中东地区唯一的发达国家，科技水平发展程度最高。以色列的高新技术产业知名度高，其在军事科技、计算机软件技术、医疗卫生设备器械、电子通信技术、生物技术工程及航空等领域具有世界先进的技术水平。以色列的电子监控系统与无人机技术也在世界范围内处于领先水平，并拥有广泛赞誉。截至 2017 年，包括 IBM、Google、惠普、微软、英特尔、雅虎、升阳微系统在内的全球顶尖企业均在以色列建有研发中心，在纳斯达克挂牌的以色列企业数量仅次于美国，超过了 75 家。这一地区其他主要国家如伊朗、沙特阿拉伯、土耳其等西亚国家也因地制宜，依托石油资源发展地区现代科技，尤其在生物、化工领域取得较大成就。

南亚地区八国中，印度和巴基斯坦两国的科技资源数量要高于其他邻国，其科技资源质量亦然，其中印度的科研能力自主水平更高。因为硅谷的影响力，印度国产信息技术领域的成功为人们所熟知，从 20 世纪起，印度政府凭借人才优势，通过为发达国家提供优质的科技服务取得了辉煌成就。经过多年发展，印度在卫星研发与应用技术上已接近甚至达到全球先进水平，印制运载火箭技术取得突破性进展。在 21 世纪，印度政府明确了新的发展方向与重点领域，其中以生物科学技术为科研重点，政府重点支持生物制药产业而非农业生物技术，新世纪初印度生物技术部便发布一系列科研计划，力求将印度变成"生物信息学的全球中心"。印度在科技领域的长足进步使其巩固了南亚科学技术中心的地位。

在中亚地区，哈萨克斯坦、乌兹别克斯坦、塔吉克斯坦、土库曼斯坦与吉尔吉斯斯坦五国由于经济结构较单一且工业基础薄弱，受北方邻国影响，主要国力体现在自然资源领域，科技能力受经济条件制约而发展不足，科技发展水平较落后，迫切需要科技硬实力的输入也是其积极响应"一带一路"建设的主要原因之一。

独联体国家中，全球科技影响力最大的国家是继承了苏联科技体系的俄罗斯，在苏联解体后，俄罗斯沿用了苏联时期的主要科技体系并继承其主要科学技术成果，依然是当今世界的科技大国，尤其在基础研究方面，俄罗斯位居世界前列。俄罗斯拥有数量庞大、技术全面的科研机构和优质的科研人员，俄籍的科学家在世界范围内都有着极高的知名度。从 20 世纪起，继承了苏联科技体系的俄罗斯在基础研究方面取得了具有世界领先水平的科研成果，尤其在微电子和毫微电子技术、光电绘图工艺、高温超导材料、分子生物学领域、化学领域、天文物理领域、超级计算机技术、气象学等领域都取得具有世界先进水平的成果，特别在航空航天科技领域成果丰硕，位居世界第二。但受苏联时期国家政策的影响，俄罗斯的先进科技水平更多地为国家重工业体系所服务，相当一部分民间使用的科技设备依赖进口，近年来俄政府正积极改变这一现象。

中东欧国家与西亚国家一样分布密集，但政治局势稳定，有利于科学技术的发展。这一地区的国家科技自主研发能力处于世界中流水平，独立完成科技创新的技术水平一般，但各国均积极参与国际合作，与西欧、俄罗斯等国家的合作研发项目逐渐增多，这一区域内的各国普遍共享科技发展成果，也多参与西欧国家主导的科技创新实验，地区内的国家普遍有完整且发达的科技体系，科技发展水平在区域内较为平均，以波兰为最优。

通过对以上"一带一路"沿线国家的科技发展基本情况的梳理可以发现几条基本规律：总体而言，参与"一带一路"建设的国家/地区多为发展中国家或欠发达地区，整体科技发展能力与美、欧、日、澳等发达国家的发展水平有一定差距；从地理区划上看，若把亚欧大陆看作一个整体，各个次级地区都有一个科技中心，进而辐射其周边国家，比如印度之于南亚、新加坡之于东南亚、俄罗斯之于中北亚、以色列与伊朗之于中东；科技发展能力在"丝绸之路经济带"与"海上丝绸之路"上呈现"南北两极、中部中空"的地理空间分布现象，俄、印、新三国的科技发展水平最高，中亚地区科技水平相对滞后，而这一地区又是"丝绸之路经济带"的地理中心与枢纽，改善当地科技水平、沟通民心的工作重点仍在继续。

2. 教育发展现状

教育在"一带一路"建设中具有基础性、先导性作用，是"一带一路"建设民心相通的桥梁，并为其他"四通"即政策沟通、设施联通、贸易畅通、资金融通提供人才支撑与交流渠道。学者周谷平等认为，在"一带一路"建设中，迫切需要6种人才，即"创新创业人才""国际组织人才""海外华人华侨人才""非通用语言人才""专业领域人才""海外高端人才"；"一带一路"沿线的周边国家也对综合领域的各种人才有迫切需求，并普遍为此提升国家的教育水平，这为沿线国家的教育合作提供了需求和空间。现对部分重点国家的教育现状进行概览，以便有一个总体的印象与把握（见表3-16）。

表3-16 "一带一路"沿线重点国家教育发展水平统计表

国家	所属地区	公共教育经费占GDP比重（%）	每个大学生教育支出占人均GDP比重（%）	15周岁以上成人识字率（%）	初等教育粗入学率（%）	中等教育粗入学率（%）	高等教育粗入学率（%）
中国	东亚	4.3		96.4	100.9	94.3	48.4
新加坡	东南亚	2.9		97.1	100.8	108.1	
印度尼西亚	东南亚	3.6		95.4	103.5	86.1	27.9
泰国	东南亚	4.1	18.2	92.9	100.6	71.6	28.3
马来西亚	东南亚	5.0	50.4	94.6	103.5	85.2	44.1
印度	南亚	3.8	49.2	72.2	114.5	75.2	26.9
巴基斯坦	南亚	2.7		56.4	97.7	46.1	9.7
伊朗	中东	2.8	13.4	87.2	108.6	89.0	68.9
以色列	中东	5.7	19.1	97.8	103.6	104.1	64.2
俄罗斯	独联体	3.9	14.6	99.7	102.1	104.8	81.8
哈萨克斯坦	独联体	2.8	11.3	99.8	109.0	112.4	46.1
波兰	东欧	4.9	25.5	99.8	110.1	107.1	66.6

俄罗斯是世界领先的教育大国，其国内教育的先进经验为许多国家所借鉴。与其科技发展水平挂钩，在自然科学和基础研究方面，继承了苏联高科技重工业学习体系的俄罗斯高等教育水平居世界领先地位，尤其航空航天、军事工业等工程技术领域处于世界顶尖层面，但其并不"重武轻文"，俄罗斯在人文和社会科学领域亦拥有优秀的文化传统与浓厚鲜明的俄式风格，享誉世界的不仅有科学家，俄罗斯籍贯的世界级文学家、音乐家、艺术家也层出不穷，俄罗斯的近现代艺术、文学界成果是历史"后花园"中的常青树。当前俄罗斯国内著名的大学有莫斯科大学、圣彼得堡大学、国立莫斯科罗蒙诺

索夫大学等,其高等院校均在世界上享有盛誉。

新加坡由于其狭小的地理空间与深远的经济影响力而成为东南亚兴办教育事业的一个风向标。新加坡的历史背景、人口结构、社会环境,使其教育制度有其自身独特性。在新加坡的四大种族中,人口比重较大的华族学生对外以普通话为母语,"一带一路"的建设在新加坡地区所受的语言障碍较小,同时新加坡学校亦是中国留学生出境交流学习的重要去处之一。新加坡的华文教育有一百多年的历史,直至 20 世纪 80 年代中期,新加坡政府逐步统一了语文源流学校,所有学生不论故籍均以英语为第一语文学习,同时英语也是最主要的教学媒介语。新加坡教育事业发展水平高,教育产业较成熟,亦吸引了许多国外留学生,是东西方文化、教育交流的中心之一。其著名高校有享誉世界的新加坡国立大学、南洋理工大学等。

印度作为南亚第一大国,顶层教育走在世界前列,相对而言,其基础教育的硬软件设施都略显单薄。印度实行十二年制的中小学基础教育,但是入学率在发展中国家中亦不算高,截至 2007 年底的调查报告数据显示,印度国内人口识字率为 75%,成人文盲的数量仍高达 3 亿人,居世界之首;印度的高等教育则有八年时间,包括三年学士课程、两年硕士课程和三年博士课程,与我国高等教育的学习年限小有差异,其高等教育质量较高,但许多优质生源则青睐于赴美留学;除此之外,各类职业技术教育、成人教育等非正规教育在印度的教育体系中也占有重要比重。印度著名的大学有德里大学、印度理工学院、巴拉蒂尔大学、马德拉斯大学和加尔各答大学等,全印现有 350 余所综合性大学。印度政府正在全国性地推广扫盲计划,根据联合国教科文组织的统计数据,当前印度 6~14 岁儿童的入学率接近九成,但实际的"高小"即小学的四年级与五年级的入学率不足六成,而全国平均小学辍学率则高达 31%,可以看到,印度拥有较好的高等教育条件,但其基础教育工作仍然任重道远。

以色列与日本并列为全亚洲受教育平均年限最高的国家,前者有中东地区以及全西亚最高的平均受教育年限。根据联合国教科文组织的统计数据,以色列是中东地区识字率最高的国家。在 USNEWS 世界大学排名系统中,以色列有七所高校入围，希伯来大学在 SJTU 排名中名列第 60 位，使以色列成为中东地区唯一有高校位列 SJTU 前百名的国家，由于国家领土面积较小，以色列只有八所大学及数十所学院，然而依据 Webometrics 在中东地区的调查，以色列拥有中东地区最优质前十所大学中的七所，其中前四名均为以色列的高校。由于以色列具备高水平高质量的教育力量，以色列对世界科学和科技发展的研究有重大贡献。以色列自建国以来一直致力于科学和工程学的技术研发，其科学家在遗传学、光学、计算机科学、工程学等技术产业上有杰出贡献，研发主导的军事科技产业、农业、物理学和医学久负盛名，统计数据指出有十名以色列人曾获诺贝尔奖。西亚地区另一大国伊朗实行中小学免费教育的制度，并重视高等教育。伊朗政府于 1989 年起制订高等教育 5 年发展计划，通过提供贷款和给予物质、政策支持等措施鼓励民办高等教育，共有高等院校 350 余所，大学生近 350 万人。德黑兰大学是伊朗著名的高等学府。

东欧代表性国家波兰与前述教育大国相比，在顶尖教育水平上稍逊，其代表了东欧地区的一般水准。但该地区的基础教育走在前列。21 世纪初，波兰实行新的教育体制，开始并长期保持小学、中学、高等院校的入学人数占适龄人口的 98%、90%、25% 及以上，均达到发达国家的标准。波兰及东欧地区自 2012 年起，每年普通教育的经费与高等教育的经费支出平均分别超出财政预算的 1.2% 与 4.2%。其著名学府有华沙大学、克拉科夫雅盖隆大学等。

3. 文化发展现状

加强人文交流既可以夯实"一带一路"建设的民意基础与社会根基，也可以获得人心与理解、争取民心相通。同时，文化可以作为一种产业，形成一种特殊的文化形态和经济形态，进而影响人民从本质上把握文化产业。文化产业被联合国教科文组织定义为遵循工业标准，生产、再生产、储存以及分配文化产品和服务的一系列活动。

在现代世界文化中，俄罗斯文化发展至今可占一席之地，其服饰、饮食、礼仪、语言等均被世人熟知，有极深的文化烙印。俄罗斯横跨欧亚两洲，将东西方文化充分融合，并且非常重视文化事业，大量出版图书和报刊，许多群众性文化设施得以建设，包括图书馆、博物馆、文化馆、俱乐部等。同时，俄罗斯在文学、美术、音乐方面的历史悠久，并且成就显著，孕育了普希金、列宾等诸多艺术大师。此外，俄罗斯的一项民间艺术：俄罗斯套娃，被全球各地人民熟知和购买。俄罗斯在电影方面同样出色，作为全球 12 个 A 类国际电影节之一的莫斯科电影节，不但是俄罗斯最大的国际电影节，并且历史悠久，可追溯到 1959 年，仅次于威尼斯电影节，2000 年起从每两年一届改为每年一届。因其浓厚的文化氛围和良好的文化产业发展环境，俄罗斯是当今世界不容置疑的文化大国。

印度文化为世人所熟知，古印度是四大文明古国之一。现代印度充分继承了古印度的文化传统，其鲜明的地域特色在服饰、礼仪、节日、宗教等各方面得以展现，并且受近现代东西方文化的交织影响，形成了比较独特的文化景观。例如现代化社会的一个重要交流工具——语言，印度的语言体系纷繁复杂，包括印欧语系、汉藏语系、南亚语系、德拉维达语系。印地语作为印度官方语言，使用人口约30%；虽然在 1965 年英语已经结束了其唯一官语的地位，但它仍以"第二附加官方语言"的身份在全国通用，在政治和商业场合使用频繁，同时其他 21 种少数民族的预定官方语言被保留至今。在电影方面，印度作为重要的出产地，其电影产量位列世界第一，除了满足国内庞大的需求，这些电影也受到有大量印度移民的国家所欢迎。多语言也促进了印度电影的发展，在印度这样一个多语言的国家，为了满足人们对母语电影的殷切需求，各类语言电影蓬勃发展，其中最为成熟的是以孟买为基地的印度语电影业，也就是宝莱坞电影，许多演员在世界电影史上留下了浓墨重彩的一笔，也被印度广大观众所喜爱，包括沙鲁克·罕和阿米尔汗、导演萨雅吉·雷等。而印度宗教、民族、语言多样性的浓缩可参看印度西部商业特大都市孟买。无可否认，印度土壤上结出的文化果实辉煌灿烂，其文化神秘色彩与多民族融合的文化特色在世界文化领域占有一席之地，但广大处于贫困线以下的印度国民并未拥有丰富多彩的社会文化生活，悬殊的社会阶级使底层人民难以享受本地丰富的文化果实。传统习俗的强烈文化烙印一方面带给印度普通百姓深深的自豪感，另一方面等级教条与繁文缛节却继续束缚众多国民，例如重男轻女的思想在现代印度亦有广大市场，印度女性往往在社会中处于不公正地位。现代的印度虽然经济发展腾飞，但除了宝莱坞电影与都市旅游业以外，许多文化产业发展与经济增幅不相匹配。

东盟十国有着相近的文化发展历程。学者古小松认为，根据地形地貌和人文的不同，可以将东南亚文化划分为两大区域、四种类型。按照地理和族群划分，东南亚大陆主要是佛教文化，海岛主要是马来人文化。在信仰和文化特征上，上座部佛教和泼水节文化圈主要位于中南半岛中西部的缅甸、柬埔寨、泰国、老挝；儒释道文化主要位于越南和新加坡；伊斯兰教文化主要分布在马来群岛的印度尼西亚、马来西亚、文莱，而天主教文化位于菲律宾和东帝汶。[①] 目前，东盟国家依托旅游业发展不断改善当地民生，同时将本地颇具神秘色彩的丰富文化逐步推向东亚、欧美市场，尽管当地文化的产业化程度因国别而异，例如在这一领域，泰国要遥遥领先于老挝、柬埔寨，但是由于其地缘的邻近，东盟内部文化发展交流集成整体，作为东南亚的整体名片不断将本地文化向世界展示。

因为拥有全世界六大洲上百个国家的各路移民，以色列社会文化丰富多彩并且艺术创造力不凡。由于政府鼓励和资助艺术活动，完善的美术博物馆被建设到了许多城市，包括特拉维夫、海法、耶路撒冷等，而类似的博物馆或古迹景点甚至就位于许多城镇农场。除了为世界所熟知的工学、理学外，以色列的文学、音乐在世界上亦具有一定知名度，国民文化生活较为丰富。

从地理位置上而言，中东欧 16 国是离中国最远的"一带一路"沿线国家。自"冷战"结束以来，地理位置上的中东欧取代了地缘上的东欧。因为位于东西欧之间，中东欧在融合不同宗教和文明后形成了复杂多元的文化，

---

① 古小公. 东南亚文化[M]. 北京：中国社会科学出版社，2015.

还造就了其别树一帜的地域风格。不论是文学、音乐还是电影、体坛，当今的中东欧对世界文化输出的影响力正逐步增加，随着旅游业兴旺与当地社会福利的不断完善，这一地区人民的社会文化生活亦越来越丰富。

表 3-17　"一带一路"沿线重点国家文化发展水平统计

国家	所属地区	联合国《2017人文发展报告》地区人文发展指数	人文发展指数排名	国际旅游收入（亿美元）	入境旅游人数（万人）	联合国2018年世界国家和地区幸福度指数及排名（括号内为排名）
中国	东亚	0.752	86	444.3	5927	5.246（86）
新加坡	东南亚	0.932	9	183.9	1291	6.343（34）
印度尼西亚	东南亚	0.694	116	126.0	1152	5.093（96）
泰国	东南亚	0.755	83	524.7	3253	6.072（36）
马来西亚	东南亚	0.802	57	180.8	2676	6.322（35）
印度	南亚	0.640	130	231.1	1457	4.190（133）
巴基斯坦	南亚	0.562	150	8.8		5.472（75）
伊朗	中东	0.798	60		494	4.707（106）
以色列	中东	0.903	22	64.3	290	7.190（11）
俄罗斯	独联体	0.816	49	128.2	2457	5.810（59）
哈萨克斯坦	独联体	0.800	58	17.2	651	5.790（60）
波兰	东欧	0.865	33	120.5	1747	6.123（42）

对以上"一带一路"建设沿线国家的文化发展状况进行梳理可获得如下一般性结论：①"一带一路"沿线国家普遍具有悠久的历史，故亦具有鲜明的本民族文化特色，与外国文化的特征差异明显；②"一带一路"沿线国家具有文化聚合效应，各块区均有该地域的文化中心，如东南亚有佛教/占婆文化圈，南亚有其独特的印度文化圈，东欧有斯拉夫/东正教文化圈，曾经的独联体有自身的苏联文化等，它们都具有自身特殊的文化符号，同时，都是四周各地受一个文化中心发出的"文化信号"影响，如同南亚次大陆受印度影响、东北欧—中亚受俄罗斯影响、中东世界伊斯兰什叶派等受伊朗影响；③虽然"一带一路"沿线各个国家的鲜明文化特色为世界所熟知，但是各国的文化推广水平均有限，文化产业化程度大多不高，沿线国家鲜有能像美国、

日本、西欧一样将文化符号向全世界推广的能力或手段,并且当地受上面所述国家之文化的冲击越来越强,文化交流中的碰撞愈演愈烈。

目前,开展和推进"一带一路"的人文交流面临许多挑战,包括意识形态与社会体制鸿沟、文化不同与语言差异、沿线国家政治社会环境干扰、国家间关系与地缘政治态势阻碍、国内政治支撑体系疲软等。因此,在新态势下开展和推动"一带一路"人文交流还应该进一步建设人文交流合作机制与平台,扩大人文交流合作领域与范围,推动文化产业与贸易繁荣发展,创建"官民一体、官民并举"人文交流大格局,提升文化传播能力与国际话语权、增强人文交流政策支撑与保障。

4. 卫生发展现状

在基础设施建设、贸易往来、投资发展、文化交流、金融等各个领域,"一带一路"建设沿线国家都开展了合作。而值得注意的是,卫生合作是经济贸易等其他合作的基础保障,也是实现民心互通的重要举措。随着"一带一路"的内涵日益丰富、外延不断完善,参与"一带一路"建设的国家增多,卫生合作也向着更全面、更深入人心的方向发展。

武汉大学学者汪瑶等对目前"一带一路"沿线国家卫生合作进行了大量的实证研究,获得了许多研究启示,她们通过对比发现了"一带一路"沿线国家之间卫生发展状况的不平衡,需要进一步探索这将如何指导各成员国开展卫生发展建设。如虽然世界卫生大会在 2005 年提出的全民健康覆盖成为各国卫生体系发展的目标,但研究发现这一目标在我国已经基本实现,然而在东盟区域内尚无国家完全实现。因此,对于在东盟"10+3"全民健康覆盖网络框架内的推广有重要意义。另外,国际经验的研究亦有助于我国卫生事业发展。对金砖国家、东盟国家的卫生服务体系的相关研究发现:印度尼西亚全面修订国家税收体系为卫生筹资提供了良好的保障;马来西亚、泰国和越南等国的医疗保障体系的经验,以及印度在卫生服务方面对低收入者提供部分免费医疗卫生服务的做法,均值得我国借鉴。下文对主要国家的医疗资源做一概览（见表3－18）。

表3－18　　"一带一路"沿线重点国家卫生发展水平统计表

国家	所属地区	医疗支出占GDP比重（%）	人均医疗支出（美元）	享有基本卫生服务人口占总人口比重（%）	享有基本饮用水服务人口占总人口比重（%）	每千人口医生人数	每千人口病床张数
中国	东亚	5.5	425.6	75.0	95.8	1.8	3.8
新加坡	东南亚	4.3	2280.3	100.0	100.0	1.9	2.0
印度尼西亚	东南亚	3.4	111.8	67.9	89.5	0.2	0.9
泰国	东南亚	3.8	217.1	95.0	98.2	0.5	2.1
马来西亚	东南亚	4.0	385.6	99.6	96.4	1.5	1.9
印度	南亚	3.9	63.3	44.2	87.6	0.7	0.7
巴基斯坦	南亚	2.7	38.0	58.3	88.5	1.0	0.6
伊朗	中东	7.6	366.0	88.3	94.9	1.5	0.1
以色列	中东	7.4	2756.1	100.0	100.0	3.6	3.3
俄罗斯	独联体	5.6	523.8	88.8	96.4	4.0	
哈萨克斯坦	独联体	3.9	379.1	97.8	91.1	3.3	7.2
波兰	东欧	6.4	796.7	98.1	97.9	2.3	6.5

俄罗斯的医疗水平高且费用低，并且不断取得新的科学研究成果。2003年以来，俄罗斯建设的义务医疗保险系统运行时间已经长达17年，医疗保险组织和信贷财务机构主要支配义务医疗保险税务款项。该保险系统覆盖了患者的医疗费用、住院期间的药品以及饮食费用，而国家财政将支付医务人员的工资，同时，宣传健康生活方式的作用也日益显现。目前俄罗斯境内社区健康中心与健身场所兴起并快速发展，苏联解体前的一些强势体育项目逐渐重新在民间推广，社区市民的卫生保健水平提高，专家预测俄罗斯的出生率将增长。民间机构配合政府开展体育卫生事业，在国际上，俄罗斯继续保持体育强国地位；在国内，俄罗斯人民患传染病率明显下降，国民出生率预计提高，死亡率则持续下降。俄罗斯人口结构向好转变的迹象与政府和民间机构的努力密不可分。

以色列尽管医疗系统在国际上一直享有高度评价，但在基础设施方面，却与很多国家一样面临医院过于拥挤等问题。但是不同于其他国家，虽然全国只有 800 万人口，以色列高效利用已有的医疗数据来优化诊疗，建立了一个存有大量关于患者、疾病和治疗信息的医疗数据库，为世界上最先使用 EMR 系统的国家之一。以色列的医疗卫生条件代表了中东地区最先进水平。中东地区的人口大国——伊朗，需要较多的医疗保健设施，由伊朗卫生部 2018 年发布的数据可知，该国的医疗机构数量超过 730 所，由政府财政拨款支持的约有 500 所，有 12 万余张床位、1.7 万个诊所、约 3.7 万名医生。各项数据表明伊朗在中东地区的医疗卫生资源总量处于靠前位置，但是与西方国家的卫生发展水平差距悬殊，研究发现伊朗国内每千人口拥有的医生数量不足 2 人，每千人口的医疗床位数小于 2 张，其代表了中东地区的普遍水平。

卫生条件糟糕是印度整个国家基础设施落后的一个方面，在注重人居环境卫生建设方面，印度还有很长的路要走。为了改善农村环境卫生状况，2014 年印度政府推出"厕所革命"计划，计划实施以来，取得一定成效，卫生状况有所改善。而印度的医疗体系特点显著：通过在公立医疗机构对穷人发展免费医疗来保证制度公平，与此同时，发展私立医疗机构，而私立机构也为农村基层医疗服务，这与我国公立医疗机构绝对主导完全不同。印度面临着公立医疗机构资源短缺、效率低下等问题。而也有学者认为，印度医疗卫生发展可以给我国一些启示，如胡苏云认为：印度政府在注重保护穷人来体现其医疗制度公平性的同时，将部分发展空间留给市场，促进私立医疗机构、医疗服务和药品市场的发展。

东欧地区拥有较高的社会福利，与西欧国家相比，波兰在医疗条件水平相近的基础上，拥有更低的医疗价格，同时，许多私立医疗机构针对外国人开展特种服务，使得外国人来波兰旅游、看病的人越来越多。每年超过 1000 名外籍人士到波兰旅游看病，并且人数呈上升趋势。

通过对以上"一带一路"沿线国家卫生发展状况的梳理可以得出以下结论：①总体而言，"一带一路"沿线国家总体卫生发展现状不容乐观，不仅与西方国家存在极大差距，且许多"一带一路"沿线国家的卫生水平达不到世界中游水平，发展空间还很大；②从地理空间上看，"一带一路"沿线国家医疗卫生水平呈现"北大于南,西优于东"的布局状况,东欧、北亚、俄罗斯西部的卫生条件要优于东南方向的东亚蒙古、中亚—中东与南亚—东南亚各国。

综上所述,"一带一路"建设沿线各国虽然卫生条件发展水平不一,但亦有可以相互学习借鉴之处,应当强调卫生各领域的合作从而加强国际经验借鉴以及政府与民间力量的共同参与,以卫生合作加强对"一带一路"建设的支撑作用。此外,与卫生合作相关的合作需求、法律法规和国际惯例的研究也值得深入探讨,以期为"一带一路"建设健康发展提供物质保障和法律保障。

(二)重庆科教文卫软实力合作现状

1. 重庆融入"一带一路"科技领域合作现状

作为"一带一路"软实力建设的重要组成部分,科技创新合作在促进民心相通的过程中扮演着越来越重要的角色。科技创新合作已成为国家间相互沟通的重要桥梁,其产生的示范效应与带动效应有效地促进了国家间的彼此认可与互相信任。经济全球化和知识经济的发展前景越来越广阔,这也意味着科技领域国际合作的纵面将会越来越深入。在全球范围内展开国家之间的科技创新合作,已成为科学技术进步的重要推力。通过科技创新国际合作,不仅可以促进国际科技创新资源的互补共享,更好地整合优化全球科技资源和要素,还可以发挥各国的相对优势,降低科技创新的成本和风险,提高创新效率和水平。尽管"一带一路"沿线各国科技基础与发展水平不尽相同,但是各国相互学习,取长补短的科技创新合作意愿强烈。开展持久、广泛、深入的科技创新合作将成为"一带一路"各国实现经济可持续发展,面对全球多样化的挑战,共同构建人类命运共同体的重要途径。

近几年重庆市在融入"一带一路"科技领域合作中,作出了大胆的尝试,并取得了一些阶段性的成果。

(1)坚决落实《重庆市与知名院校开展技术创新合作专项行动方案(2017—2020年)》的实施

为进一步深耕科技开发领域,积极联络全球创新网络,大力引进国内外科技创新资源，增强科技自主开发与创新能力，从而推动全市经济高质量发展，2017 年 11 月，重庆启动专项行动，印发了《重庆市与知名院校开展技术创新合作专项行动方案（2017—2020 年)》（以下简称《行动方案》)。将围绕先进制造、互联网、大数据、人工智能、大健康、新能源、新材料、生态环保等重点领域，合作建设一批创新平台。根据《行动方案》，重庆对于引进建设项目设立了科技专项，采取了分类激励制度。同时，重庆市科技金融、人才、财税等政策支持和相关服务将作为配套措施与分类激励制度一同实施。据不完全统计，2019 年，吉林大学、哈尔滨工业大学、同济大学、美国加州大学洛杉矶分校、比利时鲁汶大学、中国科学院计算技术研究所、中国兵器科学研究院等知名高校和科研院所与重庆市共建项目相继签约落地。

近年来，重庆紧紧抓住中国国际智能产业博览会、重庆高交会暨第九届国际军博会等契机，加快实施重庆市与知名院校开展技术创新合作专项行动，推动重庆市与国内外知名高校、科研院所的科技合作，并取得了积极进展。新加坡国立大学、中国科学院大学、西北工业大学、中国工程院、中国电科等知名高校和科研院所与重庆市共建项目相继签约落地。9 月 29 日，华中科技大学、北京理工大学、华东师范大学、西安电子科技大学、武汉理工大学、中国地质大学（武汉）等 6 所高校与重庆市集中签约，将推动一批重点项目在渝落地。

（2）通过举办展会活动，推动科技领域的开放合作

一是以开放平台为依托，推动开放合作。重庆在开放平台打造中，突出"一带一路"特色。东盟能源中心、俄罗斯托木斯克理工大学等"一带一路"沿线的技术转移机构和高校参展高交会、智博会等；组织移动机器人、VR 技术、服务机器人定制等特色技术项目进行展示对接。充分展示国际科技合作成果。重庆部分国际科技合作基地展示前期的国际科技合作成果。二是积极开展科研论坛、技术领域相关交流活动，如举办国际技术转移对接会、中国（重庆）—东盟清洁能源应用研讨与技术交流会等，推动国际技术资源双向转移转化，促进重庆市产业技术对外交流和项目合作。

（3）搭建对外合作交流平台，提升科技交流水平

重点建设了"中匈技术转移中心（重庆）""中德技术转移中心（重庆）"等国际科技合作信息服务平台。中国—匈牙利技术转移中心已促成 17 个国际合作项目成功对接，"食品科学合作研究中心""芦竹生态种植观光园"等项目已在渝启动实施。中德技术转移中心举办"工业 4.0"国际论坛及企业培训会，邀请到菲尼克斯电气、德国最大工业 B2B 平台 Industrystock. com 的专家齐聚重庆研讨"工业 4.0"、智能制造发展及国际技术转移，为重庆市培养智能制造产业的管理人才及技术队伍。

（4）加强重庆对外科技人文交流

在国家科技部国际合作司以及重庆市科委的大力支持与鼓励下，重庆工商大学、重庆医科大学和国家电投集团远达环保工程有限公司等单位多次举办发展中国家技术培训班，除邀请"一带一路"发展中国家来渝参加培训外，还走出国门，前往埃及、印度等国家开班，为亚非拉发展中国家培养科技管理干部、技术经理人以及专业技术人才，提升亚非拉发展中国家科技人力资源开发合作水平。

2. 重庆融入"一带一路"教育领域合作现状

在"一带一路"的沿线各国建设中，教育领域的合作起着引导性与基础性的作用。沿线各国教育地方性特色强、教育资源较为丰富、国家间教育合作存在巨大的潜力。积极而富有成效地推动教育的对外交流合作，有利于促进高校充分利用国内外教育资源，提高办学水平、加强学科建设、培养和引进精通国际规则和具有国际视野的前瞻性高素质人才，全面提升来华留学人员质量，提高我国教育的国际竞争优势。教育对外交流合作将为各国"政策沟通、设施联通、贸易畅通、资金融通"提供大批优秀人才，为"一带一路"项目提供源源不断的优质人才供给。这类人才既具有高水平专业技能，又对"一带一路"国家与地区传统习俗、社会制度、语言文字以及宗教信仰等有一定的了解。通过人才这个纽带，教育在对外开放交流中与其他国家和地区开

展技术知识互通、管理方法互鉴,为"一带一路"倡议添砖加瓦,提供智力保障。

近年来,重庆紧紧围绕"一带一路"国家倡议,以打造"一带一路"教育共同体为主要目标,立足自身特色和优势,找准发展的着力点、突破口,以人才培养、语言互通、中外合作办学等方面为抓手,以交流合作平台为依托,重点围绕以下方面开展工作。

(1)积极拓宽国际教育通道

努力扩大沿线国家来渝留学规模。重庆市增设了"重庆市外国留学生市长奖学金'丝路'专项",奖学金规模 500 万元/年,每年拟培养 100 名来华留学高端杰出人才。引进海外优质教育资源到渝合作办学,实施重庆职业教育中外合作办学 5 年行动计划,依托重庆工业职业技术学院、重庆电子工程职业学院、重庆工程职业技术学院等高校教学资源,中澳(重庆—昆士兰州)职业教育合作办公室联手澳大利亚昆士兰职业技术学院与重庆 6 所高职学院签订了 6 项姊妹学校合作协议,市内职业院校分别与澳大利亚、英国、加拿大、新加坡、美国、韩国、泰国、印度尼西亚等国教育机构签订 13 项合作协议;联合国内企业在海外开设"鲁班工作坊""海外人才培养基地"等,加强"本土化"员工培养培训。

(2)构建语言互通机制

为打破与项目沿线国家的语言障碍,促成深入交流与深度合作,重庆市充分发挥四川外国语大学等语言类高校的人才培养优势,着力培养阿拉伯语、泰语、匈牙利语、希伯来语等非通用语人才,加强非通用语专业建设;同时推进沿线国家语言专业和课程搭建,以俄语、阿拉伯语、越南语、葡萄牙语、匈牙利语等沿线国家语种人才培养工作为重点;着力加强孔子学院(课堂)建设,先后在泰国、俄罗斯、斯里兰卡、哈萨克斯坦等沿线国家建设 5 所孔子学院;积极培养沿线国家本土汉语教师,西南大学、重庆师范大学等高校在俄罗斯、斯里兰卡等国合作共建中国语言文化教育中心、汉语师范学院等机构,更好满足当地青少年对汉语和中国文化的学习需求。

（3）开展人才培养培训合作

重庆市专门设立了重庆市外国留学生市长奖学金"丝路"项目，围绕相关领域举办专题研修班，着重培养沿线国家中高级管理人员和技术技能人才，目前每年吸引 5000 余名沿线国家学生来渝学习。发挥国家公派出国留学项目的引领带头作用，结合实际设立卓越校长工程中新合作培养计划、特色专业骨干教师海外研修计划等市级公派出国留学项目，举办中新（新加坡）青少年交流计划、"长江—伏尔加河"青年论坛等活动，开展文艺巡演、文化巡展、专家巡讲活动，在 5 所高校设立校级"丝绸之路"奖学金，4000 余名沿线国家优秀学生在渝学习。每年选派 3000 余名师生赴俄罗斯、新加坡等 38 个沿线国家留学、游学。开展"缅甸仰光省公共交通高级管理研修班""聚焦超声外科技术高级管理人才培训班"等特色教育，培训重庆市"走出去"企业和外籍中高级管理及技术技能人才 208 名。

（4）搭建重大教育合作平台

牵头并推动成立中泰职业教育联盟、"一带一路"高校战略联盟、中俄"长江—伏尔加河"高校联盟、"金砖国家"网络大学联盟、中俄教育类高校联盟等多个国家级、省部级高校联盟，汇聚中外 37 所职业院校，数十所高等院校，推进优质教育资源共享，加强与各国高校的深入交流。

3. 重庆融入"一带一路"文化领域合作现状

近年来，重庆充分发挥作为"一带一路"和"长江经济带"重要节点的区位优势、物流优势、政策优势和资源优势，坚持"引进来""走出去"相结合，推进与"一带一路"沿线国家的文明互鉴与民心相通。进一步提升对外交流合作能力，持续深化与沿线国家（地区）的文化旅游合作，推动合作向项目化、事项化方向发展，同时促进重庆与相关国家（地区）及地方省市州开展政府间、行业间等深层次交流合作。积极参加并依托"一带一路"相关国际性会议、论坛、研讨等交流活动开展重庆文化旅游推介，多方位展示重庆文化旅游形象，提高重庆文化旅游对外交流合作水平层次。

（1）促进文旅交流合作

以交流合作为目的，积极扩大"朋友圈"，有效挖掘潜在合作对象与合作空间。持续深化已有项目，推动合作项目化、事项化，促进重庆与相关国家（地区）及地方省市州开展政府间、行业间等深层次交流合作。积极参加并依托"一带一路"相关国际性会议、论坛、研讨等交流活动开展重庆文化旅游推介，多方位展示重庆文化旅游形象，提高重庆文化旅游对外交流合作水平层次。先后与波兰、捷克、新加坡、澳大利亚、俄罗斯、白俄罗斯及其他"一带一路"沿线国家在文化、旅游等方面达成合作，成功举办首届重庆波兰文化节、"李华的认知艺术与质朴的非洲民间艺术"展览、"中国—中东欧国家文化季"项目等，开展专题旅游推广营销活动40余场，建立重庆旅游国际传播中心，成立10个重庆旅游境外推广中心和形象展示店，"1＋N＋X"文化旅游外宣平台逐步形成。发挥重庆独特的地域作用，推动重庆与沿线国家的文化交流合作，促进国家间的文化互通与繁荣。

（2）创新文旅融合品牌

2017年，在文化部支持下，以中新（重庆）战略性互联互通示范项目为契机，重庆市文化委与新加坡中国文化中心签订了年度合作协议，将2017年命名为"新加坡重庆文化年"。春节期间，重庆市文化委、重庆市旅游局组团参加"春到河畔迎新年"、我国驻新使馆新春招待会和中国文化中心专场文艺演出，参加新加坡主要媒体的采访宣传和旅游推介等活动。重庆"非遗"、汉字讲座及"重庆之窗"图书专柜、民乐等4个类别的文化交流活动走进狮城。应越南岘港市人民政府外事办公室邀请，重庆文旅代表团参加"2017岘港国际烟花节"，文旅融合"走进"越南，展示重庆京剧，开展旅游推介。重庆文化和旅游在南线国家携手并进，有声有色。

（3）文化贸易助发展

2017年，按照《中国—中东欧国家文化合作索非亚宣言》，重庆市文化委首次承接文化部牵头的"中国—中东欧国家文化季"项目，与捷克、爱沙尼亚两国的艺术机构建立联系，引进芭蕾舞、室内乐和小丑剧等3个演艺项目，在渝进行商业演出，以"文化+市场"的方式推进文化合作。2018年重庆市文化和旅游发展委员会与新加坡东亚成功集团签订项目意向投资协议，新加坡东亚成功集团将投资20亿元在渝开发建设重庆特色文化小镇，助力重庆文旅产业发展。到2020年，重庆将建40个特色文化小镇，其中2018年规划建设9个特色文化小镇，深挖文化渊源，植入当代元素，形成文化综合体。

（4）文化合作搭平台

经过近两年的运作，重庆市以"中俄媒体交流年"为框架，赴俄罗斯开展人文纪录片《中俄书途》的采访拍摄，并拟在中俄两国公共媒体播放。重庆市文化遗产研究院和俄罗斯科学院西伯利亚分院考古与民族学研究院组建联合考古队，开启了重庆文化遗产保护工作对外开拓的新篇章。

（三）重庆科教文卫软实力的比较优势分析

1. 科技比较优势

（1）制造业基础雄厚

作为西部重要的工业基地，重庆拥有较为完善的工业体系，并已形成了汽车制造、电子制造、金属冶炼和能源等几大主导产业。在做强做优传统产业的同时，重庆市还积极发展新兴产业，构建新兴产业链条，如电子集成及机器人产业链等，使之成为全市新的经济增长点，并在全市范围内形成四大产业区域，构建出以两江新区为龙头，西永、两路寸滩保税区为极核，高新、经开、万州、长寿4个国家级开发区以及北部新区、万盛、双桥市管开发区为中坚，以36个市级特色工业园区为支撑的"1+2+7+36"开发区平台体系，成为重庆工业经济发展的重要载体和平台①。

（2）科技人才持续输出

依托中外高校联盟、集团联盟，推进科技创新合作与发展、提升科技内涵、强化科技服务、助推科技合作，全面打造"一带一路"教育在人文和科

---

① 四大"推进器"助重庆工业高速增长［EB/OL］. 中国日报，2014 - 12 - 18, http://www.chinadaily.com.cn/dfpd/cq/2014 - 12/18/content_19116936.htm.

技领域互融互通、共存共进的发展新格局。推进中外研究中心合作建设,如中匈食品科学合作研究中心、中国—比利时作物有害生物可持续控制国际合作联合实验室、中—厄智能制造与状态监控国际联合实验室等联合创新平台以及中国(重庆)—匈牙利技术转移中心,有效促进重庆科技创新领域的开放合作。发挥各大高校的专业学科优势,实现交通、通信等优势工程专业与"一带一路"建设的对接,积极拓展大数据、云计算、人工智能技术,服务"一带一路"和重庆地方发展。

(3)智能智造品牌突出

在工业化信息化的进程中,重庆在持续增强制造业发展动能的同时,也在不断推广智能产业应用,推动工业经济向高质量发展迈进,着力打造"重庆智造"科技创新品牌。重庆市以中国国际智能产业博览会为契机,集聚阿里巴巴、腾讯、百度、高通等 500 多家国内外知名企业,围绕半导体产业、人工智能、工业互联网、智能超算、5G 等智能产业领域展开,推动政府管理、民生服务、公共产品、社会治理、产业融合等智能应用,为"一带一路"建设提供信息支持与智能化服务,同时为卫星机电、长安汽车、海扶医疗等重庆智造品牌提供国内外交流的平台,并将其科技性、创新性广泛应用于"一带一路"各沿线国家及地区。

2. 教育比较优势

(1)高校人才联合化培养

积极拓展高等教育国际合作,促进科研人才联合培养。重庆多所高校通过海外合作办学,引进优质教学资源,拓展海外交流渠道,与美国、英国、韩国、澳大利亚、新西兰共建中外合作办学机构及项目 20 个。同时,重庆大学联合国内外多所高校发起成立"一带一路"工程教育国际联盟,加强"一带一路"沿线国家和地区工程人才国际交流。同时各校设置有海外访学交流项目,以专项基金为家庭经济困难且有志于海外求学的学生提供短期境外交流支持。尝试以"留学重庆"为名,树立国际教育品牌,鼓励国际人才来渝学习。加强来渝留学教育质量建设，增强对沿线国家优秀人才的吸引力，每年 5000 余名沿线国家学生在渝学习。制定学历教育国际留学生财政补助政策，设立重庆市外国留学生市长奖学金，吸引更多优秀人才来华留学。加快国际交流平台建设，如国际合作联合实验室、新丝绸之路互联互通国际学术会议等，吸引"一带一路"沿线国家专家学者赴渝开展交流合作①。同时，重庆拥有丰富的高等教育资源，并且在工程技术、法律、农业、艺术、外语、医学等领域具有较为夯实的学科基础和一定的比较优势。

（2）技术人才国际化交流

借助"一带一路"合作项目，搭建技工教育合作平台。当前重庆已汇聚中外 37 所职业院校，重庆工程职业技术学院已成立中泰职业教育联盟，围绕中泰两国轨道交通、汽车制造等产业进行专业深度合作。重庆五一技师学院、重庆市卫生技工学校与新加坡、德国，围绕酒店管理、建筑设备安装、机电一体化以及医疗护理、健康养老等专业开展合作办学。通过教学互助，增强职业教育师资海外研修，促进优秀技术人才海外互培。开展国际校企深度合作，实现教学与产业发展的需求对接。重庆多所技工院校联合国内企业在海外开设"鲁班工作坊""海外人才培养基地"等，加强"本土化"员工培养培训。同时，鼓励与海外企业合作，采取进企办学、引企入校、工学结合等多种人才培养模式，制定冠名班、订单班、定向班等专项教学课程，根据"一带一路"沿线国家及地区的市场需求，打造并提供专业对口的技术人才。

（3）语言人才专项储备

为增强与沿线国家的人才交流互动，重庆高校发挥当地语言教育优势，致力于培养多层次语言服务人才。加强沿线国家语言专业和课程建设，发挥四川外国语大学等语言类高校人才培养优势，加强俄语、阿拉伯语、越南语、葡萄牙语、匈牙利语等沿线国家语种人才培养工作。加强对"一带一路"建

---

① 教育部. 重庆市扎实推进共建"一带一路"教育行动落地见效［EB/OL］. 2019 – 01 – 18, http://www.moe.gov.cn/jyb_xwfb/s6192/s222/moe_1754/201901/t20190118_367321.html.

设所需的经贸、工程技术等专业人员的公共外语教育和不同学科领域的专业化外语教育，着力培养"专业＋外语"的高端应用复合型人才。依托重庆市孔子学院工作联盟，建立重庆市汉语国际教育人才资源库，为国外孔子学院的管理和教学工作选派高素质人才，推动"一带一路"沿线国家孔子学院的发展，为沿线国家的建设与发展提供语言服务。积极培养沿线国家本土汉语教师，西南大学、重庆师范大学等高校在俄罗斯、斯里兰卡等国合作共建中国语言文化教育中心、汉语师范学院等机构，满足当地青少年对汉语和中国文化的学习需求。

3. 文化比较优势

（1）文化资源多样化

重庆集自然资源、历史文化、民俗风情与都市文明于一体，兼具历史与现代、自然与人文的文化形态，汇聚为独具特色的文化底蕴。其中，形成了以三峡风光、乌江画廊为干线的自然景观，以红岩精神、抗战精神为重点的红色文化，以古镇老街、码头城门为代表的民俗特色，以错落有致的立体交通和城市楼群为主的都市风光。在多元文化的碰撞下，形成极具都市特点与巴渝风情的文化标签，构建出具备兼容性、多样性的文化资源系统，具有多向交互、融合发展的潜力与价值。

（2）文化品牌传播广

随着开放格局的不断扩大，重庆的国际姊妹城市逐渐增加，建立了密切的国际交流与往来。重庆以建立国际友好城市为桥梁，推进全球化的国际交流，促进了文化品牌的国际化推广。重庆坚持以"传统节日＋民俗技艺"的形式打造"重庆文化周"，每逢春节假期巴渝精品文艺访演都走上世界舞台，展示中国非物质文化遗产和重庆独特的文化元素，目前文化周已累计举办10届，分布在10多个国家和地区，直接受众100万余人。与此同时，重庆图书馆推出"重庆之窗"图书交流品牌，通过图书典籍展现巴渝风采、增进对外交流，也为各国人民了解重庆文化、中国特色提供窗口，该项目已在泰国、哈萨克斯坦、俄罗斯、白俄罗斯、新加坡、毛里求斯等"一带一路"沿线国家取得积极进展。重庆借助文化品牌活动架起与其他各国交流互鉴、增进了解的友谊之桥，在促进文化互动的同时，也加强了多元化的合作可能。

（3）文化产业聚集化

文化交流以文化品牌为载体，以文化产业为基础支撑，文化产业聚集发展打响了文化品牌的国际知名度，再次助推重庆文化"走出去"。在"产业＋""文化＋"的战略背景下，重庆形成了以文创园区、文旅小镇、数字文化为代表的产业聚集。文创园区大多数由本地废旧厂房、仓库等闲置资源改造而成，传承其历史记忆、文化标签和特色元素，先后打造了 N18、喵儿石、艺度创、贰厂等园区。而文旅小镇则以区域特色文化为基调，逐步建成"丝绸之路"世界文化艺术城、八百年老重庆开埠城、中国工匠小镇等特色小镇集群。文创园区与文旅小镇集文化、旅游与商业发展于一体，在传承城市记忆的同时，又促进了旅游经济与文化经济的蓬勃发展。而在互联网的时代潮流下，文化产业逐步实现向游戏、动漫、数字出版等数字文化产业的转型。爱奇艺、腾讯等新媒体平台的引进，电竞、网游等数字产品的生产，动漫制作、影视基地的建设，为重庆文化产业增添新的活力。重庆借助跨产业的资源渠道联合推出巴渝文化，以此扩大交流渠道、加强宣传力度、增强文明互动与文化交流。

4. 卫生比较优势

（1）卫生援外经验丰富

截至 2018 年底，重庆已累计派出 12 批 116 名医疗队员赴巴布亚新几内亚、巴巴多斯、埃塞俄比亚等国家执行卫生援外任务，累计在受援国应用临床新技术近 200 项，各类手术 1.5 万余台次，门诊医疗 10 万余人次，培训当地医务人员近 6000 人次①。医疗援外渠道既是与受援国建立密切关系的友谊

---

① 黄宇. 重庆医疗援外 16 年　为受援国累计门诊诊疗 10 万余人次［EB/OL］. 华龙网,2018 - 09 - 29,http://cq. cqnews. net/html/2018 - 09/29/content_50078428. htm.

桥梁，也是促进中国医疗器械、医疗技术走出国门，实现中外医疗合作、发展共进的重要平台。

（2）医疗人才联合培养

重庆设置有以陆军军医大学、重庆医科大学为主的医疗人才培养系统，西南医院、重庆医科大学附属医院等一线技术平台，并由重庆市卫生计生委员会支持发起多项境外进修项目，形成了高校培养、实践培训、国际进修的医疗人才培养体系。近年来，随着国际培训项目的稳步发展，建成了以"市中青年医学高端后备人才培养项目""中—德临床医疗交流项目"等为主的中长期临床进修项目，进行了"重庆—新加坡护理专业短期培训项目""中法卫生应急短期培训项目""以色列突发事件卫生应急管理专题培训班""中国—东盟卫生应急专业技术人员培训班"等短期专题培训，这成为我国医疗人员走出国门，吸收国际先进医疗经验、获取优质医疗教育资源的主要渠道，同时也成为外国专家学者走向中国、携手共进的合作平台。

（3）生物医药产业发展

得益于得天独厚的土地资源与人力要素、发达便利的交通设施网络，以及有力的政策支持，重庆巴南生物医药产业逐步发展壮大，并形成重庆国际生物城，其具有生产规模大、产业要素齐全、研发—生产一体化的特点。截至 2019 年初，生物城内已累计引进医药企业 40 余家，投资总额超 350 亿元，达产产值超 600 亿元，形成了重庆市内的生物医药产业聚集带①。同时，宸安生物研发的系列长效胰岛素、智翔金泰重组全人源抗 EGFR 单克隆抗体注射液的生产，将大幅缩减用药成本；日本参天眼用制剂、国舒中成药制剂、智睿生物高端生物制剂的引进，将使生物城成为该领域生产制药的最大基地，上述项目在一定程度上填补了国内外相关领域的医药空白。除此之外，园区通过引进国内外先进医药孵化中心、创建专项支持基金，形成了"研发—生

---

① 曾力.重庆国际生物城异军突起的故事［N/OL］.重庆日报,2019－01－24,https://www.cqrb.cn/html/cqrb/2019－01/24/003/content_223562.htm.

产"一体化平台,为重庆生物国际城的发展提供配套支持,有助于将重庆打造为全球重要的生物产业智造高地和生产制造中心,在国际生物医药产业发展中占据重要地位。

(四)重庆科教文卫软实力面临的挑战

1. 重庆融入"一带一路"科技软实力面临的挑战

(1)缺乏长远战略规划安排

当前,重庆缺乏对沿线国家科技合作前瞻的科技领域布局,缺乏有效的协调机制,科研基金出境、外籍科技人员来重庆参与合作等具体政策仍需探索和创新,重庆与"一带一路"沿线国家开展科技合作主要是在政府间所签订的协议基础上进行,更多呈现自上而下型的科技合作,缺乏市场化的合作模式和机制。在开展国际科技合作项目方面存在人才短缺问题,并且,由于各开展单位未建立有效的激励机制,合作人员缺乏工作动力。

(2)高水平联合研发活动较为缺乏

尽管目前重庆研发中心数量逐步增多,但受知识产权保护、路径依赖等方面的制约,"一带一路"沿线国家的国外科研机构与重庆研发机构真正意义上的联合研发活动非常有限,预期中的创新溢出效应并不尽如人意。重庆企业和科研院所"走出去"逐步推进,在沿线国家已呈现设立研发中心的趋势,但是在数量和质量上都有待提高,总体影响力非常有限,参与的全球重大国际科技创新合作也非常稀少。

(3)国际科技合作要素基础薄弱

国际科技合作是系统工程。全球仅有的几个"创新中心"的出现及所形成的国际科技合作的路径依赖,充分证实了必须拥有坚实的市场基础才能更好地开展科技创新及其国际科技合作。当前,重庆进行国际科技合作的重点领域主要有装备制造、生物医药等,在国际科技合作方面存在占比小、资源配置不合理、行业合作效果不佳等现象,限制了行业发展合力,不利于形成强大的辐射带动效应。

（4）国际科技合作技术与水平偏低

目前重庆与沿线国家科技合作水平尚处于起步阶段，技术输出转移是目前我国与他国科技合作最主要的方式，具有援外性强、公益性强和区域性强等特点。双向合作不平衡，合作动力不足，重庆与沿线各国科技合作内容仍多为我国的"走出去"项目，方式和形式仍然较为单一，而"引进来"的科技项目相对较少，未形成双向平衡，阻碍双方进一步合作，导致科技合作的动力不足，不利于合作关系的长远发展。与此同时，与沿线国家国际科技合作的层次和参与主体单一化，参与机构主要为少数高校、重量级企业与科研院所。部分科研院所缺乏参与国际科技合作的经验，导致缺乏参与科技的创新能力。

（5）复合型科技人才缺乏

从重庆地区目前情况来看，专业科技合作的人才仍显不足，熟练掌握多国语言的科技人才、能够有效地进行国与国之间技术沟通的人才缺乏。目前重庆市与沿线国家科技合作方式仍十分单一，以高层领导的交流考察为主，基层专业人员缺乏交流机会；同时，交流的形式主要为短期参观和考察，缺乏长期的实地研究考察，难以对当地情况进行深入的了解。

2. 重庆融入"一带一路"教育软实力面临的挑战

（1）小语种人才、高层次应用型复合人才总量不足

作为"一带一路"重要沿线国家，中亚、南亚、西亚等地区涉及官方语言达40余种，但目前重庆高校"一带一路"小语种覆盖面较小，在校人数也偏少，西南地区培养外语和涉外人才的四川外国语大学教授的语种（法语、西班牙语、葡萄牙语、阿拉伯语、朝鲜语、越南语、俄语等）还远不能满足"一带一路"对小语种人才的需求。同时，高层次应用型复合人才规模有待进一步扩大，特别是缺乏熟知沿边国家政治、经济、文化且具有管理、金融、物流、装备制造、计算机、对外经济与贸易、交通运输等专业知识的高素质应用型综合人才，不能很好地满足沿线国家地区支柱产业对人才技术的深层

次需求①。因此,"一带一路"倡议将给高校学科专业设置带来挑战,对应用型复合人才培养的数量和质量都提出更高要求。

（2）国际化人才培养缺乏体系构建

人才培养质量是衡量高等学校办学水平的最重要标准。"一带一路"倡议急需具有国际化思维的专业型和实践型人才,需要既具备娴熟的外语能力又具有某一领域的专业或专长、既通晓国际事务又具有家国情怀的高层次国际事务人才。当前重庆市高校的人才培养工作没有与国家重大战略的需求实现良好衔接,存在国际政治、国际事务等领域的学科、专家严重匮乏,国际化人才培养缺乏示范性项目引领、人才培养目标不明确、特色不突出、课程设置不合理等问题,制约人才培养质量的提高。现在已经步入新时代,人才培养工作进入提质阶段,人才需要具备智慧化、数据化等特点,重庆高等教育将面对如何培养出符合国家"一带一路"倡议需求的国际化人才这一难题。

（3）国际化水平还不能完全适应"一带一路"需要

为了拓展重庆高等教育国际交流的深度与广度,更好地对接"一带一路"倡议需求,留学生规模有待扩大,留学生培养质量有待提高。重庆针对"一带一路"沿线国家留学生的奖学金名额依然很少,奖学金的覆盖范围较小。另外,重庆现有高等教育中外合作办学的项目和机构22个,2012年来渝留学生人数4033人,占全国比例仅为1.83%,2015年来渝留学生规模低于云南、广西等省市。高层次高水平的中外合作办学项目较少,目前仅有博士学历教育1个,硕士学历教育3个,本科16个,层次结构有待进一步调整与优化。

（4）国际交流与合作主体参与不够

当前,重庆教育国际交流合作推进力度不足。公办高职院校在推进国际合作和交流中表现积极主动,而民办高职院校相对比较消极,重庆市高职院校的参与度有待提升。重庆市部分高职院校尚未制定教育对外开放整体发展

---

① 刘丽伟,胡钦文,郭元锋."一带一路"下重庆高等教育改革与发展对策研究[J].黑龙江教育（高校研究与评估）,2018（1）:18-20.

规划，对国际化目标设定和实现途径不明确，相关制度建设不够完善，参与国际交流与合作的热情不高①。对国际深入交流合作的平台和渠道建设滞后，合作度有待加强。

3. 重庆融入"一带一路"文化软实力面临的挑战

（1）文化资源整合与创新水平不高，战略意识和规划指引尚待提升

重庆对自身文化资源挖掘不足，针对"一带一路"沿线国家文化资源开发不足、整合程度不高、创意设计不够，开发与利用程度相对落后且形式单一，产业集约化和外拓力度不够，对外文化交流和贸易有待提升。独有的文化资源优势尚未与旅游、会展、娱乐等业态实现有机转化，文化产业发展在结合市情、贯彻战略理念、依托重要任务有效引导，提升和完善文化发展布局等方面与"一带一路"倡议的衔接和规划引导能力还有待提升。与此同时，有限的人文交流规模和巨大的地区差异，特别是文化交流与基础设施互联互通和经贸合作的重点区域、重大项目建设不相匹配，对"一带一路"民心相通和经贸合作产生了明显制约作用②。

（2）文化传播力不足

传播渠道过于单一，基本依靠政府进行文化传播，缺乏社会组织或个人的主动参与，向外传播重庆文化和价值观的市内媒体数量少，且质量不高，不具备较大的社会影响力和号召力，关于"一带一路"的图书也停留在国内刊，关于"一带一路"的网站也仅仅使用英语等语言，文化的对外传播力受限。本地媒体缺乏与国际媒体交流的技巧和能力，此外，向世界传递自己文化的平台和渠道还很少，有关媒介的数量有限且整体水平不高。国际媒体对中国的报道也存在一些误解和曲解，一定程度上影响了"一带一路"的建设成效，"一带一路"沿线国家的国际地位各不相同，面临的内外部环境也千差

---

① 汤婷. "一带一路"视阈下重庆市高等职业教育国际化现状与思考[J/OL]. 品牌研究, 10.19373/j. cnki. 14 -1384/f. 2019 -01 -29(20),http://kns. cnki. net/kcms/detail/14. 1384. f. 20190129. 0925. 040. html.

② 曹忠祥. 深化人文交流助力"一带一路"建设的思路与对策[J]. 中国经贸导刊, 2018(3):47 -49.

万别,地区争端依然存在,这些因素都考验着文化的交流与传播。

(3)文化产品的数量和质量不足

人文交流的成功与否关键取在文化产品的竞争力和吸引力,重庆在"一带一路"人文交流过程中文化产品的数量和质量存在供给不足的现状,在对外人文交流的过程中,过多追求硬件设施建设的速度和规模,且主要通过发放传统文化书籍这一单一手段来与沿线国家民众实现互动,没有充分了解沿线国家民众的文化需求,效果不佳。

(4)人文交流的国际化人才缺乏

"一带一路"沿线60多个国家有50多种通用语和200多种民族语言,除汉语、英语、俄语、阿拉伯语、突厥语等几大语种外,还有为数众多的小语种,掌握这些小语种的人才极其匮乏。随着越来越多的企业"走出去",企业在既懂专业又懂外语(尤其是小语种)的专家型人才方面存在很大缺口。同时,中亚和南亚等"一带一路"沿线国家受教育水平普遍较低,缺乏高素质产业工人,难以满足中国"走出去"企业对技术工人的需求,也导致中国企业在当地的就业吸纳能力有限。

4. 重庆融入"一带一路"卫生软实力面临的挑战

(1)与沿线国家卫生合作的整体战略设计亟待加强

目前重庆尚未形成系统性、前瞻性的"一带一路"沿线国家卫生合作战略和差异化的国别政策,亟须进行更加全面和深入的战略设计,与时俱进地提出与形势变化相适应的系统性措施与步骤。在既有援建医院、提供设备、派遣医疗队等工作的基础上,未能将直接援助与间接援助相结合、政府援助与企业国际化进程相结合、贸易政策与援外政策相结合①。

(2)卫生服务贸易产业体系不完善与外向型合作能力有待提升

当前,沿线国家卫生管理模式对于知识产权相对严格,对于医药产品和服务进入沿线国家存在政策和技术等方面的壁垒。特别是涉及中医产业的标

---

① 许铭. 对非医疗合作与援助:挑战及建议[J]. 国际经济合作,2013(11):4-7.

准体系还未与国际接轨，国际管理（包括对海外中医药从业人员的劳务政策和往来签证等管理）和协调还存在较大的复杂性和不稳定性①。现有外向型合作机制还不能很好地适应形势发展需要，具有国际竞争力的外向型团队尚未形成。

（3）医疗援助模式单一，覆盖范围小

重庆对外援助体系尚未完全形成，医疗卫生援助的精准性不强，对受援国卫生体系的知识经验匮乏，以需求牵引为主而忽视需求评估。当前，由于对沿线国家的卫生体系建设和发展需求缺乏全面深入了解，卫生交流缺乏深度合作，又希望能在一定程度上帮助发展中国家改善医疗卫生基础设施缺乏和落后状况，因此往往倾向于选择规模不大的医院以及一些诊所、保健中心、抗疟中心等小型机构②。机构"硬"援助及与医疗技术"软"援助衔接不够，影响力有待提升。

五、重庆融入"一带一路"科教文卫软实力建设目标与总体思路

（一）指导思想

高举习近平新时代特色社会主义思想伟大旗帜，深入贯彻学习党的十九大精神，秉持"和平合作、开放包容、互学互鉴、互利共赢"理念，牢牢把握高质量发展根本要求，全面学习贯彻习近平总书记对重庆提出的"两点"定位、"两地""两高"目标，发挥"三个作用"和营造良好政治生态的重要指示要求，发挥重庆市区位、生态、产业和体制优势，实现教科文卫软实力对共建"一带一路"的带动作用，以促进共同发展为出发点，全面提升重庆教科文卫软实力合作的层次和水平，推进与沿线国家的人文交流和融合发展，以对外交往平台、科技支撑平台、人文交流平台、卫生支持平台、教育培训

---

① 段资睿.中医药产业国际化发展路径研究——基于"一带一路"战略的视角[J].国际经济合作，2017，376（4）：76-79.

② 王云屏，金楠，樊晓丹.中国对外援助医疗卫生机构的历史、现状与发展趋势[J].中国卫生政策研究，2017，10（8）：60-67.

平台建设为重点，提升重庆在沿线重点国家的软实力和国际影响力，为开创"一带一路"建设新局面提供有力支撑。

（二）基本原则

开放包容，共建共享。充分尊重沿线国家发展需求，积极对接沿线国家的发展战略，共享科教文卫软实力合作成果与发展经验，打造命运共同体，促进可持续发展和共同繁荣。

互学互鉴，点面结合。在尊重文明多样性、道路多样化和发展水平不平衡等差异的基础上相互学习、相互借鉴，取长补短、共同提高，争取对重点领域和优先项目率先取得突破，形成示范带动效应，借助重要支点国家的辐射作用，以点带面，形成更加广泛的软实力合作。

分类施策，软硬互补。针对重庆不同层次合作对象国以及科教文卫不同领域，制定和实施针对性策略，注重发挥科教文卫软实力对经贸往来、产业合作、通道建设等硬实力的补充支撑作用。

政府引导，人才先行。积极发挥政府宏观统筹、政策支持和引导服务作用，突出人才在科教文卫软实力合作中的作用，为融入"一带一路"建设奠定坚实的人才基础。

（三）建设目标

1. 近期目标

夯实巩固软实力合作基础，打开重庆参与国际科教文卫合作的新局面。科技层面，与主要沿线国家就深化科技领域合作、共同提升科技软实力形成共识，共建科技研发合作平台，积极开展科研人员交流，鼓励企业在主要沿线国家设立研发中心，优化科技研发环境，争取重要国际研发项目在渝落地；教育层面，深化拓展有合作基础的高校开展国际交流，积极签署双边、多边和次区域教育合作框架协议，优化教育合作环境，逐步疏通教育合作交流政策性瓶颈，拓展政府间学习交换项目，支持联合培养专业性语言人才；文化层面，完善"一带一路"文化交流合作平台，建立健全"一带一路"文化交流合作机制，落地实施一批示范性文化交流项目；卫生层面，进一步制订"一带一路"卫生合作具体方案与计划，积极与主要沿线国家达成共识，搭建常态化卫生交流沟通机制，稳步推进现有卫生合作项目建设。

2. 中期目标

优化提升软实力合作能级，形成重庆面向主要沿线国家的稳固合作机制。科技层面，实现科技创新合作网络建设初见成效，形成吸引"一带一路"沿线国家科技人才的良好环境，科技基础设施建设投入使用并取得成效，产生具有重大意义的科研联合创新成果；教育层面，形成教育常态化交流合作机制，教育合作渠道基本畅通，国际教育合作政策环境建设富有成效，培育一大批具有全球视野的国际化人才，国际教育合作项目成果丰硕；文化层面，与主要沿线国家和地区政府、民间文化交流合作机制进一步健全，形成多样化、多元化文化传播平台，文化合作成效有所显现；卫生层面，与主要沿线国家的合作基础巩固深化，国际卫生合作网络初步形成，在传染病防治、医疗卫生人才培训、国民健康等领域落实一批新项目，医疗卫生合作机制逐渐丰富。

3. 远期目标

全面收获软实力合作成效，发挥重庆作为西部内陆城市的软实力引领作用。科技层面，形成对重庆融入"一带一路"互联互通的技术支撑，集聚国际国内科研创新人才、创新企业、创新服务机构、创新资金等资源要素，重大科研项目、重要科研合作平台落户重庆，形成一批具有重要现实意义的科研创新成果；教育层面，与"一带一路"沿线国家教育交流合作日益密切，务实合作不断稳固和深化，教育交流合作对重庆融入"一带一路"建设的"基础性、先导性"作用全面彰显，与沿线国家建成双边、多边教育合作机制；文化层面，对外文化交流机制实现常态化、规范化运行，文化影响力持续扩大，国际化水平大幅提高，文化软实力得到显著增强；卫生层面，重点领域卫生合作项目成效显著，卫生合作效用惠及沿线人民，与沿线国家在医疗卫生领域合作实现共同发展,在地区性、全球性安全卫生方面治理能力与作用明显。

(四) 总体思路

1. 加强科教文卫软实力建设顶层设计

重庆融入"一带一路"建设科教文卫软实力资源涉及不同部门、不同主体,合作范围跨越国内国际两个层面,需要通过顶层设计,增进统筹协调。国内层面,围绕"一带一路"倡议的愿景与计划,结合国家科教文卫宏观发展战略,有效衔接重庆远期规划、重庆对外经贸合作等专项规划,强化政府在科教文卫领域的总体规划、政策协调、指导监督职能,加强不同政府部门在政策取向上的相互配合,推动形成在实施过程中相互促进、在实际成效上相得益彰的协同局面,防止出现碎片化、短期行为、政出多门以及部门主义和地方主义[①]。建立支持综合性软实力体系发展的财政预算协调机制,协调要素流动,提高软实力资源的配置效率。探索建立与周边省市的合作协调机制,就重点科教文卫软实力项目进行统一接洽、协商与合作。加强系统性制度设计,争取中央及各部委在政策方面的支持。国际层面,着重加强与"一带一路"沿线国家或地区的政策沟通,增强彼此政治互信,凝聚发展共识,明确合作方向与重点领域,推动与沿线国家区域规划或发展战略相互对接、优势互补。利用双、多边渠道和平台,探讨科教文卫软实力合作新路径。推动与沿线国家建立对应部门、地方政府之间的交流机制,了解沿线国家政策变化情况,以及在科技、教育、文化、卫生等领域的需求,有效推动地区间合作,共同为软实力项目实施提供政策支持。依托已有合作平台,盘活存量资源,协调实施软实力国际合作项目,推动签署合作备忘录或合作规划,争取建成一批具有良好示范作用的软实力国际合作项目[②]。

---

① 冯霞. 把制度自信与制度创新统一起来[EB/OL]. 人民网,2017 - 06 - 09, http://opinion. people. com. cn/n1/2017/0609/c1003 - 29327886. html.

② 孙力. "一带一路"愿景下政策沟通的着力点[J]. 新疆师范大学学报(哲学社会科学版),2016, 37(3):33 - 39.

2. 强化科教文卫软实力人才培养体系建设

人才是重庆融入"一带一路"建设的重要基础。随着"一带一路"倡议的持续推进，重庆与沿线国家软实力建设与合作不断深入，科技、教育、文化、卫生等领域具有国际经验和背景的人才需求日益旺盛。为支撑重庆高水平高质量融入"一带一路"建设，需要建立一套适应科教文卫软实力发展的人才培养体系。从服务重庆融入"一带一路"建设的多元化需求出发，研究出台具有针对性的包含人才培养、人才对接、人才沟通等方面的专项规划，进一步完善保障人才培育与开发的相关机制。借助重庆自身已有的学术资源和高校教育资源，不断加强非通用语种学科建设和人才培养，实现从"外语技能单一型"人才教育模式向服务"一带一路"的复合型、多语种、专业化模式转变，创新人才培养机制体制，引导高校合理设置"一带一路"相关学科专业和研究机构，并推动其有效运行，吸引更多人才从事"一带一路"相关领域研究，并积极研究对象国的政治、经济、文化、社会等，致力于培养一批具有国际视野、通晓国际规则、能够参与国际事务和国际竞争的综合型跨文化人才。积极发挥企业力量，促使企业更加关注人才建设和管理，并与高校深度对接，提高人才需求匹配度，提升企业参与和处理全球事务的意识和能力。与"一带一路"沿线国家联合开展人才培养和培训工作，积极借鉴其他沿线国家在人才开发与培育方面的经验和优势，吸引海外优秀人才机构来华指导；同时帮助沿线国家培养人才。积极培育科技创新合作专家团队，选择各行业领域具备专业能力、外语水平、国际视野和合作经验的科技合作专家团队，将其培育成为重庆融入"一带一路"科技软实力发展的重要力量。注重引进国际优秀科技人才，创新重大科技基础设施技术人员收入分配机制，进一步强化高层次人才在住房、医疗、教育等方面的服务保障。

3. 推动科教文卫合作机制创新

为发挥重庆在推进共建"一带一路"中积极发挥带动作用，切实保障科技、教育、文化、卫生等软实力对重庆"走出去"与"引进来"的基础性作用,应树立全新发展理念,以机制创新为核心,以更宽广的国际视野推进科教文卫软实力建设。当前,重庆科教文卫软实力建设与合作涉及多个部门,政策与管理分散化、碎片化,存在软实力制度供给不足、整体协同性不高等问题。据此,应秉承"共商、共建、共享"的合作理念,强调公平性、效率性制度供给,强调机制创新对重庆建设内陆开放高地、内陆国际物流枢纽的补充作用,结合重庆与主要合作对象国科教文卫软实力资源与发展需求,实现核心制度与配套制度创新并行,借鉴式与自创式制度创新并行,努力实现先进经验和有效政策制度化。积极探索有利于科技、教育、文化、卫生等软实力资源要素跨境流动和区域融通的制度举措,创设有利于"一带一路"沿线国家来渝人员的制度环境,包括在办理签证、居住证、工作许可证等方面出台便利化政策。统筹重庆科教文卫软实力资源,加强科教文卫相关部门制度供给的统筹协调,强化政策设计与支持,注重软实力合作规则与沿线国家科教文卫制度相衔接。进一步完善科技成果转化、教育合作交流、文化产品发展、医疗卫生援助的政策环境,鼓励企业、高校、民间组织等参与重庆融入"一带一路"建设的软实力制度创新与设计,全面落实科技、教育、文化、卫生等领域的对外合作政策。建立和完善科教文卫领域对外交流、合作、传播、知识产权保护等相关法律法规体系,引导相关企业、行业协会、社会组织等自觉遵守法律政策和贸易规则,营造开放灵活、包容有序的软实力制度环境,着力提升重庆科教文卫软实力在国际合作中的制度影响力。

4. 加大科教文卫领域对外开放

落实融入和带动"一带一路"建设,不仅需要在通道、经贸、金融、物流等领域扩大开放,还要着眼于科技、教育、文化、卫生等软实力领域对外开放与国际合作,推动形成重庆面向世界的全面对外开放体系。聚焦重庆经济社会发展的重大需求,在国家互联互通交流机制和双边多边合作协定框架下,全方位加强重庆在科教文卫等领域的国际合作,积极主动融入全球合作网络,构建与"一带一路"沿线国家开展科教文卫合作新机制,着力与合作对象国的政府部门、科研机构、著名大学、文化企业、民间组织开展高层次、多形式、宽领域的软实力合作。积极发挥重庆与"一带一路"沿线国家友好省州合作平台的作用,把双方科教文卫软实力合作作为友好省州间交流的重要内容,鼓励与有条件的合作对象国(省、州)签署相关领域合作协议。科技层面,支持具备优势技术的高校、科研单位、企业参与"一带一路"沿线国家科技基础能力建设,开展技术示范与推广、技术培训、技术服务、联合研发等方面的合作。教育层面,鼓励重庆高校与主要沿线国家高校扩大合作交流,促进优质资源开放与互享,共同提升教育国际化水平和服务共建"一带一路"能力。文化层面,借助海外华文媒体、境外媒体、现代网络资源提升文化国际影响力,整合开发特色资源,促进文化资源和文化要素向优势产业门类集聚,推动特色文化"走出去"。卫生层面,主动融入与沿线重点国家等发展中国家的卫生发展计划,承担医疗卫生援外合作任务。

5. 打造重庆科教文卫软实力国际合作品牌

积极发挥科教文卫软实力建设与合作的品牌示范效应,是对重庆在推进共建"一带一路"中积极发挥带动作用的先行领域。

推进科技合作品牌建设:围绕重庆优势技术领域和技术需求,积极策划举办国际科技合作论坛、研讨会、国际技术转移大会、专题技术对接洽谈会等各类国际科技合作交流活动,提高合作交流层次与水平。重点支持中国国际智能产业博览会、中国(重庆)—匈牙利汽车产业创新论坛、中意产业创新合作重庆峰会等交流活动成为重庆国际合作的品牌项目,打造国际科技交流平台。布局创建各具特色的国际创新园,充分利用国际创新园的载体优势,促进创新园区与国际优质科技创新资源对接,吸引海外先进技术及重大科技创新项目落地,通过科技成果转化,强化示范引领作用。

推进教育合作品牌建设:依托重庆大学、西南政法大学、西南大学、四川外国语学院、四川美术学院等高校资源,利用多元学科发展优势,着力打造"留学重庆"国际教育品牌,合作共建西部国际人才培养和培训基地。基于重庆工程职业技术学院、重庆市卫生技工学校等职业技术学校与沿线国家开展合作办学，利用重庆产业优势，推进国际职业教育建设，为重庆融入"一带一路"建设积极培育高水平技能型人才。

推进文化合作品牌建设：立足自然风光、红色文化、民俗风情等文化资源，围绕重庆本土美食、民间工艺、民俗节会、非物质文化遗产等充分挖掘文化价值、提炼文化主题，推动文化产品创意设计和内容创新，打造文化精品，塑造特色文化交流品牌。开发基于互联网、移动终端等载体的数字文化产品，促进多渠道推送、多平台展示。建设特色文化产业园区、文旅小镇，积极开展国际文化交流活动、构建文化交流联盟，加强对外文化交流。

推进卫生合作品牌建设：联合广西、云南、新疆等省市联合打造西部国际卫生合作项目，实现医疗卫生资源优势互补。加强与合作对象国的医疗卫生援助，丰富参与卫生援外的行为体，积极开展国际卫生发展合作，深化与新加坡、以色列、东盟等国家医疗卫生培训项目建设，形成常态化、长效化医疗人才培养合作机制。

6. 丰富科教文卫软实力建设与合作参与主体

当前，重庆在"一带一路"软实力合作中的参与主体较单一，缺乏来自市场与民间的力量。提升重庆与沿线国家软实力合作，需要不断丰富参与主体，扩大合作范围。第一，企业作为"一带一路"建设中的重要行为主体，在精神层面应充分发挥其软实力建设者、参与者、受益者的作用，提高企业国际化水平和参与全球事务的能力，履行企业社会责任，尊重当地文化、融入当地社会，实现共赢，树立良好国际形象。在实践层面，积极发挥科教文卫相关企业的市场决定性作用，支持骨干文化企业、科技企业提高规模化、集约化、专业化水平，形成国际软实力合作新优势。鼓励有基础、有条件的相关企业积极"走出去"，利用企业灵活性强、创新能力强的特点，为软实力合作增强活力。第二，重视民间组织在区域合作中的辅助协调作用，鼓励相关民间组织积极参与重庆与沿线国家的软实力合作，发挥民间组织办事灵活、资源整合性强等优势，贡献民间社会力量。加强沿线国家间民间组织的交流合作，广泛开展教育培训、卫生援助、减贫开发等活动，通过促进合作地区生活改善，弘扬"一带一路"软实力精神。加强与沿线国家间的文化传媒合作，充分运用网络平台与新媒体工具，传播双方优质文化资源，塑造和谐友好的文化生态环境。第三，发挥智库对重庆融入"一带一路"软实力合作的智力支撑作用。智库在"一带一路"建设中充分发挥着咨政建言、理论创新、舆论引导、公共外交等方面的功能。应积极推动重庆智库与沿线国家智库相互开放，促进交流合作，弘扬"互学互鉴"的"丝路"精神。发挥智库对科教文卫软实力合作的载体作用，加强与国外智库的交流、沟通、协作，可通过研究项目合作等形式，增进"一带一路"沿线地区对"一带一路"倡议的准确理解，为重庆与"一带一路"沿线国家的软实力合作营造良好的舆论氛围，打造坚实的软实力合作基础。

六、重庆融入"一带一路"科教文卫软实力建设的策略与路径

（一）合作国家选择策略①

国家或地区基于自身要素禀赋和比较优势，参与全球区域分工和合作，是推动区域经济发展的重要力量，各国或地区选择与之互补性较强的国别开展经济合作也是提升全球分工和全球价值链地位的重要路径，各国间通过区域经济合作提高双边或多边经济发展程度，则能为"一带一路"倡议提供良好的产业和制度基础。随着自身比较优势的改变以及在全球分工和全球价值链中地位的变化，其与他国和地区的合作会不断调整与优化。基于前文的研究：

对于重庆而言，最优对象国和较优对象国均处于工业化后期阶段，与重庆处于工业化后期阶段高度契合。新加坡作为重庆在"一带一路"沿线各国

---

① 王睿，李佳明，李佳. 省市对接"一带一路"倡议重点国别选择研究[J]. 中国软科学，2019（5）：177-184.

的最优合作对象，得益于中新（重庆）战略性互联互通示范项目在重庆的落地和实施，双方在"金融服务、航空产业、交通物流、信息通信技术"等方面的合作取得了长足发展和进步。重庆应充分依托中新项目，立足于"一带一路"倡议赋予的重点任务，在强化和巩固与新加坡的全方位、宽领域、多层次的合作基础上，以新加坡作为重要支点，辐射东南亚和南亚地区，重点在科技、教育、文化软实力领域加快形成示范效应。

较优对象国除越南外其他国家均处于工业化后期阶段，各国资源禀赋差异较大，空间分布较为零散。较优对象国在经济发展阶段、工业化程度、基础设施等方面均具有较高的潜力与基础，重庆与较优对象国所在的马来西亚、泰国、越南的经贸合作最为紧密，进出口总额位于沿线国家经贸合作前三，应充分利用前期良好的合作基础，挖掘新的合作领域和重点。应该重点在职业教育、技能提升、医疗援助、文化沟通、农业技术、工程科技等领域加强合作。以色列、波兰等国与重庆的经贸合作基础相对薄弱，但具有广阔的空间和潜力，应基于各领域的互补性，进一步加强其在科学技术、科技金融、产学研转化、医药研发、高等教育等方面的合作，提升合作基础。

中等对象国除捷克外均为发展中国家，各国在工业化阶段以及农业、制造业和服务业产业结构比重方面具有较大差异，各有优势和特点。从空间分布看，以中东欧和东南亚国家为主，当前，各国与重庆合作在特征、方式等方面各有特点，重庆可针对各国的经贸发展现状与合作基础以及各国科教文卫比较优势，加强与中东欧和东南亚地区的科教文卫软实力合作。对于中东欧各国，可开展科学技术、高等教育、人文交流以及旅游等领域的合作，对于东南亚和南亚国家，重点在农业技术、职业教育培训、基础设施工程科技等领域开展合作。

观察对象国经济发展水平相对落后，产业结构不完善，制造业竞争力较弱，进出口大多为初级产品和能源类产品，大多处于中低收入或低收入行列，合作风险较大，应在充分评估风险的基础上，适时展开相关合作。当前，重庆与巴基斯坦、乌克兰等国合作基础较好，但应注意宏观及项目风险防范，并强化在此类国家的科教文卫领域的软实力建设。

（二）重点领域与实施路径

1. 科技领域

随着科技的发展和进步，国际科技合作越来越广泛和深入。重庆也要充分利用地域优势、学科优势等有利因素，认清前景广阔的合作形势，加强沿线重点国家的科技合作与交流，为两国创造更多的经济效益和社会效益。当前重庆应以沿线重点国家为立足点，因地制宜与各国开展国际科技合作，以期建立长久和稳固的合作关系。

针对最优合作国新加坡，依托中新（重庆）战略性互联互通示范项目，集中在金融、生物医药、信息通信、物流等领域进行科技合作。重庆应以创新平台为支撑，落实两江新区与新加坡国立大学共建新加坡国立大学（重庆）研究院的战略框架协议，积极开展高端研发平台、高新产业孵化基地和教育培训中心建设。并依托国家西部创新中心的平台，加大对新方优秀科技人才的引进力度，为满足条件的高层次人才提供优质的医疗、教育、落户等服务，聚集高端人才，积极开展与新加坡金融科技项目的合作，为两地金融科技的发展和市场之间资金的有效流动创造巨大的协同效应。

针对东南亚、南亚地区国家，应在农业、基础设施、电子信息等领域加强科技转移、合作与交流。一是依托重庆市高校及科研院所平台资源，共同培养科技人才。支持东南亚国家科学家来渝从事短期科研活动，以越南、泰国关注的农业科技领域，印度关注的电子信息、移动支付等领域为重点，开展授课、交流、实地考察等多种形式的短期培训，为越南、泰国等国培育科研及管理人才，提升重庆市科技人才的国际化水平。二是实施"一带一路"技术转移行动，支持国际技术转移中心建设。在电子信息领域与泰国、马来西亚进行技术研发合作，充分发挥重庆市科技成果转化交易市场的作用，聚集一批跨国电子信息技术转移服务机构；支持一批国际技术转移中心建设，构建"一带一路"技术转移协作联盟，促进与沿线国家间先进电子技术转移。

三是支持企业承担对东南亚和南亚基础建设项目。鼓励重庆本土企业开展与印度尼西亚、菲律宾等国在交通、通信、水电等基础设施项目中的合作与对接，大力支持企业与东南亚、南亚国家进行科技合作，优先配套支持其科技计划资金，积极引导企业扩大对外交流规模，提升优势产业竞争力。四是开展多元化科技人文交流活动。依托马来西亚在生物技术及电子信息技术领域的优势产业及印度在能源科技、信息技术和软件服务的优势技术，积极对接重庆市高端智力资源，寻求建立科技合作联盟；支持引进国际组织和科技民间组织，加强沿线国家民间科技组织之间的交流合作；组织策划以"一带一路"为主题的重大国际科技交流活动。

加快与中东欧国家的科技合作，在生物制药、医疗保健、人工智能等领域实现优势互补。一是依托重庆自由贸易试验区、两江新区、特色工业园区等优势，与匈牙利、捷克在智能终端、临床医学等领域开展科技成果转化等创新创业活动，支持企业与中东欧国家科技园区内的高科技企业、研发机构、行业组织等积极开展技术研发项目对接与合作，以期建立良好的合作机制，助推双方科技创新体系的形成。二是加强对中东欧国家在数字与人工智能、个性化医疗、航空材料等领域的高新技术引进及成果转化。依托两江新区高科技产业园区这一优质平台，以高校资源为动力，以人才合作项目为保障，实现"产学研"相结合，促进重庆市发展由从要素投入驱动转向创新驱动，推动重庆市科技产业发展迈上新台阶。三是依托重庆市在"一带一路"和"西部大开发"战略中的支点地位，借助两江新区、高新区等创新平台，推动重庆与中东欧先进制造产业园区的建设，在生物科技、环保技术、医疗健康、智慧物流等领域开展合作。

2. 教育领域

教育软实力既是基础也具备持续性，既可以实现"民心相通"，也能提升和认同整体软实力。重庆在教育软实力的建设中也应针对不同国家及领域发挥优势，突出特色。

东南亚、南亚地区的国家是中国进行职业教育合作的重点区域之一。作为教育领域的重要组成部分，职业教育以实用性强的特点，在消除贫困、增加就业、促进经济发展等方面发挥着独特的作用。针对东南亚职业教育不足的情况，重庆应与东南亚及西亚国家大力开展职业教育合作，填补重庆市与马来西亚、越南、菲律宾等国高职教育领域交流与合作的空白。在国家和相关部门支持下，积极联合重庆工商大学、重庆医科大学和国家电投集团远达环保工程有限公司等单位在重庆市开展国家技术培训班，在语言、卫生、金融、外贸、农业、旅游、通信信息、防灾救灾、环境保护等多个领域为东南亚部分国家开展职业技能培训。并依托重庆工程学院、重庆工业职业技术学院与重庆力帆实业（集团）在海外建设国家工程师实训基地，面向沿线国家急需建设的行业，开展高铁、电信运营、跨境物流、土木工程等课程培训。一定程度提升东南亚地区的劳动力质量，力争为东南亚的经济发展输送一批合格的技术性人才，促进东南亚政治、经济、文化等各方面良性发展。

对于中东欧国家，重庆应当大力加强语言学习、高等教育合作及留学生培养合作。加强重庆优势学科建设，夯实国际教育软实力基础。充分发挥市内高校语言教育教学优势，支持鼓励高校拓展"一带一路"沿线国家非通用语种专业建设，提升重庆大学、四川外国语大学、西南大学、四川美院等高校的国际化水平。双方高校应优化专业、课程和学科设置，积极开展商学、工程类、国际法、农学、语言、艺术等学科的交流。鼓励市内高校、科研机构、智库与中东欧国家的科研院所，如罗马尼亚科学院与匈牙利研究所及当地著名高校（如华沙大学、布拉格大学等）组建跨学校、跨学科的具有国际水准的交叉学科研究院（中心）及研究生交叉培养平台并建立长期合作关系。支持市内有关高校积极面向沿线国家招收一批高素质留学生，提升学术交流互访频率。通过校际专家双聘方式和联合培养研究生等形式，促进物流管理、电子商务、语言学等重点学科建设，布局学科重点发展领域，加强科研联合攻关项目合作。着力打造"一带一路"学术交流平台，努力将重庆建设成为西部国际人才培养和培训基地。吸引各国专家学者、青年学生开展学术交流，推进学术共享、教育资源共享进程。

重庆在教育软实力的构建中也应注重"引进来"和"走出去"相结合，鼓励有条件高校参与沿线国家孔子学院建立工作，并在沿线重点国家设立国际校区，以教育为媒介，提升重庆教育和城市的国际影响力，并为重庆企业等"走出去"打造交流大本营。

3. 文化领域

东南亚国家深受中华文化影响，在与我国进行文化交流中，更容易相互理解彼此之间的文化差异，更容易在文化相互融合中迈向更高层次[①]。在构建重庆市文化软实力的过程中应当积极推动与东南亚国家的文化交流与旅游业融合发展。在文化交流层面应积极输出一系列具有地方特色的文化产品，如荣昌折扇、綦江版画、秀山花灯等，不断提升东南亚人民对于巴渝文化的认同度。此外，积极发挥华人华侨在文化交流中的促进作用，依托重庆石宝寨"中国华侨国际文化交流基地"的平台优势，定期邀请华人华侨来渝开展文化交流活动，传播重庆特色文化，"以侨为桥"积极推动政府间及民间开展多领域、宽层次的文化交流。在旅游业融合发展方面，积极推动旅游交流便利化。重庆应加大旅游市场营销力度，继续在东南亚地区开展旅游营销推广活动，大力拓展东南亚客源市场。增加直飞东南亚热门景点的航班数量，提升东南亚旅游签证发放的效率，通过蓬勃发展的旅游业，拓展重庆与东南亚各国的文化交流。

对于南亚地区，加强与印度的文化贸易合作，包括音像制品、海外演出、电影等。一是培育具有国际竞争力的文化企业集团，打造重庆文化品牌。充分利用重庆独具特色的文化资源，积极向外推广川味、川剧，生产具有自身特色的文化产品，打造国际知名品牌，积极推动文化产品走进印度市场。二是在中印文化贸易合作中积极打造"互联网＋文化"新模式。双方文化贸易应依

---

① 刘岩，高晓巍．"一带一路"下我国与东南亚国家文化交流探索［J］．北方经贸，2018（6）：19－20.

托互联网、云计算等新兴技术进一步拓展文化产品的传播渠道,创新传播方式,丰富传播内容,扩大传播范围,拓展中印文化贸易合作新路径。斯里兰卡具有独特的文化和旅游资源,应积极进行旅游合作。双方可以共同举办旅游合作论坛、旅游行业高峰会议以及互办旅游年等大型旅游节事活动,以此为契机吸引双方旅游从业者加强关注和相互沟通①。双方应积极加强沟通合作,相互提供旅游政策便利,如简化旅游签证,延长签证有效期及停留期,降低关税,等等。

对于中东欧国家,应当加强重庆本土特色文化的传播与扩展,积极开展文化交流活动,不断缩小文明的鸿沟和文化的差异。一方面,要促进重庆文化"走出去",加强国际合作交流,扩大对外文化传播,推动文化交流常态化。整合全市艺术、文物、非遗、出版、影视资源,积极参与对外文化交流活动,整体呈现和输出巴渝文化品牌。面向"一带一路"尤其是渝新欧、渝昆泛亚通道沿线重点国家,集中开展"欢乐春节""重庆文化周""巴渝风情展"等活动,广泛传播大足石刻、恐龙化石、川剧、杂技、当代艺术、渝版图书和影视剧等特色品牌。依托"经典中国""丝路书香""丝绸之路影视桥"等国家工程,开发外向型的巴渝文化产品。积极推动"'一带一路'国家人文交流"基地在重庆落地。探索建立文化保税区,设立保税商品展销中心,为文化外贸提供通关便利,打造西部对外文化贸易基地。另一方面,要加强国家间、城市间友好往来,加强与沿线重点国家中心城市缔结国际友好城市关系,不断扩大"一带一路"沿线友好城市规模,争取与波兰、匈牙利、罗马尼亚等中东欧国家中心城市建立国际友好城市关系,并配合孔子学院、中国文化中心在友好城市积极开展文化年、文化周交流活动,唱响重庆文化品牌。探索常态化、全天候交流合作机制,拓展文化交流深度广度,不断培育重庆市在"一带一路"沿线国家国际影响力,打造重庆品牌,使重庆成为

---

① 王学人. 中国与南亚人文交流合作——基于经济视角的分析[J]. 印度洋经济体研究,2017(6):91-108.

"一带一路"合作高地。

4. 卫生领域

卫生领域的交流合作为重庆与沿线重要支点国家深化多领域的合作奠定了坚实的民意基础。针对东南亚、南亚部分国家卫生基础薄弱、公共卫生资源不足的情况,重庆市应当积极进行卫生援助工作。一是针对印度、泰国、菲律宾等热带疾病高发区,主动开展医疗支援项目建设。集中重庆市优势医疗资源,依托西南医院、新桥医院、重庆医科大学等医疗平台向外派遣医疗队,进行对外卫生援助,聚焦于捐赠药品、设备,开展"光明行"公益医疗活动,实施传染病疫情暴发的公共卫生援助等。同时在当地援建包括综合性医院、流动性医院、中医中心等在内的医疗设施项目。二是加大对印度尼西亚、越南等国卫生人力资源开放合作的力度。为当地提供卫生技术人员和管理人员的培训,包括中医理疗、护理培训等项目。在此基础上对接重庆市第三军医大学、重庆医科大学的优质教育资源,为当地留学生进行高水平高层次的学历学位教育。

中东欧国家拥有较强的生命科学产业和完善的监管体系,重庆应积极与其开展医疗卫生合作和技术交流。一是加强双方医疗平台合作,将"引进来"与"走出去"相结合。一方面,探索中东欧对口国家在重庆市自贸区内设立中外合资、合作医疗机构,引进先进理念、技术和管理模式,并形成可推广经验。对接匈牙利、捷克等国医疗卫生领域的先进经验,对接两江新区大健康产业发展趋势,争取引进中东欧医疗机构在渝设立国际医院、康复中心、养老院等机构。另一方面,鼓励市内有条件的医疗机构和社会资本与中东欧国家医疗机构合作,在境外建立一批高水平医疗机构,吸引境外消费者到国内接受中医药诊疗、中医药养生保健、中医药教育培训等服务,着力推动市内有条件的中医医疗机构"走出去",提升市内医院国际化水平。二是积极发展以医疗旅游为主的医疗服务贸易。以捷克、波兰为代表的中东欧国家有着丰富的医疗旅游资源,"一带一路"建设为重庆医疗服务扩大开放开创了良好机遇。重庆市应加快面向中东欧国家扩展医疗服务的开放通道,为医疗旅游发展创造制度环境。重庆市应放宽对医疗旅游签证的限制条件,主动与中东欧国家合作建立医疗保险合作机制,扩大公共医疗保险的地域范围。建立包含医疗卫生机构、卫生健康委员会、旅游、商务、公安、外交等多部门参与的医疗服务贸易协同联动机制,实现相关部门之间和政策之间的衔接联动,形成强大合力。搭建医务人员培训平台,系统引入中东欧国家医疗服务体系。重庆市应加大双方医疗机构及高等院校的交往,依托华沙医科大学、卢布林医科大学开展一系列医疗培训项目,学习中东欧国家先进的医疗理念及技术,为重庆市医疗服务行业发展培育一批优质人才。以两江新区为载体,引入波兰、匈牙利、捷克等国优质医疗资源及服务体系,提档升级健康服务体系。

因地制宜,结合重庆市康养资源,打造具有重庆特色的医疗服务品牌。整合现有温泉资源并根据不同理疗功能进行分类规划,打造医疗旅游特色产品,发挥旅游产业集群化作用。同时,重庆拥有丰富的中药材资源,如石柱黄连、垫江丹皮、巫溪川党、江津陈皮等[①],可以积极开发食疗配套产品并结合中医及少数民族特色医疗。不仅有助于重庆医疗服务品牌的打造,也有利于推动重庆市医疗服务业的发展。

(三) 重点项目情况

表 3 - 19　重点项目情况

序号	项目名称	领域
1	中国 (西部) 国际技术转移中心	科技
2	"一带一路"国际科技论坛	科技
3	"一带一路"国际人才西部培训基地	教育
4	"一带一路"国家工程师实训基地	教育
5	中国 (西部) 研究生交叉培养平台	教育

---

① 赵静. 打造重庆市温泉资源的差异化产品——医疗旅游[J]. 旅游纵览(行业版), 2011(2):7-8.

序号	项目名称	领域
6	"一带一路"国家人文艺术交流周	文化
7	"一带一路"旅游行业高峰论坛暨旅游产品博览会	文化
8	中新卫生医疗合作十年计划	卫生
9	中国—东南亚中医理疗培训项目	卫生
10	国际合作纠纷西部仲裁中心	法律

表 3 - 20　重庆市教科文卫建设成果汇总（近五年）

年份	项目/政策/活动	重庆市单位	合作国家/单位
教育			
2019	2019 年 5 月 16 日，重庆工程职业技术学院牵头共建共享优质资源，完成 20 门中方在线课程资源输出	重庆工程职业技术学院	泰国及东南亚等"一带一路"沿线国家
	2019 年 5 月 11 日，重庆能源职业学院成功加入"一带一路"职教联盟	重庆能源职业学院	"一带一路"沿线国家和地区的政府、行业、企业、院校和科研院所将"五方联动"
	2019 年 4 月，共建两大联合平台、输出三套职教标准、开展四项技术服务	重庆工业职业技术学院	俄罗斯、越南、阿联酋、埃塞俄比亚等 10 余个沿线国家
	2019 年 3 月 27 日，重庆市教委与教育部中外人文交流中心签署战略合作协议	重庆市教委	教育部中外人文交流中心
	2019 年 1 月，重庆工业职业技术学院入选"一带一路"暨金砖国家技能发展国际联盟成员单位	重庆工业职业技术学院	"一带一路"国家和金砖国家
2018	2018 年 11 月 9 日，"一带一路"工程教育国际联盟	重庆大学等 10 余家单位	
	2018 年 11 月 7 日，法治人才培养	西南政法大学	东盟国家
	2018 年 10 月 14 日，高职院校中外合作办学五年行动计划	重庆市教委、重庆高职教育国际合作联盟	澳大利亚、英国、加拿大、新加坡、美国、韩国、泰国、印度尼西亚等国教育机构

年份	项目/政策/活动	重庆市单位	合作国家/单位
2018	2018 年 8 月 17 日,"一带一路"科技教育论坛在重庆举行	重庆市教委	巴基斯坦、马来西亚、澳大利亚等"一带一路"沿线国家以及美国、法国、英国等教育发达国家
	2018 年 8 月 14—20 日,"一带一路"青少年科技夏令营	重庆市科学技术协会	澳大利亚、阿塞拜疆、印度、印度尼西亚、伊朗、马来西亚、缅甸、巴基斯坦、菲律宾、中国等18 个国家
	2018 年 6 月 15 日,坦桑尼亚"一带一路"企业中高级管理技术人才培训班	重庆工程职业学院、重庆市政府、市教委	坦桑尼亚
	2018 年 5 月 28 日,重庆市孔子学院工作联盟成立	西南大学、重庆大学、重庆师范大学	泰国等国家
	2018 年 5 月 15 日,人文交流培训、深化科技产业合作、留学推进计划、合作办学项目	重庆大学	"一带一路"沿线国家
	2018 年 4 月 27 日,校企协同培养服务"一带一路"海外工程人才	重庆交通大学	
	2018 年 4 月 19 日,中泰职业教育联盟	中国重庆市教委	泰国孔敬大学孔子学院
	2018 年 4 月,"一带一路"经纬重庆营	重庆市政府外事侨务办公室	泰国
2017	2017 年 11 月,海外合作人才培养项目	重庆城市管理职业学院	泰国、柬埔寨等国家
	2017 年 3 月 21 日,"一带一路"中波大学联盟	重庆市教委、重庆 7 所高校	波兰高校
2016	2016 年 11 月 26 日,设立"一带一路"国际学院	重庆工程职业学院	中兴通讯
2015	2015 年 10 月 17 日,"一带一路"高校战略联盟	西南大学、重庆文理学院(重庆大学 2016 年加入)	俄罗斯、韩国、马来西亚、乌克兰等国的 8 所高校

续表

年份	项目/政策/活动	重庆市单位	合作国家/单位
	科技		
2019	2019 年 5 月 30 日,重庆文理学院和重庆迪康尔乐制药有限公司签订转化协议。推进重庆文理学院自主研发的 PDE5(磷酸二酯酶)抑制剂一类新药在美国和中国的临床 I 期试验	重庆文理学院	美国
	2019 年 4 月 8 日,中匈联合举办的"2019 中国(重庆)—匈牙利汽车产业创新论坛"上,"智能终端产品生产项目"正式签约落户重庆潼南区	重庆市科技局	匈牙利
	2019 年 1 月 10 日,重庆国际先进医疗技术创新峰会暨重庆国际医学创新中心揭牌仪式在渝举行	重庆市科技局、重庆医科大学	国际合作中心
2018	2018 年 11 月 7 日,2018 年中国(重庆)—匈牙利创新合作论坛在重庆举行	重庆市科技局、中国—匈牙利技术转移中心(重庆)、重庆高技术创业中心、重庆国际科技合作协会	匈牙利
	2018 年 8 月,"聚焦超声无创治疗肿瘤技术发展中国家培训班"在埃及开罗成功举办	重庆市科学技术委员会、重庆医科大学	埃及、苏丹、也门、约旦、科威特、尼泊尔等 6 个中东和北非国家的 23 名技术人员
	2018 年 7 月 17 日,签署"推动中国—匈牙利农业、食品领域技术合作备忘录",提出设立"中匈食品科学合作研究中心"	中国—匈牙利技术转移中心(重庆办公室)、西南大学	匈牙利
2017	2017 年 9 月 4—23 日,工业烟气多污染协同控制技术国际培训班成功举办	重庆市科学技术委员会、重庆高技术创业中心、重庆市对外科技交流中心	印度、伊朗、越南、菲律宾、斯里兰卡、泰国、苏丹、摩洛哥、坦桑尼亚、埃及等国家的 20 名学员
	2017 年 5 月 16 日,中国(重庆)—匈牙利技术转移中心	重庆市科委科技合作处	匈牙利
	2017 年 3 月,"一带一路"知识产权与创新发展研究院在渝成立	重庆市知识产权局、重庆理工大学	

续表

年份	项目/政策/活动	重庆市单位	合作国家/单位
2016	2016 年 12 月 18 日，重庆高技术创业中心、重庆科技金融服务中心与新加坡南洋理工大学科技创业中心签订合作协议，将致力于推动两地科技金融方面的合作	重庆市科委科技金融处、重庆高技术创业中心、重庆科技金融服务中心	新加坡南洋理工大学
	2016 年 11 月 15 日，签署"关于打造重庆—英国创新平台的谅解备忘录"，设立"重庆—英国国际协同科技创新中心"	重庆市科委	英国驻重庆总领事馆
	2016 年 8 月 25 日，以色列康帕斯投资集团项目推荐对接会	重庆市科委	以色列康帕斯投资集团
2015	2015 年 11 月 18—19 日，中意产业创新合作重庆峰会成功举行	重庆市科委、重庆日报社	意大利教育大学科研部
	2015 年 3 月 8 日，澳大利亚联邦科学与工业研究组织来渝签署合作项目协议	重庆旗能电铝有限公司	澳大利亚联邦科学与工业研究组织
2014	2014 年 11 月 26 日，澳大利亚皇家墨尔本理工大学来渝洽谈共建中澳 3D 打印中心事宜	重庆市科委、科技风险投资公司、文理学院、西南医院	澳大利亚墨尔本理工大学
	2014 年 5 月 28 日，2014IET 混合动力及电动汽车国际会议	重庆市科委	英国工程技术学会
文化			
2019	2019 年 6 月 6 日，重庆市文化旅游委组团出访韩国，开展重庆文化旅游宣传推广活动	重庆文旅委、重庆市歌舞团	韩国
	2019 年 5 月 28 日，重庆时尚文旅品牌猛犸市集亮相中美文化旅游节	重庆文化艺术品行业协会	美国
	2019 年 5 月 23 日，重庆举办"美轮美奂新丝路"文旅合作推介会	重庆市文旅委	哈萨克斯坦、乌兹别克斯坦、白俄罗斯、阿富汗、伊朗等上合组织国家

年份	项目/政策/活动	重庆市单位	合作国家/单位
2019	2019 年 5 月 16—18 日，重庆市文旅委组团参加亚洲文化旅游展	重庆市文旅委、各区县文化旅游机构	日本、韩国、印度、越南、老挝、柬埔寨等 30 多个国家和地区参展
	2019 年 4 月 21 日，重庆市文化旅游委举办北美入境旅游市场专题培训会	重庆市文旅委	美国
	2019 年 3 月，开展"经贸对接会"、"女性·感"主题摄影展、"邀请重庆媒体访澳"等系列活动	重庆市文旅委	澳大利亚驻成都总领事馆
	2019 年 2 月 27 日至 3 月 17 日，"李华的认知艺术与质朴的非洲民间艺术"展览	重庆美术馆	中国奥地利艺术学会
	2019 年 2 月 22 日，重庆保税港区"一带一路"沿线国家特色商品贸易及文化周	重庆保税商品展示交易中心有限公司	"一带一路"沿线国家
2018	2018 年 11 月 23 日，2018"一带一路"名品展·重庆	重庆文旅委	新加坡、美国、泰国、越南、马来西亚、韩国、新西兰、白俄罗斯等近 20 个国家以及中国港澳台地区的旅行商
	2018 年 11 月 9—15 日，2018 重庆全球旅行商大会	重庆市政府	伊朗、斯里兰卡等 38 个国家和地区
	2018 年 11 月 6 日，重庆文化产业特色小镇项目	重庆文旅委	新加坡东亚成功有限公司
	2018 年 10 月 23 日至 11 月 4 日，第六届中国西部匈牙利文化节·布达佩斯之秋暨匈牙利当代艺术展开幕式在重庆美术馆举行	重庆文旅委、市政府外事侨务办公室	匈牙利驻华大使馆、匈牙利驻重庆总领事馆
	2018 年 9 月，"行走的画笔——中国画家眼中的非洲"采风集萃展览（中非文化交流项目）	重庆市文化委员会	非洲
	2018 年 8 月 28 日，"中国印象秀美重庆"文化艺术国际巡游活动	重庆市文化委、重庆市文化交流中心、重庆泓艺九洲国际文化艺术发展有限公司	法国

续表

年份	项目/政策/活动	重庆市单位	合作国家/单位
2018	2018 年 8 月 23 日，重庆市与"世温联"签署深化打造温泉与气候养生旅游目的地合作协议	重庆市旅发委	世界温泉与气候养生联合会
	2018 年 8 月 20—24 日，重庆艺术团献艺第 46 届"布尔加斯国际民俗节"	重庆艺术团	保加利亚布尔加斯
	2018 年 8 月，重庆美术家赴毛里求斯中国文化中心授课	重庆市文化委员会	毛里求斯中国文化中心
	2018 年 7 月，2018 年重庆文化节在明斯克开幕	重庆市文化委、重庆市旅发委	白俄罗斯明斯克州政府
	2018 年 6 月，"一带一路"二十国青年代表中华文化奉节行	重庆市奉节县	伊朗、土耳其、埃及、巴基斯坦、尼泊尔、孟加拉国、马来西亚、缅甸、老挝、越南、哈萨克斯坦等 20 个国家
	2018 年 6 月，"第三届中国文化周暨第十三届龙舟节庆典活动"	重庆市文化委员会	毛里求斯中国文化中心
	2018 年 5 月 14 日，首届重庆波兰文化节	重庆市文化委员会	波兰驻成都总领事馆
	2018 年 5 月，第一届意大利电影文化周在渝启幕	重庆市文化委员会	意大利驻重庆总领事馆
	2018 年 4 月，重庆美术馆与中国奥地利艺术学会签署展览合作意向书	重庆美术馆	中国奥地利艺术学会
	2018 年 2 月，重庆文化代表团参加 2018 葡萄牙"欢乐春节"——中国之夜演出活动	重庆文化代表团、重庆市文化委员会	葡萄牙
2017	2017 年 11 月，"2017 中国—中东欧国家文化季"	重庆市文化委员会、重庆演出公司	捷克、中东欧
	2017 年 9 月，新加坡中国文化中心执行理事来渝访问	重庆市文旅委	新加坡
	2017 年 8 月，重庆考古队出访俄罗斯开展中俄联合考古	重庆市文化委员会、市文化遗产研究院	俄罗斯
	2017 年 8—9 月，拍摄纪录片《中俄书途》	重庆市文化委员会	俄罗斯

续表

年份	项目/政策/活动	重庆市单位	合作国家/单位
2017	2017 年 7 月，重庆芭蕾舞团《追寻香格里拉》西班牙首演	重庆芭蕾舞团	西班牙
	2017 年 5 月，中意合作开展石质文物保护	大足石刻研究院	意大利
	2017 年 4 月，市旅游局参加 2017 意大利米兰国际旅游展	重庆市旅游局	意大利
	2017 年 1 月，重庆文化代表团赴新加坡访演	重庆文化代表团	新加坡
	2017 年，命名为"新加坡重庆文化年"。重庆非遗、汉字讲座及"重庆之窗"图书专柜、民乐等 4 个类别的文化交流活动走进狮城	重庆市文化委员会	新加坡中国文化中心
	参加"2017 岘港国际烟花节"，文旅融合"走进"越南，展示重庆京剧，开展旅游推介	重庆文旅代表团	越南岘港市人民政府外事办公室
	承接文化部牵头的"中国—中东欧国家文化季"项目	重庆市文化委员会	捷克、爱沙尼亚
2016	2016 年 12 月，白俄罗斯共和国驻华大使拜访市文化委	重庆市文化委员会	白俄罗斯
	2016 年 12 月，"重庆与世界·文化嘉年华"活动，荷兰、澳大利亚重庆文化周	重庆市文化委员会	荷兰、澳大利亚
	访问伏尔加河地区、萨马拉州立图书馆，开设"重庆之窗"	重庆市文化委员会	伏尔加河地区
2015	俄罗斯莫斯科柴可夫斯基音乐学院附中与重庆艺术学校，俄罗斯叶利钦总统图书馆与重庆图书馆，俄罗斯 AIF 公司与重庆演艺集团，白俄罗斯文化联盟与重庆美术馆，白俄罗斯明斯克州立图书馆与重庆图书馆等重点文化机构建立友好合作关系	重庆市文化委员会	俄罗斯、白俄罗斯
	推动全市图书馆、美术馆、博物馆与"一带一路"重点国家和地区开展文化交流与合作，开设"重庆之窗"，开展艺术家访问、演出、采风、展览等丰富多彩的文化交流展示活动	重庆市文化委员会	俄罗斯、新加坡

年份	项目/政策/活动	重庆市单位	合作国家/单位
	卫生		
2019	2019 年 6 月，第八批中德（重庆）临床医疗交流项目	重庆市卫健委、市内医疗机构	德国
	2019 年 5 月 17 日，第三批中国（重庆）援巴巴多斯医疗队圆满完成 2019 年度药械捐赠工作	重庆援巴巴多斯医疗队	巴巴多斯
	2019 年 5 月 7 日，重庆市血液中心与荷兰王国桑奎恩血站缔结友好血站签约仪式	重庆市血液中心、市卫生健康委	荷兰
	2019 年 5 月 6 日，中国输血协会推进血液安全监测培训班暨中国（重庆）荷兰输血医学研讨会	重庆市血液中心、市卫生健康委	荷兰
	2019 年 4 月 28 日，乌兹别克斯坦共和国医学代表团访问重庆	重庆市卫生健康委员会、重庆医科大学等	乌兹别克斯坦共和国
	2019 年 3 月，中国（重庆）援巴布亚新几内亚医疗	重庆市卫生健康委	巴布亚新几内亚
2018	2018 年 12 月，市卫生健康委召开第七期中德（重庆）临床医疗交流项目总结会	重庆市卫生健康委	德国
	2018 年 9 月，2018 年中—法卫生应急专题培训班	重庆市卫生健康委	法国
	2018 年 7 月，中国（重庆）援巴巴多斯短期项目	重庆市卫生健康委、重医附一院	巴巴多斯
	2018 年 7 月，肯尼亚公共健康与卫生护理技术研修班	重庆市妇幼保健院	肯尼亚
2017	2017 年 12 月，巴布亚新几内亚卫生部来渝访问	重庆市卫生健康委、重医附一院、重庆市中医院等	巴布亚新几内亚
	2017 年 10 月，开办中国—东盟卫生应急专业技术人员培训班	重庆市卫生健康委、重医附一院	印度尼西亚、柬埔寨、老挝等东盟国家
	2017 年 8 月，德国专家来渝考察	重庆市卫生健康委	德国

续表

年份	项目/政策/活动	重庆市单位	合作国家/单位
2017	2017 年 7 月，泰国卫生部精神卫生司代表团来渝访问	重庆市卫生健康委	泰国
	2017 年 3 月，2017 年度重庆—新加坡护理专业短期培训项目	重庆市卫生健康委	新加坡
	2017 年 3 月，中国（重庆）—法国应急与灾难医学合作中心正式成立	重庆市卫生计生委	法国
	2017 年 2 月，美国驻成都总领事参观重庆药品交易所	重庆市卫生计生委、重庆药品交易所	美国
2016	2016 年 11 月，德国杜塞尔多夫市代表团访问	重庆市卫生健康委	德国
	2016 年 9 月，以色列突发事件卫生应急管理专题培训班	重庆市卫生计生委	以色列
	2016 年 4 月，意大利罗马医疗机构管理公司来渝访问	重庆市卫生计生委	意大利

表 3-21　重庆在"一带一路"企业项目合作成果（近五年）

年份	项目/文件	重庆市单位	合作企业/国家
2018	2018 年 11 月 6 日，签订合作备忘录	重庆渝欧跨境电子商务股份公司	法国达能集团
	2018 年 11 月 6 日，签订国际旅游航线战略合作协议	重庆日报报业集团	印度尼西亚国家鹰航空
	2018 年 11 月 6 日，签订旅游项目收购合同	重庆天赐温泉（集团）有限公司	意大利维卡雷诺农业有限公司
	2018 年 11 月 6 日，签署采购协议	庆商社化工有限公司	泰国联润橡胶有限公司
	2018 年 10 月 23 日，重庆、瑞典签署建立友好合作关系备忘录	重庆市政府	瑞典西哥特兰省
	2018 年 7 月 9 日，达成国际物流和供应链合作意向	渝新欧（重庆）物流有限公司	德国曼海姆市

年份	项目/文件	重庆市单位	合作企业/国家
2018	2018 年 6 月,"一带一路"二十国青年代表中华文化奉节行	重庆市奉节县	伊朗、土耳其、埃及、巴基斯坦、尼泊尔、孟加拉国、马来西亚、缅甸、老挝、越南、哈萨克斯坦等 20 个国家
	2018 年 4 月 6 日,国际知识工作者共享平台 ZomWork 项目正式签约	重庆猪八戒网	新加坡报业控股
	2018 年 3 月 28 日,中意投资促进中心	重庆两江新区管委会	中国意大利商会、意大利驻重庆总领事馆
	2018 年 2 月,"一带一路"重庆城市影视联盟	重庆市电影组织机构	美国、加拿大、澳大利亚、瑞典、马来西亚、泰国、日本等国家和中国香港特别行政区、北京、深圳、重庆等地区
2017	2017 年 11 月 13 日,签署国际城镇合作备忘录	重庆两江新区签署国际城镇合作备忘录	德国曼海姆市
	2017 年 2 月,共建中英双语的创意服务交易类电子商务平台	重庆猪八戒网	新加坡报业控股
2016	2016 年 6 月,辐射"一带一路"股权投资基金	重庆市政府	新加坡淡马锡集团
2015	2015 年 11 月 7 日,《关于建设中新(重庆)战略性互联互通示范项目的框架协议》及其补充协议	重庆市政府	新加坡政府
其他	2019 年 1 月,重庆市慈善总会正式设立"一带一路"互联互通慈善基金	重庆市慈善总会、重庆"一带一路"经济技术合作中心有限公司("一带一路"门户网)	
	"救活"圭亚那老矿,解决当地约 7%民众生计	重庆博赛矿业集团	圭亚那
	重庆与德国萨克森签订友好城市合作协议	重庆市政府	德国萨克森
	重庆与瑞士苏黎世签订友好城市合作协议	重庆市政府	瑞士苏黎世

续表

年份	项目/文件	重庆市单位	合作企业/国家
其他	重庆与维也纳等"一带一路"沿线国家达成合作，轮流举办"海陆丝绸之路"国际文化节	重庆市政府	维也纳等"一带一路"沿线国家
	重庆对俄罗斯累计备案投资企业5家	重庆机械进出口公司驻俄罗斯代表处、重庆万州进出口公司驻俄罗斯代表处、重庆力帆实业（集团）股份有限公司莫斯科分公司、大龙网莫斯科分公司（从事跨境电商业务）等驻俄常设机构	俄罗斯
	乌兹别克斯坦驻华大使馆在渝举行乌兹别克斯坦旅游推介会、在重庆建立乌兹别克斯坦商贸中心意向协议	重庆市政府	乌兹别克斯坦
	吉尔吉斯斯坦驻华大使巴克特古洛娃等曾来渝访问	重庆市政府	吉尔吉斯斯坦
	2015年11月至2018年，重庆经开区企业重庆东港船舶产业有限公司援乌项目	重庆经开区企业、重庆东港船舶产业有限公司	乌兹别克斯坦
	力帆汽车已出口到全世界70个国家和地区，并在俄罗斯、阿塞拜疆、伊朗等7个国家的散件组装厂下线	重庆力帆汽车	俄罗斯、阿塞拜疆、伊朗
	重庆高粱酒江小白已将产品成功出口至澳大利亚、英国、德国、日本、新加坡、缅甸等20多个国家和地区	重庆江小白	澳大利亚、英国、德国、日本、新加坡、缅甸等20多个国家和地区

七、相关政策建议

(一) 国家层面

1. 统筹协调，推动建立国际合作机制

结合国家科教文卫宏观发展战略，发挥好重庆在融入"一带一路"科教文卫软实力建设中的带动作用，在国家层面，与"一带一路"沿线国家建立助推软实力发展的国际合作机制，促进重庆及西部相关省份与"一带一路"沿线国家在科教文卫等领域的交流与合作。一是从我国与"一带一路"沿线国家的合作实践出发，建立"一带一路"联席会议机制，定期举行会议讨论分析"一带一路"软实力建设的发展情况，了解沿线国家在科技、教育、文化、卫生等领域的需求，有效推动地区间合作，共同为软实力项目实施提供政策、资金、人才等多方面的支持。二是支持重庆与有条件有意向的沿线国家（省、州）签署科教文卫领域合作协议或谅解备忘录，共同探索科教文卫合作路径，推动建立与"一带一路"沿线国家对应层级、对应部门之间的定期交流机制，及时了解不同国家、地区的政策变化，增强政策互信，凝聚发展共识，形成发展合力。

2. 协同开放，联合打造国际合作平台

支持由重庆市政府牵头，联合西部省市和"一带一路"沿线国家共同打造高层次、多领域的国际合作平台。在科技领域，支持建立中国（西部）国际技术转移中心，充分发挥重庆市科技成果转化交易市场的作用，促进与沿线国家间在电子信息、基础设施、数字与人工智能、个性化医疗、航空材料等领域的技术转移活动，提升双方科技竞争力。在教育领域，支持重庆与"一带一路"沿线国家各高校共同组建跨区域、跨学校、跨学科的具有国际水准的交叉学科研究院（中心）及研究生交叉培养平台，并建立长期合作机制，为"一带一路"建设储备优质人才资源。在文化领域，支持重庆设立"一带一路"旅游行业高峰论坛暨旅游产品博览会，促成与"一带一路"沿线国家的文化贸易合作，助力重庆市文化"走出去"、其他文化"引进来"。在卫生领域，支持重庆搭建中国（西部）医疗合作平台，开展国际医疗人才培养、医疗学术交流等活动。

3. 激发活力，强化政策扶持

在科技、教育、文化、卫生等软实力重点领域，积极争取国家层面在资金等方面给予重庆大力支持。一是争取国家支持与沿线国家共同设立"一带一路"软实力建设专项基金，用于扶持与"一带一路"相关的软实力建设项目，激发地方政府、科研机构、高等院校等软实力建设主体的创新活力。二是争取中央财政专项补助、税费减免等政策，减轻参与主体负担，助力重庆的科技企业、文化企业"走出去"，提升我国文化的国际影响力。三是争取国家支持，在重庆落地"一带一路"国家人文交流基地，并建立文化保税区、保税商品展销中心等，为文化产品提供通关便利，助推西部文化外贸发展。

（二）重庆层面

1. 优化环境，提供各类政策便利

基于融入"一带一路"科教文卫软实力建设的现实需求，重庆应积极探索出台有利于科教文卫发展的便利化政策。一是加快出台有利于科技、教育、文化、卫生等软实力资源要素跨境流动和区域融通的制度举措，在办理签证、居住证、工作许可证等方面出台便利化政策，为"一带一路"沿线国家来渝人员提供良好的制度环境，吸引更多人才来渝工作。二是与"一带一路"沿线国家加强沟通合作，相互提供旅游政策便利，如简化旅游签证、延长签证有效期及停留期、放宽医疗旅游签证的限制条件、提升旅游签证发放效率、降低关税等，优化旅游政策环境。

2. 集聚智力，加强优质人才培养

加强针对"一带一路"沿线国家人才需求的实地调研，掌握各国对人才的需求变化，对"一带一路"建设中重点发展的科技、教育、文化、卫生领域进行精准人才培养，着力打造"一带一路"国际人才西部培训基地，培养出充分了解各国文化、历史、风俗且符合需求的"外国通"人才，更好地服务于重庆与沿线国家的软实力建设，提升重庆与沿线国家持续深入合作的可能性。同时，充分利用四川外国语大学、四川外国语大学重庆南方翻译学院等高校的语言教育优势，开设"一带一路"沿线国家非通用语种专业，为"走出去"的科技企业、文化企业等储备语言人才。此外，重庆应加强与"一带一路"沿线国家智库的交流与合作，培养具有战略思维、国际视野的国际化人才，促使重庆本土企业与沿线各国企业更好地进行战略对接。

3. 加深了解，开展多元化交流活动

以增进与"一带一路"沿线国家人民的感情为出发点，加强与沿线国家的人文交流，为重庆融入"一带一路"软实力建设打下坚实基础。一方面，重庆与沿线国家合作开展多层次、多领域、多形式的交流活动，如举办旅游行业高峰会议、"一带一路"学术论坛、文化博览会、开展医疗卫生培训项目等，在丰富多样的活动中潜移默化地加深对彼此的了解；另一方面，重庆应加强与国家间、城市间友好往来，保持良好互动，加强与沿线重点国家中心城市缔结国际友好城市关系，不断扩大"一带一路"沿线友好城市规模，争取建立国际友好城市关系，为未来的深入合作做好铺垫。

4. 加强宣传，提升国际影响力

为扩大重庆在"一带一路"沿线国家和人民之间的影响力，依托重庆本地知名电视台、电台、报纸、杂志等传统媒体，与沿线各国媒体机构进行交流合作，如与沿线国家媒体电台达成项目合作，建立海外调频电台，向沿线国家和人民输送文化、旅游等相关信息，提升重庆软实力的深度和广度。同时积极利用微信、微博等新媒体平台发布科技、文化、教育、卫生等各类政策，加强同沿线国家政府及民众的互联互通，实现重庆市政府、网民与他国政府、网民等相关主体之间良好的交流互动，拉近双方距离，提升重庆市的国际影响力。

附　录　"一带一路"沿线国家相关需求

"一带一路"沿线国家大多是新兴经济体和发展中国家，多数处于经济发展上升期，自然资源和劳动力资源丰富，但面临基础设施互联互通建设相对滞后，资金、技术、人才等要素短缺，产业发展层次不高、结构单一等诸多问题，在经贸往来、国际产能合作、基础设施建设、科教文卫交流等领域有强烈的需求。

——国际贸易需求。

2017 年，"一带一路"国家对外贸易总额为 9.3 万亿美元，占全球贸易总额的 27.8%，在全球贸易版图中占据重要地位。其中，韩国、新加坡、印度贸易体量分列"一带一路"国家前三位（见附图 1）。

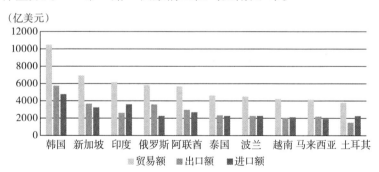

附图 1　2017 年"一带一路"各国对外贸易额排名前 10 位国家

中国是"一带一路"主要贸易国家的重要进出口市场。2017 年，中国与"一带一路"沿线国家货物贸易进出口总额达到 1.44 万亿美元。其中，亚洲大洋洲地区①是中国与"一带一路"国家开展贸易合作的主要区域,与中国的进出口总额为8178.6亿美元,占比56.8%。

从国内各地区看,"一带一路"国家成为西部地区主要贸易对象(见附表1、附表2)。2017年,"一带一路"国家与西部地区进出口总额为1434.2亿美元,占西部地区总体对外贸易比重的48.1%。其中,重庆与"一带一路"国家进出口总额为179.2亿美元,占西部地区与"一带一路"国家进出口总额的12.5%,在西部各省区市中列第四位(见附图2)。

附表1 2013—2017年中国西部地区对"一带一路"国家各区域出口额

单位:亿美元

"一带一路"各区域	2013 年	2014 年	2015 年	2016 年	2017 年
亚洲大洋洲地区	455.0	571.6	579.6	435.5	371.3
中亚地区	155.9	162.6	108.1	118.5	134.9
南亚地区	96.3	98.0	83.4	64.7	67.2
东欧地区	51.7	64.6	56.9	54.0	53.2
西亚地区	105.3	130.4	100.7	61.2	44.3
非洲及拉美地区	29.9	27.2	29.3	19.8	17.0

附表2 2013—2017年中国西部地区对"一带一路"国家各区域进口额

单位:亿美元

"一带一路"各区域	2013 年	2014 年	2015 年	2016 年	2017 年
亚洲大洋洲地区	284.1	416.1	329.8	392.2	437.9
中亚地区	52.0	24.2	9.6	13.7	104.6
西亚地区	26.5	30.7	31.6	32.1	99.5
东欧地区	37.4	50.7	30.8	34.3	75.5
非洲及拉美地区	16.6	29.1	10.6	11.4	22.9
南亚地区	5.9	4.4	4.3	3.2	5.8

"一带一路"国家进口和出口最大的商品类别是电机、电气设备及其零

---

① 亚洲大洋洲地区含14个国家,包括蒙古国、韩国、新西兰、东帝汶和东盟10国(新加坡、马来西亚、泰国、印度尼西亚、菲律宾、文莱、柬埔寨、缅甸、老挝、越南)。

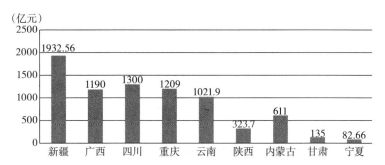

附图 2　2017 年西部各省区市与"一带一路"国家进出口总额

件，录音机及放声机、电视图像、声音的录制和重放设备及其零件、附件，其次为核反应堆、锅炉、机器、机械器具及其零件。其中，从中国进口商品主要有自动数据处理设备及其部件，其他品目未列名的磁性或光学阅读机、将数据以代码形式转录到数据记录媒体的机器及处理这些数据的机器，电话机，其他发送或接收声音、图像或其他数据用的设备，集成电路。出口中国的商品主要有矿物燃料，石油原油及自沥青矿物提取的原油，电话机，其他发送或接收声音、图像或其他数据用的电机电气设备（见附图 3 ~ 附图 6）。

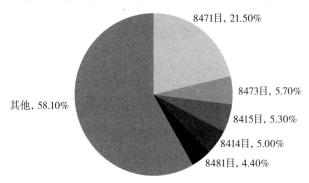

附图 3　2017 年"一带一路"国家自中国 84 章中进口额前五位 HS4 位码产品的比重①

①　8471 目：自动数据处理设备及其部件；其他品目未列名的磁性或光学阅读机、将数据以代码形式转录到数据记录媒体的机器及处理这些数据的机器。

8473 目：专用于或主要用于品目 8469 至 8472 所列机器的零件、附件（罩套、提箱及类似品除外）。

8415 目：空气调节器，装有电扇及调温、调湿装置，包括不能单独调湿的空调器。

8414 目：空气泵或真空泵、空气及其他气体压缩机、风机、风扇。

8481 目：用于管道、锅炉、罐、桶或类似品的龙头、旋塞、阀门及类似装置，包括减压阀及恒温控制阀。

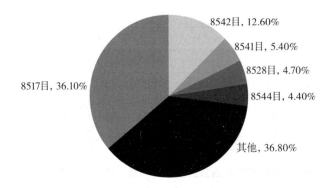

附图4 2017年"一带一路"国家自中国85章中进口额前五位HS4位码产品的比重①

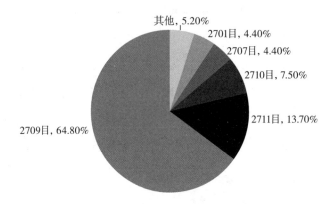

附图5 2017年"一带一路"国家对中国27章中出口额前五位HS4位码产品的比重②

---

① 8517目:电话机;其他发送或接收声音、图像或其他数据用的设备。

8542目:集成电路。

8541目:二极管、晶体管及类似的半导体器件;光敏半导体器件,包括不论是否装在组件内或组装成块的光电池;发光二极管。

8528目:监视器及投影机,未装电视接收装置;电视接收装置,不论是否装有无线电收音装置或声音、图像的录制或重放装置。

8544目:绝缘(包括漆包或阳极化处理)电线、电缆(包括同轴电缆)及其他绝缘电导体,不论是否有接头;由每根被覆光纤组成的光缆,不论是否与电导体装配或装有接头。

② 2701目:煤;煤砖、煤球及用煤制成的类似固体燃料。

2707目:蒸馏高温煤焦油所得的油类及其他产品;芳族成分重量超过非芳族成分的类似产品。

2710目:石油及从沥青矿物提取的油类,但原油除外;以上述油为基本成分(按重量计不低于70%)的其他税目未列名制品。

2711目:石油气及其他烃类气。

2709目:石油原油及从沥青矿物提取的原油。

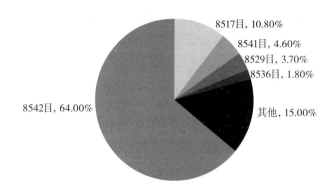

附图6　2017 年"一带一路"国家对中国 85 章中出口额前五位 HS4 位码产品的比重①

——国际产能合作需求。

"一带一路"沿线国家自然资源丰富，但是产业结构单一，配套产业不完善，技术水平相对滞后，急需在资源开发及加工、钢铁、装备制造、汽摩等领域开展国际合作。

资源开发及加工合作需求。"一带一路"多数国家矿产资源丰富，如蒙古国的铜钼矿、磷矿；中亚的油气，俄罗斯的铜镍矿，乌兹别克斯坦的金矿，阿富汗的铜矿，缅甸的宝石矿，泰国的钾盐矿等在世界均占有一席之地。由于资金、技术以及市场等严重匮乏，上述国家基本上以资源开发和原材料生产作为经济增长的动力，如中亚五国主要出口能源、矿产资源以及以棉花等原材料为主的初级产品，水泥、钢板等建材以及石油制成品等几乎全依靠进口，为此这些国家迫切需要引进资金和技术，开拓国际市场，跳出"资源陷阱"。重庆作为我国重要的制造业基地，在铁矿和多金属矿的开采、选矿和深加工以及建材、电解铝等领域具备较强优势，可与其加强合作。

钢铁等传统产能合作需求。"一带一路"国家大多属于发展中国家，当地劳动力充足且价格相对低廉，原材料供应充分，但由于生产能力不足、技术

---

① 8529 目：专用于或主要用于税目 8525 至 8528 所列装置或设备的零件。

8536 目：电路的开关、保护或连接用的电气装置（例如，开关、继电器、熔断器、电涌抑制器、插头、插座、灯座、接线盒），用于电压不超过 1000 伏的线路。

水平低等，严重制约着国民经济发展。如哈萨克斯坦的"光明之路"计划核心是大力推动基础设施建设和兴建住房，对钢铁、水泥、平板玻璃等建材需求量大；印度尼西亚铁矿石储量丰富，但自身钢产量有限，为满足基础建设需求，需要大量进口钢材；马来西亚钢铁企业主要为小型轧钢厂，技术水平与自动化程度很低，无法满足其国内制造业和建筑业所需的大量钢材及石油和天然气行业用高档钢材等下游行业需求。目前，我国钢铁、建材等传统行业优质产能过剩，应积极引导优势产能转移。重庆拥有重钢等大型企业，应发挥在钢铁、建材等领域优势，加快开展国际产能合作，形成优势互补、合作共赢的良好局面。

装备制造业合作需求。"一带一路"国家以新兴经济体为主体，基础设施建设需求旺盛，从而带动大型机械装备等需求的增加。例如，在城市开发建设以及天然气管道铺设、电力设施架设、桥梁工程建设等基础设施项目实施中，需要大量的运输、工程、建筑等机械装备设备。重庆交通装备制造、工程装备制造等优势明显，特别是在跨座式单轨装备领域，掌握了全部关键技术，拥有完善的技术标准体系和自主知识产权，形成完备的轨道交通装备产业链，与"一带一路"国家开展合作前景广阔。

汽摩产业合作需求。"一带一路"国家特别是东南亚的越南、泰国、柬埔寨、老挝、缅甸等国，人口密度大，人均 GDP 较低，道路质量较差，摩托车成为当地居民出行的主要交通工具。随着经济的不断发展，未来"一带一路"国家居民对汽车，尤其是对环保和技术双优的新能源汽车有很大需求。重庆利用摩托车企业建立起来的全球销售网络，建立了覆盖发展中国家的汽车销售体系；充分发挥成本优势，自主品牌车企从以汽车代工组装销售发展到在当地建厂，建立生产营销一体化基地，为深化产能合作奠定了扎实的基础。目前，长安、力帆均已在俄罗斯建立销售网络，销售自主品牌汽车，宗申、小康等在东南亚投资设厂、建立工业园，逐步占领当地市场。

——基础设施建设需求。

"一带一路"沿线国家绝大多数为发展中国家，能源、交通、通信等基础设施建设不完善，严重制约着沿线国家和地区经济发展。因此，加强基础设施建设已成为当地经济发展的重中之重。

能源基础建设需求。长期以来，"一带一路"沿线国家电力设施投入不足，电网和设备严重老化。随着"一带一路"倡议深入实施，大批基建项目陆续上马，对电力需求逐步增大。电力匮乏已成为制约当地经济发展的一大瓶颈。目前，印度尼西亚正大力发展电站建设，鼓励外资进入电力行业。乌兹别克斯坦推动众多大型电网改造项目，积极发展太阳能、风能等新能源，作为现代化建设吸引外资的重点领域之一。柬埔寨政府高度重视电力发展，将其作为政府优先发展的重点领域，制定了农村电力化战略规划等相关政策，要求提高服务质量，逐步改善电力工作落后局面。泰国电力短缺严重，是制约其经济发展的瓶颈，其计划到 2021 年，太阳能、风能、垃圾发电分别实现装机 2000 兆瓦、1200 兆瓦和 160 兆瓦规模，到 2036 年建成两座 1000 兆瓦的核电站。重庆在新能源领域所具有的优势，有利于其与相关国家电力行业进行合作。

交通基础设施建设需求。交通基础设施是一个国家和地区保持快速增长的重要支撑。目前"一带一路"国家交通基础设施互联互通水平相对较低，导致物流成本居高不下，严重削弱了当地经济发展的竞争力。例如，印度尼西亚是最大的群岛国家，交通运输方式主要是海上运输，而船舶短缺、港口设施落后成为制约经济发展的一大瓶颈。近年来，印度成为外资投资的新兴热门目的地，但其交通基础设施落后，铁路货运、航空货运和港口吞吐量能力低等因素制约着印度经济发展。孟加拉国现有公路和桥梁 2.15 万千米，普遍存在路况差、等级低等问题，有 1.35 万千米亟待改造升级。重庆在港口、公路、桥梁建设运营等方面拥有丰富的经验，可与相关国家开展合作，助其改变基础设施建设滞后的局面。

通信基础设施建设需求。通信技术已成为社会经济发展的重要推动力，也是缩小落后地区与发达地区差距的主要抓手。例如，孟加拉国出台了"数字孟加拉 2021"规划，旨在利用移动数字技术，缩小数字通信差距，推广电子政务，改善偏远地区医疗、教育条件，增强经济持续发展能力。柬埔寨通信基础设施落后，电话普及率低，互联网服务水平不高，但是政府已认识到信息通信技术对经济社会发展的巨大促进作用，有意与我国合作建设国有骨干网络。白俄罗斯致力于加强与其他国家信息化战略合作，提高通信行业技术水平，增强通信设备本地生产能力。我国在移动互联网、5G网络、物联网、云计算等通信技术领域处于国际领先地位，重庆也聚集了一批优秀的通信技术企业，可与相关国家在产品研发、生产、销售、建设等环节开展合作。

——科教文卫合作交流需求。

"一带一路"沿线国家科技、教育、文化、医疗卫生发展不平衡，因此各国对科教文卫合作交流需求也有所不同。

科技合作交流需求。"一带一路"沿线各国科技发展水平、发展基础不尽相同，取长补短、相互学习的意愿强烈。一是以以色列和新加坡为代表的发达国家确立高科技产业兴国的发展战略，不断加大科技投入，在军事科技、电子通信、医疗器械、生物技术、农业等领域具有先进的技术水平。希望加强国际合作，夯实本国高科技产业发展根基，拓展高科技产业发展的国际空间。二是以俄罗斯为代表的独联体国家，在基础研究方面位居世界前列，在微电子和毫微电子、光电绘图新工艺、高温超导、化学、天体物理、气象学等领域都取得了具有世界先进水平的成果，尤其是航空航天等军工技术发达，处于世界领先地位，而部分民用科技设备依靠进口，迫切需要改变这一局面。三是以中东欧国家为代表的新兴经济体，科技自主研发能力处于世界中流水平，独立完成科技创新的水平一般，但愿意积极参与国际合作，提升本国的科技发展水平。四是以东南亚为代表的科技水平落后国家，科技能力受经济条件制约而发展不足，迫切需要科技硬实力的输入。重庆通过搭建对外科技合作交流平台，举办科研论坛、技术对接交流活动，以及与国际知名院校开展技术创新合作专项行动，加强了与"一带一路"沿线国家的科技交流，推动与沿线各国的科技创新合作。

教育合作交流需求。在"一带一路"建设中，教育发挥着先导性和基础性作用，为"五通"提供人才支撑。沿线各国教育特色鲜明、资源丰富、互补性强，对"创新创业人才""国际组织人才""非通用语言人才""专业领域人才"及"海外高端人才"等各种人才有迫切需求，这为沿线国家教育合作提供了需求和空间。近年来，重庆紧紧围绕"一带一路"倡议，以打造"一带一路"教育共同体为主要目标，立足自身特色和优势，找准发展的着力点、突破口，以人才培养、语言互通、中外合作办学等方面为抓手，以交流合作平台为依托，积极拓宽国际教育通道，构建语言互通机制，开展人才培养培训合作，搭建重大教育合作平台，为下一步开展合作打下了坚实基础。

专栏　重庆与"一带一路"沿线国家合作需求

1. 与东盟经贸合作

（1）深化重庆市与东盟地区经贸合作的主要领域

一是投资领域。围绕物流、金融、教育、文娱等行业与新加坡开展交流合作；在服务贸易领域，支持企业到东盟国家开拓市场、宣传推介，邀请东盟国家企业到重庆市考察洽谈；支持重庆东盟国际物流园发展，加强与东盟国家的国际公路运输合作，做大国际物流总量。二是外资领域。加强与新加坡在金融、教育、医疗、航空航运物流方面的合作；推动重庆市企业与印度尼西亚企业共同打造中国—印度尼西亚燕窝产业园，在重庆市两江新区建设集进出口、检验检测、加工交易、产品研发、产品展示、物流分拨等功能于一体的全产业链燕窝产业发展平台。三是产业合作领域。加强重庆市与东盟国家特别是新加坡在智能制造、电子、软件、生物医药、人力资源等领域的合作，吸引新加坡医疗设备公司来渝生产智能医疗设备；促进重庆市汽车摩托车产品出口东盟国家，并在目标国开设工厂，建立销售服务点等。四是金融领域。加强与东盟国家在金融、跨境商品交易及物流等领域的合作，研究探索中国和新加坡之间打造"中新通"平台，依托注册于重庆市的中保登平台和新加坡交易所开展合作，提供跨境资管产品发行、交易及结算，实现中国和新加坡金融市场基础设施的互联互通；推动马来西亚国家石油公司就马来西亚资源进入重庆市石油天然气交易中心进行交易；与新加坡亚太交易所合作探讨开发具备东南亚特色的跨境商品交易品种，推动陆海贸易新通道发展大宗商品交易。

（2）深化重庆市与东盟重点国别经贸合作的主要方向

新加坡：引导重庆市企业在电子元器件、办公设备、有机化工品、电讯设备等新加坡进出口主要商品方面开展贸易合作。推动企业利用新加坡电子工业及精密工程业优势，加强在半导体、计算机设备、数据存储设备、电信及消费电子产品等方面的经贸合作。鼓励企业利用新加坡服务业优势，加强与新企业在金融保险、运输仓储、资讯通信和旅游等方面的经贸合作。

印度尼西亚：在进出口方面，着重深化和拓展机电产品、橡胶及制品、机械设备、塑料制品、钢铁等印度尼西亚主要进出口商品的贸易合作。在双向投资方面，充分利用印度尼西亚矿产资源优势，加强采矿业合作，利用产业升级机遇，加强纺织、电子、木材加工、钢铁、机械、汽车方面合作。鼓励重庆市企业积极参与印度尼西亚旅游基础设施建设，合作开发旅游资源。

菲律宾：支持重庆市企业利用菲农业资源，通过打造种植养殖基地，布局销售网络，建设加工基地，加强与菲律宾在农业产品方面的合作。引导企业在电子产品、机械及运输设备、钢铁等菲律宾进出口重点商品上拓展贸易合作空间。在零售业及汽车摩托车维修业、金融和保险活动、信息通信业、制造业、水电气供应等菲律宾对外国投资者开放的行业与菲律宾企业加强经贸合作。鼓励企业积极参与菲律宾旅游基础设施建设，合作开发菲律宾旅游资源。

越南：支持重庆市企业在电子产品和普通机械设备、计算机及电子零件、机械设备、成套设备、工业原辅料等越南主要进出口商品方面，强化贸易合作。针对风电、火电等越南能源发展重点，加强设备进出口、工业设计施工、工业服务外包等领域合作。支持在越投资贸易企业集聚发展，适时开展工业园区建设。

巴基斯坦：重点加强医疗用具、水泥、工程器材、食品、钢铁、塑料原料等巴基斯坦主要进出口商品的贸易投资合作。鼓励重庆市企业加强与巴基斯坦企业在农业产品及领域方面的合作，帮助提升当地农业技术，推广规模化种植养殖。利用多种方式，积极参加巴基斯坦基础设施建设。

2. 与中东欧及俄罗斯经贸合作

（1）深化重庆市与中东欧及俄罗斯经贸合作的主要领域

一是进出口贸易合作。拓展深化与波兰、捷克、匈牙利、保加利亚、克罗地亚、斯洛文尼亚等国工农业产品进出口贸易合作。推动重庆市海悦汇欧洲购物公园与俄罗斯圣彼得堡合作在渝建立俄罗斯进口商品体验馆。发挥重庆市领工云电子商务公司等工业垂直电商平台作用，加强与俄罗斯在电商市场方面的合作，建立海外仓，将重庆市汽摩配件、日化用品、笔记本电脑、电子产品、建筑建材等优势商品销往俄罗斯。二是中小企业合作。促进重庆市与匈牙利、捷克等在汽车制造、工业自动化、通用航空、医疗、水处理环保技术等产业领域合作。三是交通物流合作。优化重庆市—布达佩斯（匈牙利）货运班列时效。推动中欧班列（重庆）延伸拓展至立陶宛等波罗的海国家。做大做强中欧（重庆）班列，推动在俄罗斯切尔克斯克、沃尔新诺、莫斯科等地设立集货分拨中心。四是产业技术合作。充分发挥中国—匈牙利技术转移中心（重庆）的平台作用，深化重庆市与匈牙利在新能源汽车及智能汽车、环保等创新领域的技术项目合作。五是产能投资合作。引进俄罗斯在重型机械、航空航天、微电子、新材料等领域的优势基础研发技术和高新技术产业化项目，助力重庆市产业升级改造。推进力帆实业集团在俄罗斯利佩茨克州全资投资汽车总装制造项目。推进重庆市国际复合材料公司在俄罗斯投资建设玻纤生产线项目。

（2）深化重庆市与中东欧重点国别及俄罗斯经贸合作的主要方向

俄罗斯：支持重庆市企业充分利用俄罗斯在远东地区设立跨越式发展区、符拉迪沃斯托克自由港等契机，与俄方拓展在农业、化工、建筑业、原材料加工等领域的合作。引导重庆市企业在机电产品、化工产品、食品及农业原料、金属及其制品、纺织品及鞋等俄罗斯主要进出口产品方面加强贸易投资合作。充分发挥俄罗斯在中欧班列（重庆）和重庆市至俄罗斯、中亚班列建设上的战略支点作用，继续深化与俄罗斯在中欧班列（重庆）建设项目和航空运输上的战略合作。

匈牙利：借助匈牙利作为欧洲的生产基地和物流集散中心的地位，通过设立销售、制造、物流中心，以及并购拥有优势技术的匈牙利企业，加强与匈牙利在汽车、电子、制药、信息、可再生能源及物流等匈牙利支柱产业的经贸合作。鼓励重庆市企业在匈牙利设立研发中心，促进汽车、生物制药、水处理、农业、食品加工等技术和特色工艺的升级和引进。

捷克：支持重庆市汽车制造企业利用捷克密集完整的汽车产业链，将设计、创新和技术研发中心设在捷克，加强技术合作。支持重庆市企业在机床、电站设备、锅炉、食品机械、环保设备等经贸合作契合度较高的相关行业与捷克加强产业合作。在进出口方面，利用捷克汽车产业聚集能力，开展汽车平行进口等方式的贸易合作，深化和拓展机械设备、电子产品、电信设备等捷克主要进出口商品的贸易合作。

波兰：支持重庆市企业重点加强汽车、钢铁、合成材料等方面投资合作，利用好波兰政府对外国直接投资实行的政府资助、欧盟结构基金、经济特区及房产税减免等鼓励政策。推动重庆市企业与波兰开展农业合作，适时开展境外农业生产加工物流体系建设，推动农业"走出去"。引导重庆市企业参与波兰再工业化计划，在"波兰医药产品"、"数码城迷"、Luxtorpeda2、先进服务外包中心等项目中，建立研发中心，开展地区合作，实施技术转让。充分利用中欧班列，加强物流合作。

塞尔维亚：利用塞尔维亚原料性商品出口比重较大的机会，推动重庆市食品加工企业在当地开展生产合作。在进出口方面，重点针对车辆和运输设备、食品及电子产品、机械设备等塞尔维亚主要进出口商品加强贸易合作。引导重庆市企业利用欧盟对塞尔维亚的优惠贸易安排（ATM）和美国给予的最惠国待遇（MFN），实施原产地多元化战略。支持重庆市企业利用塞尔维亚农业资源，与塞尔维亚开展农业技术交流和合作。

3. 与中亚、高加索及周边地区经贸合作

（1）深化重庆市与中亚、高加索及周边地区经贸合作的主要领域

一是贸易合作。对接欧亚经济联盟、上合组织平台政策，深化在机电、电子信息、农牧机械、汽车及其零部件、建筑建材、能源化工、矿产资源、医疗设备、家用电器、纺织品、农牧产品等方面的进出口贸易合作。深化与哈萨克斯坦农业部及里海集团的合作，在哈开展小麦、面粉、葵花籽油、玉米等优质农产品的国际贸易及加工。二是产能投资合作。重点开展在机械制造、新能源汽车和摩托车、资源开发、军民融合产业、基建、建材生产、交通运输、精细化工、医疗器械、家电业、纺织业、农产品深加工、农牧种养业等方面的项目合作。引进哈萨克斯坦、乌兹别克斯坦、阿塞拜疆等国在军民融合、资源开发、微电子、新材料等方面的先进基础技术和研发人才。三是交通物流合作。与哈萨克斯坦合作，加强货源组织，促进双方贸易往来并辐射整个中亚地区，共同探讨推动在库斯塔奈建立集货分拨中心，充实中欧班列（重庆）货源，实现中欧班列（重庆）"由点到面"的集散分拨作用，带动库斯塔奈及中亚地区的粮食分拨、物流运输等相关行业发展。推动在哈萨克斯坦至重庆市的回程班列上开展"关铁通"项目测试。共同研究推动以哈萨克斯坦、乌兹别克斯坦为中心，辐射中亚、西亚及中东地区，拓展两国经重庆市转口至东南亚地区及东南亚经重庆市转口至两国双向农产品商贸通道

建设合作。积极研究在两国建立海外粮仓和粮食集散地,开设中欧班列(重庆)固定班列。积极推动在霍尔果斯、阿拉山口、多斯托克等口岸和阿拉木图、阿斯塔纳、塔什干等地建立集货分拨中心和仓储物流基地。深入推动与中欧班列(重庆)沿线国家"单一窗口"合作。积极推动重庆市至中亚班列常态化开行,并将班列由哈萨克斯坦延伸至乌兹别克斯坦、土库曼斯坦等国。积极推动重庆市至阿拉木图货运航线稳定运行。

(2)深化重庆市与中亚、高加索及周边重点国别经贸合作的主要方向

白俄罗斯:推动重庆市企业积极参与中白工业园建设,打造开放共赢、绿色环保的国际化产业合作平台。推动重庆市企业与白俄罗斯在集成电路制造设备生产设计、微电子等领域开展技术合作。支持重庆市企业在白俄罗斯开展对外承包工程合作,参与白俄罗斯120千米以上级高速公路网、地方刚性路面公路网以及铁路基础设施建设。

乌克兰:在进出口方面,引导重庆市企业在黑色金属、粮食作物、化工产品和能源产品等乌克兰主要进出口商品方面加强与乌克兰贸易合作。重点加强软件开发编程和IT外包服务产业方面合作,促进服务贸易合作。推动重庆市企业与乌克兰在葵花籽油、谷物等方面的农业合作。

哈萨克斯坦:在进出口方面,着重深化和拓展能源及矿产品、机械设备、化工产品、农产品及食品、金属及其制品等方面合作;在双向投资方面,重点加强建材、冶金、有色金属、油气加工、化工、机械制造、电力、基础设施建设、轻工、农产品加工、运输物流、旅游、食品加工、居民消费品生产等方面合作。此外,加强矿产资源开发方面合作。

乌兹别克斯坦:在投资合作方面,引导重庆市企业利用乌兹别克斯坦建设纳沃伊、安格连、吉扎克等自由经济区的机会,抱团出海,集聚发展,加强与乌农业领域合作。加强铁路电气化项目、太阳能资源开发等方面的合作。

阿塞拜疆:在进出口方面,着重在机电产品、交通工具及其配件、黑

色金属、塑料等阿方主要进出口商品方面加强贸易合作。利用其独特的区位优势，加强重庆市与阿商贸物流合作，适时打造中国（重庆）—阿塞拜疆商贸物流中心，加强重庆市产品展示。推动重庆市企业在阿开展对外承包工程建设。

4. 与非洲地区经贸合作

（1）深化重庆市与非洲地区经贸合作的主要领域

一是贸易合作。扩大在汽车及其零部件、建筑建材、通用机械、电子信息、医疗设备、医药、粮油等农产品、农机、家电等日用品方面的进出口贸易。支持重庆市力帆集团与乍得、几内亚比绍等国开展在摩托车贸易方面的合作。二是产能投资合作。推动三圣集团、力帆汽车、重庆市外经贸集团等在埃塞俄比亚、肯尼亚等国投资项目，鼓励有实力的企业赴非投资，参与中非相关经贸合作区建设，积极申请中非发展基金、中非产能合作基金、非洲中小企业发展专项贷款，推动对非基础设施建设、汽车制造、矿产资源开发、医疗器械、建筑建材、机械制造、医药、农业等产业投资，提升投资合作水平。依照《中非基础设施合作规划》，支持重庆市企业以投建营一体化等模式参与非洲基础设施建设，加强对埃塞俄比亚、肯尼亚、坦桑尼亚、埃及、南非等国在能源、交通、信息通信等领域项目合作。积极支持重庆市外经贸集团拓展深化在乌干达、肯尼亚、阿尔及利亚、利比里亚、坦桑尼亚、加蓬等国业务发展，参与竞标对非基建和住房建设合作项目。支持重庆市企业在加纳、南非、博茨瓦纳、埃及、塞舌尔等国投资合作；积极推动做好对埃塞产能合作项目。三是旅游航空合作。推动重庆市至埃及旅游包机稳定运行。探讨开通重庆市至埃塞俄比亚货运包机，以及重庆市至肯尼亚、南非旅游包机可能性事宜，助推重庆市航空枢纽建设。

（2）深化重庆市与非洲重点国别经贸合作的主要方向

南非：开拓重庆市与南非海洋渔业等自然资源，铁矿砂、锰、铀、铬、煤炭等矿产资源合作。利用其在非洲优良的基础设施及较好的工业化基础，适时打造制造业和服务外包基地。

尼日利亚：鼓励重庆市企业充分利用《非洲发展与机遇法案》，重点针对电机、锅炉、机械器具、车辆及制品、铝及制品等尼进口前五位的产品，橡胶及制品、可可及制品、油籽、子仁、棉花等尼出口前五位产品，加强经贸合作。

埃及：支持重庆市企业在机电产品、塑料及其制品、农产品、服装和纺织品、工业制成品、耐用消费品和食品等埃及主要进出口产品种类加强贸易合作。引导重庆市企业参与埃及工业园区建设计划，在家具、服装、家电、汽车、餐饮、石化、建材、家用设备、电子工业、软件、重型运输车辆备件等行业强化合作。鼓励重庆市企业与埃及开展农业合作，在农业工业化、农产品运输和仓储能力、水产养殖业、农业现代化中心等领域加强合作。

坦桑尼亚：利用坦桑尼亚与欧美等达成的开发市场有关协定，推动重庆市企业与坦在制造业等方面稳步合作。引导重庆市企业与坦桑尼亚协同开发其丰富的旅游资源，合作建设旅游设施。促进重庆市企业在农业、采矿业、基础建设等坦桑尼亚政府确定的最惠投资领域加强合作。

埃塞俄比亚：利用埃塞俄比亚打断国有资本垄断的机遇期，推动重庆市有条件的企业与埃塞俄比亚电信、航空、电力、航运和物流公司加强合作，支持重庆市企业在纺织和服装，金属和机械工程，肉、乳制品加工，化工和建材，农业加工和制药等埃政府重点发展的七大行业，与埃企业开展经贸合作。利用现有合作基础，促进贸易、投资集聚发展，支持产业园区筹建。